美国传教士在清朝　另眼中国褒贬自说

中国与中国人

China And The Chinese | 图文版

[美]倪维思（John Livingstone Nevius）| 著
张　勇 | 译

新　华　出　版　社

图书在版编目（CIP）数据

中国与中国人/（美）倪维思著；张勇译

北京：新华出版社，2014.11

（新华史海镜鉴丛书）

书名原文：China and the Chinese

ISBN 978－7－5166－1299－6

Ⅰ.①中… Ⅱ.①倪…②张… Ⅲ.①中国历史—近代史—史料 Ⅳ.①K250.6

中国版本图书馆 CIP 数据核字（2014）第 252964 号

中国与中国人

作　　者：倪维思　　**译　　者**：张　勇

出 版 人：张百新　　**封面设计**：燕清创意

责任编辑：张　程　　**责任校对**：刘保利

特约编辑：朱　楠　　**责任印制**：廖成华

出版发行：新华出版社

地　　址：北京石景山区京原路 8 号　　**邮　　编**：100040

网　　址：http：//www.xinhuapub.com　http：//press.xinhuanet.com

经　　销：新华书店

购书热线：010－63077122　　**中国新闻书店购书热线**：010－63072012

照　　排：新华出版社照排中心

印　　刷：北京文林印务有限公司

成品尺寸：170mm×240mm

印　　张：15.5　　**字　　数**：250 千字

版　　次：2014 年 12 月第一版　　**印　　次**：2014 年 12 月第一次印刷

书　　号：ISBN 978－7－5166－1299－6

定　　价：35.00 元

目　录

前　言

中国与美国并不遥远，特别是中国使团最近的访问，已唤起了国人对这个帝国的新兴趣[①]。昔日我们两国完全隔膜，现在突然有了密切交往，这种情况甚为少见。在中国时，一些饱学之士曾经问我："贵国是否也有书院?"长久以来，中国人都将我国视为蛮夷之地，当他们发现我们一定程度上也能证明自己的精神文化，并且熟知他们的语言与文学时，这些学者不免心生疑问："他们可是在中国接受教育，或他们自己国家并无学堂?"当被告知美国的学院非常普及时，他们很可能会有这般推测："那么，贵国人民是否也熟悉孔夫子的经典?"他们认为，不管世界何处的学校，教科书理所当然地一定是儒家经典，只有少数人才会意识到，一种教育体系可以有其他知识源头。

中国人对其他国家的一无所知，确实让人印象深刻；但在西方国家，许多人提及中国时也是茫然不知。在美国，也曾有学者问我："中国人难道不是一个明显迟钝又无趣的民族吗？他们能学会表达爱慕及感激吗？你能发展他们的心智，培养他们的道德观念？并使他们中的任何个体，成为真正可信赖的基督徒?"

中美之间存在的相互误解源于缺少可靠的信息，而这种匮乏则源于彼此的巨大隔膜，以及相互交流不够频繁，并缺乏效率。

我们曾一直认为中国位于东方尽头，它与我们的交往会被中间的欧亚

① 编者注：19 世纪 60 年代末，清朝派前美国驻华公使蒲安臣为代表，率领使团访问了欧美各国。此处指的就是这件事。

大陆国家所切断，但现在它已经成为美国的东方近邻。我们熟悉其国民，与他们之间培养相互尊重与理解，就显得尤为重要，并应当成为描述这两个伟大国家关系的特征。在未来，两国的利益与命运将会紧密联系在一起。

本书的首要目的，即在于促进这种令人向往的目标。如果拙著对这一如此重要的目标有任何推动，我也无需为其出版再做任何辩解。

笔者旨在对中国及中国人做出概述，而非就某些特殊方面进行详细论证。不过，本书将对中国人的宗教状况与信仰需求，以及传教士布道的特点与后果，给予特别关注。

笔者偶而会参考有关中国的其他著作，但大部分时候，我依据的是自己的亲身观察与经历。过去十余年间，本人与这个民族的各个阶层都有密切交往，他们遍布帝国的各个省份。

本书一些章节涉及在中国普遍流行的宗教。其中大部分内容出自我在中国所写下的书信。它们刊发于《国内外传教士档案》及《海外传教士》。

本书第三章所引用的中国经典，笔者采用的是香港理雅各牧师的出色译本。

笔者一直试图注意避免对未经验证的情况发表评论。

约翰·L·倪维思

奥维德，纽约，1868 年 8 月

第一章　中华帝国概貌

在被我们称为“China”的这个帝国中，“中国”一词目前还无人知晓。该词无疑是那些中亚国家引入到西方的，当谈及中国人时，他们用的是“Jin ”“Chin”“Sin”“Sina”及“Sinista”等术语。这些名称可能来源于强大的秦王家族。早在约公元前 770 年，这一家族就称雄于中国西北，公元前 250 年[①]，他们取得了整个帝国的控制权。“秦”这一名号在这一地区的最初传扬，进一步证实了来到这里的西方商人首先确认，现在普遍被评论家所接受的观点，也就是《圣经·以赛亚书》第四十九章中专门提到的中国人——“看啊，这些人来自远方，这些人从北方来、从西方来，这些人从秦国来。”

中国人用来称呼自己的名称五花八门。最常用的一个是“中国”，意即“中央王国”。“中央”这一术语，表明了他们不仅处在地理位置上的世界中心，同样也位于光明和文明的中心。另一个名称是“中华”，即“位于中央、如花般绚丽的王国”，“华”中包涵了“美丽、文明与精致”的意味。有时中国人也使用“天华国”——“天堂般的华美之国”和“天朝”——“天堂般的朝代”这样的称谓。“天堂”一词传达的意思是，帝国由上天的授权而建立，皇帝则是依靠神权来统治的。这个名称造就了欧洲人用来指称中国人的轻蔑称谓——“天民”。中国人还称自己的领土为“天下”——“天底之下”，也就是“世界”。他们还经常使用执政王朝的特定称号，比如目前的“大清国”，即“大清王朝的帝国”。

---

① 译者注：原书如此，秦统一中国应在公元前 221 年。

为使西方国家对中国有一个基本正确的认识，也许我能采用最好方法，就是比较一下中国与美国，两者之间的相似程度是惊人的。中国在东半球所占据的位置，大致相当于美国在西半球的方位。无论就长度还是轮廓而言，中国沿太平洋的海岸线与美国沿大西洋的很相似。在中国，一条与密西西比河同样重要的河流[1]向东奔流，将帝国分割成几乎相等的两部分。它们通常被称为“江北”与“江南”。它流经的区域广阔而又富饶，沿途接纳了许多支流，后者发源于沿岸山地或者西部的喜玛拉雅山麓。

中国本部[2]（China proper）的领土面积与美国各州的总和大体相当。两国的行政区划也非常相似。我们美国分为三十多个州[3]，中国本部则由十八个行省构成。这种划分给帝国又增加了另一个常用名称——“十八省”，即“十八个行省”。一般来说，这些行省的面积大约相当于我国的两个州。如同我们的州被分成若干县（County），中国各省被分成大约十个区域，称为府（Fu），每个府又被分为十个左右的县（Hien）。在英语中，行省的这些分区与次级分区通常被译为“分部”，或称为“辖区”和“地区”。在本书中，我将交替使用这些中文术语及其对应的英文名称。上述分区与次级分区的面积远远大于我国相应的的县与镇。帝国首都位于北京，每个省、府和县都有其首府或行政机关所在地，官员在那里对其子民行使管辖权。我们的国名——合众国，不仅包括各州，还包括一些人口相对稀少的领地；同样，除了十八个行省，即中国本部之外，中华帝国还包括东三省、蒙古、松花区、新疆、青海和西藏。这些领土的大部，原本就属于如今统治中国的鞑靼人[4]。在其征服了十八省之后，上述地区与中国本部共同组成了现在的帝国。中华帝国的周长总计大约一万两千英里[5]，而总面积约为五百万平方英里——几乎是合众国的两倍，如果后者不把新

---

① 译者注：即长江。

② 译者注：指以长城以南，以汉人为主体的十八个省份。

③ 译者注：本书写作于 1868 年，当时美国有三十七州。

④ 译者注：原文如此，应当是女真人。

⑤ 译者注：1 英里＝1.60934399755 公里。

近获得的俄国领地计算在内[①]的话。如果不加特别说明，我们谈及的中国专指十八省，它占有这个帝国人口、财富和智力资源的绝大部分。

中美之间的相似性就介绍到此。而在可以比较的每一点上，我们几乎都能看到明显差异。帝国不同分部的首府，全都是筑有城墙的城市，这成为该国的一个显著特征。第三级别城市之间存在着重大差别，它们绝大多数被称为“县”，一少部分被视作“州”，另一小部分被看成“厅”。在此无需做特别描述。这些不同的城市在规模上差异显著，但呈现出的外观却是千篇一律。它们都被二十到三十五英尺高的城墙环绕[②]，入口是巨大的拱形闸门，从这里通向主干道。夜间城门关闭并禁止通行。城墙底部略厚，可达二十到二十五英尺，顶部相对略窄。外墙由二到四英尺厚的砖石建造，其材料为毛石，或是由泥土和碎瓦等加固的砖块。一般都会有一块较轻的石头朝向城内，外侧环绕着带有炮眼的女儿墙，通常是由砖块砌成。省城通常方圆八到十五英里，府城四到十英里，县城则是二或三到五英里。一些较大并更为重要的城市中建有一座小一些的内城，后者有独立城墙，包含在更大的外墙之内。这就是鞑靼城[③]或军城。它仅供鞑靼人及其家庭居住，形成了一种殖民地或要塞，包括各级军官在内，人数通常可以达到几万。如有暴动或者叛乱发生，皇帝主要依靠这些鞑靼城堡来捍卫其所驻扎的城市。在上述紧急形势下，这些封闭的鞑靼城中的居民，清楚自己及家人的生命受到了威胁，往往会不顾一切地进行自卫。

省城人口平均一百万左右，府城从十万或更少到六十万甚至八十万，而数量远为众多的三级城市，一般只能容纳几万人。这些不同级别的城市中，大多数的城墙已经无法容纳增长的人口。你有时会发现，四分之一甚至三分之一的居民生活在郊区，有些地方已经沿城墙朝不同方向延伸了三到四英里。这些郊区的房产价值不大，它们远离城市商业区，而且如遭遇动乱或谋反，就更容易受到破坏。

---

① 译者注：指阿拉斯加。在作者成书前不久，美国向俄国购买了阿拉斯加地区。

② 译者注：1英尺＝12英寸＝0.3048米。

③ 译者注：应该是满城。清朝派驻各地的驻防八旗军民聚居，形成了满城。

在最大的中国地图上所能发现的地名，都是筑有城墙的城市名称。因为空间不足，许多第三级别城市没有列出来。所有城镇的总数超过了一千七百座。假设它们的方圆平均四英里，那么上述城市的围墙总长度将会达到六千八百英里，几乎相当于地球周长的三分之一。[①] 如果我们再加上将中国本部与北部鞑靼地区隔开的、绵延一千五百英里的长城，这个估算长度会增加到八千英里以上。

部分城墙

雕刻于一段北京城墙上的图案，生动诠释了中国城镇的通常外观。从远处就能看到它们的瞻望塔和岗哨台，以及墙外的护城河。在中国南方，几乎看不到图案中描述的骆驼。读者也可以发挥想象力，将骆驼所在位置替换为北方大多数城市中的驮骡和驴子，以及南方城市中的挑夫和轿夫。

读者根据中国城市的数量和规模大小，也许会推测说它们接纳了帝国人口的大多数。不过事实并非如此。中国人基本上属于一个农业民族，主要生活在帝国肥沃平原上星罗棋布的无数村庄之中。无论在哪里，你几乎

① 译者注：地球赤道周长 40075.7 公里，子午线周长 40008.08 公里，6800 英里大约相当于 10944 公里，仅为了地球周长的四分之一左右。

看不到一座独立或者隔离出来的农舍。为了便于交往和互相保护，村民都要住到乡镇里或村庄上。所有的城市，即使其中最小的那些，也管理着上千座这类村庄。在中国人口最稠密的地区，你通常会发现方圆三四英里之内，村庄数量就能有一百五十到两百。其中一些较大的，人口及财富都可与小规模的筑墙城市相媲美。

与中国人口相关的问题已经引起了广泛兴趣，这并不令人奇怪。我们在这方面得到的最可靠信息，是 1812 年的官方普查，其准确性毋庸置疑。普查数据显示，18 省的人口为 3.6 亿。

仅仅列出这个数据，并不能使读者头脑中形成它所陈述事实的清晰印象。也许通过对比，我们对中国人口可以有更好的认知。中国一国就几乎承载了全人类的三分之一。其居民人数大约相当于欧洲所有王国及南北美洲人口的总和。十八省中任意一个人口稠密的省份拥有的人口数量，与欧洲最大的国家或者美国几乎相等。初看起来，这些结论似乎让人无法相信，但稍加考虑就会清楚，这在中国并非不可能。而以我个人的观察与调研，倾向于确认上述说法的正确性。

上文提到的中国人口普查显示，中国每平方英里土地上大约生活着三百人，当然英格兰和比利时的人口密度要更大一点。不过，也许世界上没有一个国家能比中国土地更肥沃，并能供养更稠密的人口。每一块可利用的土地都得到了开垦，并且几乎所有土地都被用来为人们提供食物，人们对牧场几乎全然不知。中国百姓很少以动物为食。他们的肉食，大部分是猪肉和家禽，原因在于饲养它们很少占用耕地，或者根本不用。在中国能够看到的马、牛和羊数量不多，它们通常被圈养于厩棚中，或放养在山坡上，亦或拴在渠岸边。考虑到这些事实，一个领土广阔、物产丰饶，文明程度又很高的国家，正竭尽其所能去满足一个勤劳朴素民族之需要，对我所说的它每平方英里人口达到三百，也就不必心生好奇或难以置信。

基于城市居民数量，我们可以对中国人口做一个独立的、大致准确的估算。几年之前，两个来自宁波的传教士连续走访了十九个相邻的城市。其中一个有三十万人口，十个有五到十万；另外八个则有一万到两万。每个城市的平均人口大约是六万。如果二人的旅程再向北延伸几天，很可能就将造访绍兴与杭州。前者大约有八十万居民，后者则有一百万，这样一来，所调查城市的平均人口数量将会有很大提高。不过，将六万作为浙江城市人口的平均数量，并将整个帝国的这个数据从六万减到四万，我们就能估算出，中国城市人口仅有六千八百万。但我们会发现，每个城市所管辖下的众多大村镇，其总人口与城市不相上下。如果假设占全部村镇数量十分之一的未筑墙大村镇，容纳的人口是城市的两倍，我们就能估算出，城市及这一小部分大村镇的人口大约为两亿。如果认为这些几乎无法统计的村庄，其包含人口仅仅与城市和大村镇大致相等，我们就能得出中国总人口为四亿的结论。我并不自诩这个估算很精确，只是力图说明，中国的人口普查与事实相当符合。

在中国所能看到的一切，都会给人留下同一种印象：这是一个人口负担过重的国度，不管走到哪里，都有潮水一般的人群。无论何处的田地里，都满是辛劳的农民；在山区你可以看到大量的梯田，一片接一片地升高到五百至一千英尺；在许多地方，山上最高处都被开垦为农田；大路小道处处都是行人，众多江河及运河上挤满了船只，在城乡各处的喧闹街市上，数量极多的手艺人忙碌地展示着他们的绝技。

中国沿海地带的特殊气候在很大程度上归因于南北两方的季风。前者基本上盛行于冬季，而后者主要出现在夏季。由于季风的作用，相比同样纬度的美国地域，这里夏天更炎热，而冬天更为严寒。在位于北纬 31 度，大致与新奥尔良同一纬度的宁波，人们会在冬天储存大量冰块，以供夏天使用。不过，冰块厚度通常不超过一英寸。这一区域的降雪通常也只有六到八英尺，不过山坡上有时会连续数周被冰雪覆盖。北方省份的冬天则极为寒冷。在北京周边，河流运河会在冬天停止通航，而且所有海上运输也会暂停两三个月。不过到了夏天这一地区则非常炎热，大量出产甜薯、桃子和葡萄。在季风变换期，两股相反的气流互相撞击，带来大量降水，以及令中国沿岸居民无比担忧的飓风。南来的季风在向北流动时威力逐渐减弱，在大约北纬三十到三十二度时风力已不显著，不过七八两月依然能强烈感受到它的影响。中国北方沿海的气候通常十分干燥，只有夏季的几个月例外；南方沿海则一年到头都是湿润天气，特别是在五、六、七三个月里。

中国的不同区域，几乎能遇到各种气候类型：炎热或是寒冷，潮湿或是干燥，有益健康或是有害身心。不幸的是，迄今为止一直专门作为外国人居住区的地方，都属于帝国之中最不适宜居住的地区。这并非因为它们位于南方，炎热的天气令人衰弱；而是受当地的瘴气影响。它们位于稻米产区，在盛夏时节或多或少被污水所包围。根据 1860 年修订的条约，在北部和内地增加了新的口岸，我们从而可以接触到与自己国家大部分地区显著不同的的气候类型。

武昌

十八省拥有我们能够想象得到的各种地貌：其中有山谷和冲积平原、高地，以及因野生动植物和别致的山区景色闻名的区域。众多河流提供了丰沛的水资源。且不说那些不太出名的水道，长江自西向东流完全程，并从南北各省接纳了许多支流，支撑了一亿五千万人的商业往来。它流经一片富饶和人口稠密的区域，为游客呈现了千姿百态的自然美景，以及无数令人好奇、极为独特的珍宝。

长江上的一些港口现在已经对外商开放。在距内陆六百英里的汉口港，停泊着吃水位超过二十英尺的商船，它们的长度可达两百五十到三百英尺，正准备结关，驶向伦敦、利物浦和纽约等地。

在下面所附版画中，能看到与远处“大河”（即长江）相对的一座大城市，即武昌。它的对面，即画的前方，就是汉口的外国人居住区。汉口可以算作是武昌的一个郊区，它周围没有城墙，在中国任何一幅地图上也找不到，但却有肯定不少于三十万的居民。在本书所附的地图上，武昌的名字被错拼为“Vu－Chang”。

第二章 中国及其居民概貌

帝国的不同区域的出行方式差别很大。在许多省份，特别是南部沿海地区，运河大多会取代道路的作用。描述中国的作家，总是高度评价从华中的杭州延伸到北京，长达六百英里的大运河，称其无论在任何国家，都会跻身最伟大的公共工程之列，并可视为这个帝国政府睿智、物产丰富的一个有力证据。不过，大运河实际上只是运河交通体系的一条主要干道而已，它的长度，相比帝国境内其他运河的总和来说算不上什么。我可以确信，一些行政分区或者府城之内的运河，即使长度不能超过大运河，相差也不会太多。宁波附近郊区有一套完整的运河体系，各运河之间相互交错，其间距只有一两英里，甚至更近。农夫们时常将流程短的运河引至自家门口，这样一来，农用船就可以取代农用推车或马车。随处可见装满乘客或者货物的船只驶向四面八方。以其最高价格估算，渡船对乘客的一般收费可能不会超过每英里半美分。一艘由两人驾驶的渡船，空间大到能够容纳十个中国人在里面舒舒服服睡觉，其费用可能仅是一天一美元，它在二十四小时之内就能行驶四十到七十英里，甚至更长的距离。

在中国一些运河密集的地区，道路仅仅是一些人行小道。有的地方路面相当窄，如果两人面对面走过，其中一人几乎不可能不踏出石板外面。这些石板路几乎铺得一模一样。人们会发现，这些道路或小道通常会沿运河的堤岸延展，或者在未用篱笆围住的田地中蜿蜒前行。在华中及华南，城市中的街道比乡间的小路宽不了太多，其宽度一般在五到十或十五英尺之间。

这些运河的宽度通常有二十到四十或五十英尺。行驶于其中的船只则

苏州

有四到八英尺宽，长度可达二十到三十英尺，甚至更多。它们大多靠一种有特殊装置的尾橹来推动，借助其力量，船夫的操作非常有效和省力。

这种尾橹很少是直的，通常橹身较宽大，在尾部安置有一个枢轴。尾橹上半部被一根绳子系在船底。船夫以右手抓绳，左手置于尾橹的手柄之上。在帝国的不同地域，这些船只的外观几乎是五花八门。一位准备渡河的游客在对岸的河堤租船时，总是惊讶于两岸船只结构与样式的明显不同，不仅船本身，船上所有装备同样如此。

在中国大部分地区尾橹都颇受欢迎，但偶尔也会看到大桨或其他船桨的使用。

在不同地域种类繁多的船只中，有一种值得特别介绍。它为绍兴城所独有，但有时在百里之外亦能见到。当地人称其为“乌篷船”，即“脚划船”，它像一只独木舟，只能运送一名行李不多的乘客。船身通常都装饰有风景画。顶部覆盖着一张压弯的厚重竹席。虽然竹席能为乘客遮日挡雨，但乘客不得不保持一种斜倚姿势。船尾仅有大约 1. 5 英尺宽，船夫就站立其上，将后背紧贴于一侧的船舷，驱动脚踏桨以一种非常特殊的方式驾驶小船前行，同时用短桨来控制方向。

乌篷船行驶很不稳当，旅客在移动时必须非常小心，以免将船身翻倒。一个船夫有时可以连续操作船桨十几个小时，几乎不做休息，只是经常将踩桨的脚从一只换到另一只。我曾认识他们中的一位，他在一家饭馆前短暂停船，要了一碗米饭和一碗菜之后就回到座位上，将两只碗放在同一只手上，另一只手拿着两只筷子，一只脚踏着桨，而用夹在他胳膊下的短桨来导航。就这样，他能继续自己的旅程，并且同时享受美食。河流中航行的船只都较大，就运输能力而言，中国货船甚至可以与我们的海轮相媲美。

在浙江省，当地人使用“泥坡”，控制水流从一个高地通向另一个，而非在我国所使用的水闸。在这种泥坡的每一面都有一只绞盘，上面是拧在一起的粗大竹缆。船只停泊在泥坡两侧，缆绳末端的套索绕在船尾，操纵绞盘的人数多达二十到四十。船只被缓慢地拉上泥坡，在顶部停留片刻，接着船头下垂，从另一侧滑入水中。有时船只下滑速度很快，甚至会偶尔造成严重事故。

跨越运河的桥梁难以计数。桥下两侧的石礅中间留有大约十二英尺的空间，其上铺有厚重的石板。运河与小河之上的通常是拱桥，有些拱桥非常美观。船只通常由岸上的船夫用纤绳拖曳，顺风时则升起船帆。

在中国中部和南部的沿海省份，运河星罗棋布，大车和驮兽难觅踪影。而在山区，要靠人力来运送旅客及货物。行人坐在由二人所抬的轿子或肩舆中，行李和货物则由另一名苦力运送。他们将物品平分成两份，并挂在一条坚固的扁担两头，肩膀则扛在扁担中央。两个轿夫运送一位中等身材的旅客及二三十磅行李，一天能走二十英里。而一个挑着一百五十磅以上重物的苦力，一天同样能走这么远，只是用时略长一些。通过这样长年的劳动锻炼，山区居民的肌肉已经相当发达，身强力壮的他们挑着三百多磅的担子，一天就能走五到十英里。

中国货船

以上的三幅版画例证了在中国非常普遍的三种负重模式。最后一幅表现的是轿子及其随员正准备出发，或轿夫正准备落轿的情景。第三个轿夫是候补或者接班的。他还帮着起轿和落轿。穿着长袍的随从是绅士的僮仆，他携带主人的名帖，在主人需要服务时随叫随到。轿夫担轿时步子又大又快，一小时能走大约四英里半。只有两人抬轿时，每走一两英里会停歇片刻。轿夫会利用这短暂的休息时间抽烟、聊天，也许还会喝杯酒。当旅客急着赶路时，他经常会另付"酒钱"，这样就能大大加快行程。

如果苦力要挑的物件非常沉重，例如大石、木材等，他们会将行李分成大小不等的份额，由十人、十五人、二十人来分担。

在帝国境内不适合开通运河的地方，例如山东省的大部分地区，就会有许多的驮兽，主要是骡子和驴子，它们是从满洲大批运来的。在平原地区，当地人使用一种简陋的大车，在更加多山的地区，则由骡子和驴子运送货物，乘客可坐骡车。拉车的骡子都是优良品种，在夏天的长日头下一天能走五十到六十英里，车夫跟骡子保持同步。在中国北方，城市的街道相当宽阔，足以保证各种车辆畅通无阻。

一人挑担子

前面已经提到，中国的物产与美国非常相近。南方大量种植甘蔗，中部和南部种植稻米、烟叶和棉花，北部和中部种植冬小麦、小米和高粱；各个省份都能种植玉米，或苞谷。在中国，高粱被称为中国甘蔗，虽然就我所了解，在帝国的任何地方，还没有开发它的制糖性能。

两人挑

南方人的主食是稻米，北方人的则是小米。产于南方的棉花为大部分人口提供了衣料；纺棉织布全部由妇女承担，中国人几乎对任何一种纺织机械都一无所知。茶叶产于中部和南部。其品种差异部分源于不同地域的土壤和气候，部分是由于茶叶的不同采摘时间，但最主要的原因，还是

绅士坐轿子

加工茶叶的方式不同。

中国的蔬菜五花八门，包括许多我们不熟悉的品种。所有省份都种植甘薯。马铃薯直到最近还不为人所知，现在中国人也不重视它。胡萝卜、萝卜、韭菜和大蒜甚为常见，黄瓜、西瓜和甜瓜也到处都有。农民们会多少种一些豌豆，而蚕豆则种类繁多，种植量大。在中国北方，豆类是马、骡和驴的主要饲料，代替了我们常用的燕麦。蚕豆通常要做熟，牲畜们喜欢这样，并且依靠它们茁壮生长。

中国的水果与美国的很相似，但大部分品种在品质上相差甚远。北京的葡萄、桃子和杏，南方的柑橘与香蕉，比我们本国的同类产品口味更好。

在中国，如同任何其他用具一样，农业机具极为粗糙和原始。在南方，犁地仅靠一头耕牛或水牛，在北方，则使用阉牛、骡子和驴。经常可以看到当地人将三种家畜并排拴在一起。偶而也会换用一匹马。

在北方，能看到类似《圣经·旧约》中提到的打谷场。在收割前夕，农夫们将靠近住宅的一小块地压实整平，让它看起来与一块水泥地没有不同。成捆的谷子被就近放在骡子或驴子背上。农夫用大镰刀割掉谷穗，用驴子踏出或用连枷打出谷粒，然后用铁锹扬出谷壳，让其随风吹走。我在中国任何地方都没有见到谷仓。麦杆或者被堆起，或者放在空阁楼中，随即被作为粮秣和燃料处理掉。

在整个帝国，任何能够增强土壤肥力的物料都会被精心保护。每座城市和每个村庄都要捐出一部分肥料，而农夫可以申请，并通常需要购买。

大车

这一习惯对外国人来说是种无法忍受的麻烦，但在提高土壤的生产能力方面，却发挥了不可估量的作用。

灌溉

当不再忙于其他事情时，农民们就会把运河中的沉渣挖出并铺在大堤上，这样就能避免河道壅塞。一小片地域的清理就需要大量体力劳动。在各个省份，灌溉大都得到了普及。

中国的建筑风格难说美观，却是坚固持久。因此似乎会让我们觉得沉重和阴郁。房屋有时会有两层，但通常只有一层，通常由石料、木料或砖头建成，这取决于不同地方这些材料的价格，以及修建者的个人偏好。地板通常由水泥或泥土砌成。窗户呈网格结构，上面铺着经常需要更换的白纸。富人的住处和庙宇都是异常奢华，有时会用木制和石制的雕刻与版画精心装饰。大多数这类豪宅都由多个房间组成，中间以庭院隔开。其外墙通常能完全遮住街道，同时又能将居住者与外部世界隔开。在城市中出于防火的需要，通常会将分隔一片建筑群与相临街区的围墙筑高，超出房顶几英尺。通过这类防火墙的保护，城市能免受一般火灾的威胁。城市中缺少清新空气的不足，因房屋内能有效通风而部分地得到弥补。人们并不喜欢将门窗紧闭，而且房门除非临街，通常在白天都会是敞开的。

即使在中国北方，冬天极为寒冷，室内也没有火炉或壁炉。人们使用黄铜或陶制脚炉来温暖手脚，小姐绅士们在袖子中放上一个精致的小手炉来暖手。在更加寒冷之地，人们会在屋内修建一座平台或高台，底部生火，有烟囱排烟。整个台子很快就热了起来，并能在数小时内保持温暖。这就是在中国北方几乎家家必备的火炕。不过，它向房间内散发的热量很少，人们还得靠多穿衣服来温暖自己。

在冬季，更为富裕的人士通常会穿皮毛服装，它们主要是由满洲引进的。

捕鱼

到访中国的游客，通常会对该国人民的勤劳品格及其职业多样性记忆深刻。在户外劳动者中，农民占很大一部分比例，除此之外，渔夫同样数量众多。他们中的一些在沿海地带谋生，另一些则在内陆湖泊、河流及运河中劳作。他们使用了几乎一切可以想象得到的捕鱼工具：挂钩、鱼叉、托网或围网、捞网、提网、刺网等等。

在南方许多地区，渔夫们利用鸬鹚来捕鱼。后者能在水下以极快的速度抓住猎物。为防止鸬鹚吞食大鱼，渔夫会在其喉部绑上一道细绳或圆环。这样它们就被训练得对主人服服帖帖。渔夫们通常驾着小船或竹筏跟随着它们，并通常会使用一根长长的竹杆，用重的一头来划竹筏，而用轻的一端来指挥和控制这些水鸟的行动。

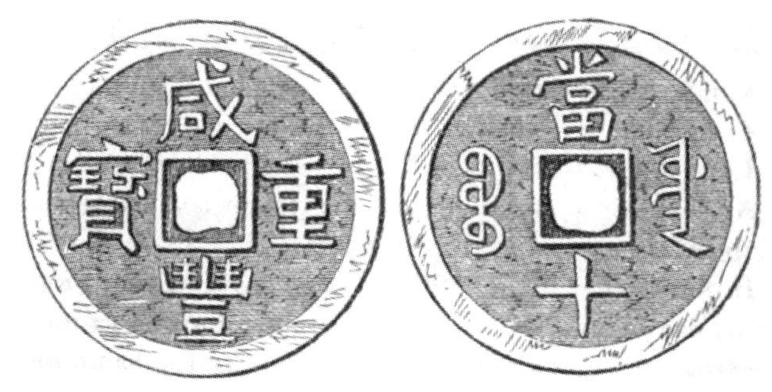

铜钱

咸丰皇帝（1851—1861 年在位）发行的铜币之摹品，面值相当于十枚普通铜钱。

中国的手工匠人门类众多，包括木匠、石匠、裁缝、铜铁匠、银匠和金匠等。他们能模仿几乎每一种外国物件；手艺人还包括竹编匠、雕刻工、泥塑匠、制针匠、理发师等等。

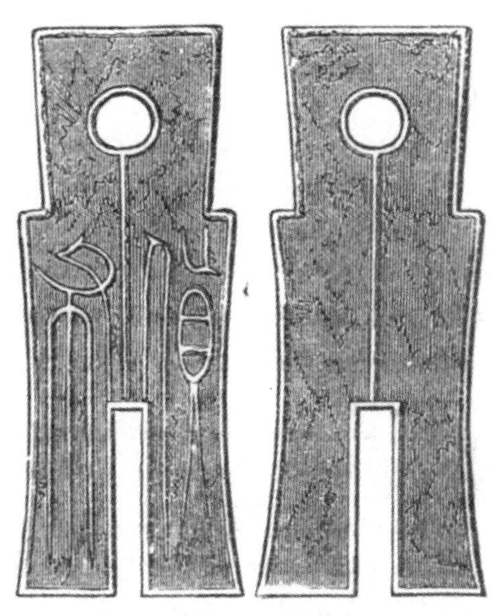

公元 9 世纪汉朝古钱币

商人批发和零售几乎一切商品货物。丝绸行、皮草行及珠宝首饰行展销各种精美昂贵的用品。钱庄可以将客户的银子按重量兑换成本国铜钱，或将铜钱兑换为白银，亦或将银子兑换成他们印发的等值银票，后者在任何时候都能兑换成白银或铜钱。

药店的招牌上都有镀金大字，每一家都力争使自己的招牌比别家更眩目，都夸耀说自己能够提供中国经典《本草纲目》中所收录的，取自十八省及外国的各种药材，并尽可能地夸大每种药材的疗效。

总体而言，中国的安定富足显而易见，中国的民众也显得既勤劳质朴，又快乐满足。

在中国城乡的街道上，随处可见衣着精致、举止优雅的行人。中国人处理大笔财富的方式和手段与我们自己国家非常类似。富人将财富投资于土地或房产，或以之为本钱做生意或开钱庄，或在有可靠抵押之下将其贷出，通常会得到很高的利息。

即使像前面几页这样简单和粗略的描述也足以表明，中国是一个文明和教养程度不低的国家，这里法律严格，秩序井然，政府组织完善，为国内民众及公民财产提供了一定程度的良好保护。

第三章　孔夫子及儒家思想

如果说在前面几章中，我已成功地描述了一幅有关中华帝国准确真实、栩栩如生的场景：领土广阔、人口众多、资源丰饶、财富无穷、人民富足、快乐文雅……那么我相信读者心中的热情已经被点燃，他们希望能更详尽地了解这个卓越不凡的民族，并探究其普遍富足的源泉，文化和文明的特质，以及确保其政府和制度能够长存的稳定基础。

毫无疑问，中国人拥有的性格及其享有的富足，应当归结为“孔子学说”这一思想体系，而不是其他任何原因。

这位以己之名为此学说体系命名的人，是中华民族中唯一一位享誉全世界的伟人。在这点上，相比任何其他没有创见的导师，他的所作所为理应获得更加真实可信的赞誉，他的声望传播的地域更广，影响的人口也更多。公元前551年，他出生于山东省兖州府。他姓孔，最常用的名是仲尼。其弟子通常称他为“孔夫子”，或者“孔先生”。耶稣会传教士将这一称号译成拉丁语，为我们创造了“Confucius”一词，如今该词在西方国家被普遍采用。

孔子的父母生活贫穷，但人格高尚。在很年轻的时候，孔子就展现出了对学习的高度热情。在二十二岁时，他成了一名教师，因其博学者的特质，很快便招来了大批仰慕者和忠诚信徒。当时中国被分成了许多小诸侯国，统治这些国家的弱小公候们不断邀请他加盟并协助自己管理政府，他所采取的得力措施及其产生的有益效果，在文献中都有令人印象深刻的记录。不过，孔子根本无法胜任谄媚者的角色，而他的道德观，以及关于政府及治国的理论又过于严苛。这样一来，他在每个岗位上都只能待很短时间，要么是他的存在令国君逐渐反感，要么是他的公正观和礼义观，被那些自己常见的、既不赞同又无法改革的事情严重震动。

孔子漫长一生的大部分时间，都花费在从一个地方到另一个地方的旅途中。他致力于改变这个时代的恶习，但收效甚微；他悉心指导自己的追随者，并专注于学术研究。终其一生，孔子被严重忽视，受到的评价也不完美。他去世之后，其追随者却走到了另一个极端，无限夸大老师的功绩并将之捧为“至圣先师”，几乎将他归结为高尚品德与全知全能的完美化身。不过此种观点，恰恰与孔子对自身不完美的清楚认知截然相反。

孔子对自身的评价也许非常接近事实，可能就谦虚和自贬而言略微有些夸大。他说：“若圣与仁，则吾岂敢。抑为之不厌，诲人不倦。则可谓云尔已矣。文，莫吾犹人也，躬行君子，则吾未之有得，德之不修，学之不讲，闻义不能徙，不善不能忧，是吾忧也。吾非生而知之者，好古，敏以求之者也。述而不做，信而好古。”

正如孔子坦然承认的，他并非任何教义或教义体系的创始人，而仅仅是前辈圣人学说的解释者及保护人。早在那一时期，他已经开始回顾远古，并致力于挽救古典作品免于湮没。

我们从孔子的例证可以推断出，早在两千多年之前，缺少原创性并谦卑地追随陈旧的形式和惯例，就已经是他所属民族的一个特征；孔子的学说和榜样足以令这个特征更为极端和确定。

孔子对其前辈的学问并未有明显的发展，但却总是将过去称为黄金时代，是三千多年前的先辈为中华文明奠定基础，他们的道德及文化素养令人深刻印象。因此，孔子是中华文明的阐述者和体现者，而不是其创始人。

体现孔子学说体系的中国经典，包括所谓的“五经”和“四书”——“五部经典及四本书籍”。前者除一部之外，在孔子生活的时代之前就已存在，他在其教义中时常加以引用。它们是《书经》，中国最古老的史学著作；《诗经》，或《颂歌之书》；《易经》，或《变化之书》（一部深奥难以理解的哲学体系，本体论）；《礼记》，或《仪式与典礼之书》；《春秋》——最后一部是孔子本人所写的史学作品，覆盖了他生活的时代之前数百年的一段历史时期。它之所以被称为“春与秋”，是因为其中出现的赞讼与范例被说成“如春天一般生机盎然”，而那些批评和指责则“如秋日一般凋零枯萎”。

四书之中，首部也是最重要的一部《论语》，是孔子死后由其信徒记录下来的，他本人的格言妙语和教义解说。第二部《孟子》是孟夫子的思想学说，此人也是一位杰出哲学家，生活的时期比孔子大约晚两百年。另外两部作品分别被称为《大学》和《中庸》，相比前两部内容要少很多，它们实际上创作于孔子生活的时代之前，并且收录在《礼记》中，但与前两部一起作为四书的组成部分。这些著作是中国所有学校最为重视，几乎也是唯一的教科书，并被视为知识和学问美德的至善之作。四书塑造了中华民族的思想与性格，并且是所有道德、政治、历史及宗教问题所适用的终极标准。

五经四书中所涉及的内容，大体上包括伦理学、历史学、政治经济学、传记和诗歌。宗教元素几乎完全被忽略。孔子的弟子们确定无疑地宣称，老师没有对各路神明有过评论。孔子对这一科目保持沉默，也许并非出于任何轻蔑或者无视，而是自己确实不懂。孔子公开表示，他只传授确定无疑的真理，而非那些模糊、不确定和依据推理得出的知识。而当不能清晰和权威地阐明观点时，他就选择完全不去发言。当一个弟子向他请教死亡的问题时，他的回答令人沮丧：“未知生，焉知死？”

孔子学说体系的一个准确梗概可以从“五伦”和“五德”中获得，前者构成了其学说的基础，后者是其最惯常会话的主题。五伦是存在于君臣、父子、夫妻、兄弟及朋友之间的关系。

涉及君臣关系的原则与责任，正如它所研究和解释的那样，体现的是中国的政府和政治经济结构，这构成了儒家学说的一个重要分支。这一关系所强调的原则，通常需要对古代历史，以及古代圣君的生平与范例，进行参考、例证与强调。

接下来的三种关系属家庭范畴，这其中包括孔子所谆谆教诲的有关尊敬、服从及守法的箴言。就这点而言，养成服从合法权威的习惯，能使人人都成为良好子民。在孔子的文集中，这一理念被清楚地表述出来：“其为人也，孝悌而好犯上者，鲜矣！不好犯上而好作乱者，未之有也。”

孝道在中国人的责任范畴中居于首要地位。也是其宗教信仰的一个重要组成部分。有时，不尊敬或不服从父母甚至会受到死刑处罚。对一个中国人来说，没有哪种污名，能比“不孝”——不顺从——更为可怕。孩子们在很小之时，就被要求恭敬礼貌，信守本分，以及少言多听；当父母年事已高之时，要求子女敬畏和珍视他们，能预见双亲的一切需求，并采用每一种方式尽力取悦二老；而当父母去世之后，还要礼拜和祭祀他们。人们受到忠告，要避免行事无度及胡作非为，以免伤害或者有损于得自其父母的身体。正直和体面地度过一生，避免玷污和冒犯逝去的祖先，并致力于能够光宗耀祖的生活方式，被视为中国人最强烈的动机之一。中国人还认为，孝敬父母与崇敬君王很自然地联系在一起，后者既是天子，也是所有臣民的慈父。

五伦之一的夫妻关系在此不做赘述。中国社会将女性置于一种较为卑下的位置，她们与其说是丈夫的伴侣，不如说是后者的仆人。兄弟间的责任在一句经常被引用的格言中得到了很好诠释：“兄爱弟敬”，即哥哥要爱护弟弟，而弟弟要尊敬哥哥。

维系朋友之间广泛联系的法则，在此不必细说。以上“五伦”覆盖了人类职责的全部范畴。而上帝与人类的关系被完全忽略，因此中国人无从得知。他们将几乎所有神圣的荣耀都赋予了皇帝与祖先。

儒家思想中的“五德”，是指仁、义、礼、智、信，即仁慈、正直、礼节、学问与诚信。

值得注意的是，与基督教一样，儒家思想也将“仁”，即仁慈放在了首要位置。就关于这一美德与优点的概念或者说理念，孔子似乎要求过高。他并不认为自己那个时代有任何人值得称道，而只有古代的一些贤人，才能完全合乎标准。以下是他给出的定义。当有一位弟子问：“有一言而可以终身行之者乎？”孔子回答说：“己所不欲，勿施于人。”这句格言足以掌控人的一生，称得上儒家学说的“基本定律”，而且至少可以这么说，它最接近于我们救世主的黄金法则，古代任何一位圣人似乎都曾达到过这一境界。不过从反面角度来看，这一法则的主要目的不在于鼓励人们行善，而是防止他们作恶。在孔子的另一段教诲中，他似乎已经在想让弟子理解这一理念的正面意义。他说："君子义以为质，礼以行之。孙以出之。信以成之，君子哉；""出门如见大宾，使民如承大祭。己所不欲，勿施于人。在邦无怨，在家无悔；""事父母能竭其力；事君能致其身；与朋友交，言而有信。虽曰未学，吾必谓之学矣。"

第二种美德是"义"，可以解释为"应做之事"。这里所诉求的，并非是任何写在纸面的律法，而是人类的良知，即写在心中的规章。不难看出，这条法则的适用范围非常广泛，符合良知所认可的任何行动或举措，都是人们应当去做的事情。

下一种美德是"礼"，即外在的行为与礼节。它体现了五德体系的一个典型特征。人们认为，任何内在的感觉状态，都有恰当的外在表现形式。内心的喜怒哀乐，自然会表现于外在的言行举止之中。因此，培养得体的外在行为方式并养成习惯，有助于塑造及提升内在美德。

在社会生活中，人们往往处于不同的阶层或地位，因此还有一些礼节及行为的规则能够规范他们之间的交往。这些规则有其时间、环境和场合限制，这是自然而又必要的。

这些礼节规范被视为能给社会带来和谐与团结，也是社会及政府所依赖的主要基石之一。如果没有它们，人们之间的相互理解与尊重，将被混乱无序、法制缺失和无政府状态所代替。在中国社会和公共生活中，缺乏变通的礼节与过于琐碎的惯例随处可见，而孔子对礼仪问题的高度重视，在很大程度上促进和规范了这一切。

"智"涉及的是一般性的学识与智慧，但特别强调的是了解人类社会，认识自己，并掌握与他人相处的实用智慧。对那些身处显位，并有责任影响和管理他人的高官来说，孔子主张他们在生活中刻苦读书，耐心细察，审慎思考。

除了人品、良知、外在表现及智慧方面的认真塑造，内心真实坦诚也被视为必须大力坚持的要素。"信"这一字符，既可代表忠实又能表示坦诚，后者是前者的基础。谈到自我培养与自我克制时，孙子并没有忘记控制"害群之马"的难度。令人遗憾的是，在个别时候，孔子曾以自身体验来例证这种困难，从而削弱了其教义的说服力，不过这也证实了以下观点：他本人，也未能达到自己所制订的标准。

孔子将古代诸多圣贤称作儒家思想的始作俑者，却将这一学说的权威性寄予良知裁决，他经常呼吁的也是这一点。他试图对出于人类良知本性的建议与启示，给予正确解释并小心地遵从。儒家思想这一标志性特征在中国人的思维中已打下深深烙印，即使在大众熟悉的语言中，没有任何思想相比这种被良知所证明的、强调正直的不变教义更有吸引力。

孔子学说的最终目标是成就一种完善政体，其对弟子的指导，主要也是帮助他们为成功地影响和控制他人做准备。为达到这种目的，他并没有试图设计出完美的法典来制约和强迫帝国居民，而是提出了自治自修的规范与原则。他依赖的是内心的动力，并非外在的暴力，寄望的是榜样的力量与指导的作用，而非法律的监督及刑罚的判决。他相信当权者如果能培养美德，民众就会敬仰、服从并模仿他们。孔子对一种完善政体的设想相当美好，不过却充满了乌托邦色彩。在这种体制下，当权者通过阐明自己是拥有完美品德的君主来制约臣民的思维，进而得以静坐遥瞰一个快乐祥和的理想国度。

孔子本人并没有达到他提出的道德标准。除此之外，上文已经提到，更让人遗憾的是，在追随生活于他之前的圣贤，采纳他们的观点、并以他们为榜样的过程中，孔子认可并鼓励对神明与祖先的崇拜，对自己国家的骄傲和自负情节，以及有仇必报的信条。在一宗案件中，一位父亲被谋杀，儿子为其报仇的行为，被孔子认为正当，甚至视作儿子的义务。

儒家思想的理论体系在许多方面都堪称卓越，但显然并不完美。不过以此为由来指责孔子的学说，等于是在说他的观点过于人性化。孔子他从来没有渴望像玄学家或逻辑学家那样伟大，他倒可以称得上是务实的哲学家，他完全精通那个时代的知识体系，洞悉人性，认真诚挚，不事张扬，并渴望造福自己的民族，并使真理得到传播。也许，对孔子做如下评价并不过分：他所传授的伦理学和道德体系是独立于《圣经》神喻世界的，是人类历史上目前最为纯正的思想，对我们白种人也会产生持久的影响。

第四章　科举及学校

孔子在传道时的认真与热情，是其坚强信念的自然表露。他相信民众的普遍幸福与繁荣，以及政权的稳定，源于诚实与正直的原则。这些信条不仅为普通大众接受，而且特别为统治阶级所领会，并对他们有所影响。孔子的所有教义，与政治制度或政府管理都有或多或少的关联。

在很早之前，中国人就已经意识到，拥有聪明睿智、品德高尚的统治者极其重要。他们认为，智力及道德文化的源头，只能存在于古代典籍中，别无他处。人们渴望将这些作品的影响力施加于对国内统治者的教育之中，以使他们为履行其公职做更充分的准备。这一欲望变得越来越显著，其结果是大约一千年之前，一套科举考试体系的应运而生。在以后的岁月中，这套体系不断得到修正与完善，今天，它已经成为全世界所知的最引人注目和强有力的选拔机制之一。

通过参与这种科举考试，无论成长于哪一种生活环境的男人，都可能升迁到帝国之内荣誉最高、影响力最大的位置。

不过，有四种阶层的人士连同其三代子孙，是被排除在科举之外的。他们是：娼妓的孩子，公开演出的伶人，刽子手，国家官员的下等仆役或侍者及狱卒。人们认为，这些阶层的直系后裔，无论其才智方面的资格如何，他们都缺乏杰出官员必备的道德品质。另外，所有的人，无论什么出身，在父母去世之后的三年内，都不得参加这些考试；为荣誉和晋升所进行的竞争，以及为获取成功所必须的专心致志，都被视为与服丧期间所应当拥有的那些孝敬之情相互矛盾。

这一考试制度的细节及其操作方式的详细说明，尽管可能令少数读者感兴趣，但对一般读者来说无疑是乏味的。因此本章将仅提供一种概要。

根据中国政府管理的理论，所有文职人员必须是第二级第三级文学学位[①]获得者。第一级学位在府城授予，第二级在省府颁发，而第三级则在北京，帝国的首都才能得到。

读书人必须通过两次预备考试，之后才被允许参加第一级学位考试。首次考试的参加者是每个县的读书人，组织者则是当地行政长官[②]；第二次考试的参与者是府城下辖的所有读书人，主持者则是该市长官[③]。这两次预备考试无需特别描述，它们与后续的考试几无差别。预备考试不颁发学位，但那些名次最靠前的，却极有可能在接下来的考试中跻身最成功的竞争者之列。

第一级学位的授予者并非知县，而是为此专程由首都派来的“学政”或“钦差大臣”。在挤满府城街道的人群中，有其辖区内每一座城市，每一个乡镇，甚至每一个小村庄的代表。每一位热衷功名的竞争者都已经填写好了一份文书，右边写有其父亲、祖父、恩师及邻居的名字，左边则写着本人的名字、年龄、身材和相貌等，并交由他所属县城的长官文书存档备案。这份文书必须由已取得功名，并有一定声望的担保人签名。保存这份文件的强烈动机，是如果需要时，用来确保考生的良好行为；而当考生违反规则或有其他不轨行为时，这份文件对调查审判，也能起到重要作用。参加这些考试的学子来自不同城镇，全部人数有三千到六千甚至更多，来自不同县乡的学子被允许一起应考，但考试大厅不可能同时容纳这么多人。当点名时，除非充当考生担保人的文士亲临现场并为其应答，否则任何人都不得进入考场。入场之后，每个人都被安排到自己的位置或座位上。考生不允许携带任何书籍或者能对作文有帮助之物，能带进去的只有文房四宝及少量食物。

当所有准备工作都完成之后，教官将宣布由两篇作文和一首诗组成的

---

① 译者注：即举人和进士，而第一级学位即秀才。

② 译者注：即县令。

③ 译者注：即知府。

秀才

考题，所有考生便立即开始自己的写作。考题出自《四书》，通常是孔夫子或者孟子的一些格言警句。每位考生都应当熟悉这些题目的含义、相互关联及范围，并对指导自己进行即席创作的规章制度了如指掌。

这些文章要求在傍晚之前必须完成，考场也随之清空。每位考生的姓名写于其作文的一角，考卷则被折叠并粘在一起以便密封，在考官审阅试卷并决定考分之前，不得将其打开。

这种考试至少会重复一次。如果某位考生不能在规定时间内完成作文，或者违反了任何考场规则，他下一次就不被允许入场。这样一来，竞争者的数量就不断减少。

那些作文和诗作被判定为优异的考生，则被要求通过另一场默写考试，其内容选自一部在中国家喻户晓的书籍，称为《圣谕》。考生必须写得完全准确。随后，竞争获胜者的名单将被公开宣布。

相比应考的总人数，最后的胜利者少之又少。他们获得了第一级学位，称为秀才——即“优秀的才能”。

第二级考试每三年在各省首府举行一次。主考官是两位京城派来的钦差，他们位高权重，而且文学修养深厚。第一等级的文士从全省各地集合在此，人数通常有五千到八千。一些家境富裕的考生有仆人陪同，其他许多人由亲戚朋友相伴，后者正好利用这个机会游览一下省城。

省城中庞大的考试大厅可以容纳的考生人数接近一万。考场为每人提供一个小房间或隔间。由于需要在大厅内停留两天，每个考生入场时都带着被褥和食物。他们在门口与仆人和朋友告别。准备工作完成之后，考场大门随之关闭，任何人都不得进出，直到规定的写作时间终止。考试大厅内的全部人数，包括官员、阅卷官、助手和仆人等，通常有一万到一万二。

考试内容是三篇作文和一首诗，内容同样来自《四书》。考生写完文章之后，他们首先将考卷交到一组阅卷官手中，后者的职责是检查上面是否留有醒目的瑕疵，考生是否遵守考试的规则。如果他们通过了这一考验，接着将会有一组抄写官用朱墨抄写试卷。这样做的目的是杜绝教官认出任何考生的笔迹。另一组助手将原件与抄写稿逐字认真核对，确保在抄录时不会出现差错。

现在，这些副本由另一组学者进行评阅，他们为那些文采突出的作文用朱墨留下圆形标记，无此标记者将不能进入下一轮评阅。在筛选过程中脱颖而出的手稿被送到主考官手中，后者从中选出文采最为出色的答卷。第三天早晨，考场的大门被打开，优胜的考生从他们的禁闭之所走出来，礼炮齐鸣，凯歌奏响。经过仅仅一天的休息，这些候选人再度进入考场参加一场类似考试，与上次考试的区别在于，本场作文与诗作的考题出自《五经》。经过另一个一天的休整，突围者要参加第三轮考试。这次考试的题目是多方面可说是五花八门。

根据三轮考试的结果，由钦差大臣们来决定最有才华的竞争者。他们在一座封闭的寺庙中对天发誓，要公正及诚实地选拔人才。最终成功的应考者大约占全部人数的百分之一。他们被授予第二级学位，称为“举人”，即“被提升（或被升迁）之人”。

即便官方采取了各种措施来防止考生相互串通和教官的偏袒，考生仍有办法让教官接受贿赂并徇私舞弊，这里无需详细描述。尽管如此，科举制度几乎可以称得上最为精密、最有系统的人才选拔机制，如果不具备非同寻常的才华，就几乎不可能通过如此严酷的考验。

学子们参加这类考试的身体消耗是非常严重的。许多人回家时已是精疲力尽、极度沮丧。一些人在考场上就会发病甚至身亡。在这种情况下，死者尸体必须从后墙送走，因为公然从前门运出将会被视为是一种凶兆，而且对考试的正常和平稳运作形成不必要的干扰。

举人必须通过更高一级考试才能得到第三级学位，这里无需对此详细描述。这种考试同样也是三年一次，举办地则是在国家首都。各省第二级学位资格的获得者，可以从帝国财政获得一定数目的资金支持，用于支付他们的旅费。每次考试约有两三百人取得第三级学位。他们有资格从政，要么继续留在京城，要么被外派到各省任职。

中国还有一种武职考试制度，是模仿上述体制形成的。在武举中，不同考生的相关成绩由举起重物、拉开不同力量级别的弓，瞄准目标射箭，骑马射箭等来决定，偶尔还有用火枪射击目标。武职考试突出地表明这个民族坚持的老一套规则及惯例。

武考射箭

武职考试中的一个重要项目是从马背上张弓搭箭射击目标。马驰骋于一道大约两英尺深的壕沟中，如此一来，它就不能因为跃出笔直的跑道而伤害骑手；箭必须射中距离壕沟约四英尺远、直径两英尺左右的一捆稻草。马由一位马夫牵到壕沟一头。随着一声鞭响，马开始奔跑，在另一头有另一位马夫将马牵走。在中国南方能够发现的少数马匹，几乎全部被征用于这种军事选拔。

科举考试对整个帝国产生的影响极为深远，这不难理解。储备与选拔熟悉这个帝国历史、管理、政治经济、文学和伦理学的饱学之士，并非科举制度的唯一优点，但却是最基本和最重要的一种。学子们对知识的渴求受到强劲激励，这也是创办学堂的首要原因。但如果学问的培养仅仅源于喜爱，并为追求知识而读书，情况则会大不相同。几乎一切阶层的人，不管社会地位如何，都致力于将自己的儿子送到学校，希望他们能出类拔萃，晋升到帝国的高官显位，并为自己的家族赢得声誉。大部分学子经过三年、四年或者五年的苦读，发现过多的学习令人身心交瘁，因而放弃了凭借科举晋升的希望。不过他们中的一些人，已经学会了写一手好书法，能认很多字，甚至还粗通学问，于是就成了店铺记账员，后来又做起了生意。

那些为科举荣誉而奋斗的学子，只有极小部分能成功获得秀才资格，许多人甚至为之努力一生。那些竞争中的失败者，连同秀才和举人，形成了散布在帝国各地的一个重要社会团体，即士大夫阶层。他们中的大多数人毕生致力于学术研究。在这个国家，他们既是读书人，也是写书者，既具有社会影响力，又是公共舆论的制造者。他们之中的许多人，一样满腹经纶，文思机敏，挥笔成章，或者财源茂盛，或者成为权臣的高参。

他们研读的是同一类教材，他们接受的是同一种思想体系的熏陶，因此有着共同的文化理念。他们被均匀地分布于各个省份，日复一日地与文化程度较低的朋友和邻居相互交往。他们影响和塑造着广大民众，并使整个民族有了相同特征。

这一阶层中的很多成员都相对贫穷，仅需要很少酬金就能得到他们的服务。他们经常被聘为乡村教师。一些附近街坊的富户为了造福桑梓，经常会资助学校开支，这样一来，在建有学校的地方，所有中国人都有机会接受教育。

秀才与举人通常会教授更有前途的学生，并得到更高的报酬。许多人在私人家中担任家庭老师。他们还被聘为抄写员或文书，或负责书写信件和诉状，编纂家史和家谱等等。

在较大的城市中，学校由政府经办。而由富裕人士资助的免费学校，似乎并不受欢迎，因而也无法人丁兴旺。

中国学校的授课方式相当特别，因此值得特别关注。教材用的是中国经典，或者引导初学者入门的预备教材。这里没有我们在美国经常听到的，教师希望引进一种新教材之类的报怨，中国人的教材都已经使用超过两千年了，而且很少有人认为在下个两千年需要更换。这些书籍都是用书面语写成的，它与口语的区别就像拉丁语之于英语。在这种书面语中，每一个单字都有其独立的表义或象征，如此一来，有多少个不同的字符，就有多少个单字。因此，初学者并不像我们那样学习字母表，而是一开始就要分别学习这些字符或单字，每个字都有自己的发音。学生首先要学习每个单字的指称，它与其字义没有任何关系。起初学生们一天大概能学会十个汉字，以后渐渐地熟悉了那些最常用的字符，接着老师就引导他们诵读中国经典，比如孔子的格言。学生们一堂课只能学习少数几行，如果遇到不认识的生字，老师就告诉他们这些字的读音。

学生们无需注意这些字的意义。他们的目标不过是熟悉这些字的读法，并记住这些句子。正如一个男孩被要求记住维吉尔的一段诗。他只要能精确地重复每一个单词就可以了，丝毫不需要领会诗句的意义，或者语言的结构。学生们以这种方式学会了上千个字符，即使从未听过对这些文字的解释，他们也能一本接一本地背诵课文。

更为独特的一点，是学生们靠大声朗读来学习，他们各读各的，并没有被组织成班级。需要读熟的文章有长有短，小一些的孩子只需要背几句话，而大一些的要背整页内容。每个孩子学会了规定任务中的生字之后，就在自己的课桌前，用最大的嗓音一遍遍地朗读，直到不用看课本就能重复为止。我认为，采取这种特殊方式的意图，是希望学生同时将嘴巴和耳朵调动起来，以便加深记忆。

这种方法还有一些好处，它使孩子的学习效率比不出声时有所提高，并能让老师知道学生是否注意力不集中（这种情况下，老师就只要敲敲自己的桌子，学生们就再次扯着嗓子大声朗读起来）；另外它还能锻炼和发展学生的心肺和发声器官。

学生们入学几年之后，老师开始解释弟子们已经能够背诵的课文。不过同时，有些内容与口语比较接近，在老师与高年级学生的交谈中，学生们也能领会一些线索，因而他们已经不知不觉地对语言有相当程度的理解。

从一进学堂开始，学生们就要学习写字，起初是用一张透明纸覆在字帖上练习，随后是临摹。一开始字写得比较大，随后逐渐缩小。写一手好字是让人羡慕的，而且因为汉字数量极大，其中一些笔画非常复杂，有些人终其一生，都要挤出一定时间来提高书法水平。

孩子们到了十二或十四岁时开始学写作文。这些文章的风格与特点由科举考试中流行的方式来决定。作文的目的当然不是提出任何新观念，而是跟在正统的评注者之后亦步亦趋，严格遵循既定规则。这种文章是一种拼盘式的文学作品，包括有伦理学原理、史料的引用、晦涩的暗示、以及诗歌、传记和历史的提示。这些都是学生能够背诵的内容，在死记硬背的学习过程中，他们总是无意识地陷入自己的思维已经熟悉的表达方式和规则之中。

显而易见，中国的教育体制，固然可以将记忆能力发展到前所未有的程度，但妨碍并制约了一切自由的思考与创造力。

第五章　中国政府的组成

中国政府是人类历史上的伟大奇迹之一。如今它为我们展现出来的特征，是至少在三千多年之前其萌芽时期就已拥有的，这一特点跨越了人类信史的全部阶段，并一直保持至今。

在谈及中国行政体系时，一位杰出的英国作家①将其特征描述为“这个世界曾出现过的，机构最为庞大，同时组织又最为精密的制度”。

中国政府的特征是父权制。在非常早的时期，当汉族人被众多小国和封邑所分割时，采取的就是现有形式。帝国的领土及人口不断增加，政府体系随之进行了扩展和调整，以适应国家的发展环境。其基本理念则得到了保留。

中国皇帝最常用的头衔是“皇上”——“令人敬畏且高尚之人”及“天子”——“上天之子”。他对整个帝国拥有最高控制权，因为上天授权予他，并要求他这么做。虽然皇上得到了绝对统治权，他的父权制特征，同样赋予他对待子民仁慈、同情及仁爱的义务。皇帝的住所无比宏伟，难以接近，除了皇族成员及国家高官之外，任何人永远无法见到他。“任何举措，只要能增加皇帝本人或其特征的尊贵与神圣，都不能忽略。皇帝本人或他的仆从用过的一切，都禁止平民百姓接触，并用一些特殊符号或颜色加以突出，使国人保持敬畏之心，并以此作为加强王权的一种强力辅助手段。皇宫的外门永远只能步行通过，通向宫殿的专用通道只能由皇帝使

① 原书注：托马斯·泰勒·密迪乐，在英国女王行政部门中担任中文翻译，《中国人及其叛乱》作者，该书由伦敦的斯密·埃丁公司出版。

用。面对无人的御座，甚至座椅上掉下来的一块黄色丝绸屏障，臣子们都需要像皇帝亲临时一样顶礼膜拜，各省在接受圣旨时，都必须焚香并跪拜。[①]

一般情况下，皇子会接替其父，但皇位的世袭并没有严格规定，也不是必然的。皇帝指定的继任者，据说会优先考虑子民的最大利益，并表明他接受的是上天的馈赠，自己是天意显示的天赐人选。

要管理幅员如此辽阔的一个帝国，皇帝意识到，必须将自己的权力授予众多官员，后者在贯彻君主意志时，被视为他的代理人与执行者。皇帝通过他们来实现统治。政府的这种父权制特征得到了普遍认可，这在民众的日常俗语中可以看出。特别当百姓们认为他们被自己的官员所伤害或者冒犯时，很容易如是说："父母官不能够待民如子"。

中国政府由以下部门构成：

1. "内阁[②]由四名大学士及两名协办大学士组成，他们中一半是满人，另一半是汉人。根据帝国法令，他们的职责是审议帝国的政府管理，对外宣扬帝国的伟大，调节国家规章制度，以及全面控制权力的平衡，以协助皇帝指导国家事务。"在这六名大学士之下有六个等级的官员，其总数超过了两百人，在这个序列中排名第一的大学士出任首辅。

2. "军机处由皇族、内阁大学士，六部尚书及侍郎，以及京城所有其他国家级部门的首脑组成。其职责是书写帝国法令及决策，并决定对军队和国家意义重大的那些事情，从而帮助国君管理和协调帝国事务。"皇帝及其近臣主要是通过这一机构来了解在京城及各省不同部门任职的官员，并对他们进行控制。

"在这两个机构之下，京城首要的行政部门是'六部'，即六大部门，它们是政府中存在已久的机构，是模仿古代王朝中职能几乎相同的部门建立起来的。在各部中处于首脑位置的是两名部长，称为'尚书'，以及四

① 原书注：选自卫三畏所著《中国总论》。

② 随后几页的大部分内容节选自卫三畏所著《中国总论》，引文同样来自同一作者。希望得到关于中国的详细及准确信息的朋友，应当使自己拥有这本真正无价的著作。

名副部长，称为‘侍郎’，各部由鞑靼人与汉人轮流负责；其中的三个——户部、兵部与刑部——设有总监督，通常由内阁成员担任。有时，一个部的尚书出任一个部的总监督。各部还有三名从属官员，他们可以被称为主事、次官和审计。以及数量众多的低级职员，在各部的管辖权范围内，它们的适当部门处理着各种常规及特殊事务，所有一切都被以一种商业化风格安排和运作。中央及各省政府的所有部门，也以同样方式对相关的具体事务进行极为细致的管理。例如，各部递送公文的信封都有不同样式，办公室中的文件要装入信封进行归档保存。”

引自密迪乐的著作——《中国的叛乱》[①] ——的以下文字，将为读者提供他关于中国人思维和机构的商业化及系统化特征：“然而，一般来说，正如我们所发现的，与英格兰相比，（中国）所有的公共机构，工作都更有条理，并更加系统化”。

文官

3. “六部中的第一个部门是吏部，管理帝国境内官员的分配，其事务被分为四类，由四个不同的司来具体实施”。

4. “户部致力于人口统计，征收和集结捐税，并管理救济粮仓，它分为十四个司”。

5. “礼部的职责是决定国事活动、及各省官员间交往的的仪式和典礼，其下还设有一个音乐部门”。

其他三个部是兵部、刑部和工部。

6. “理藩院，或称藩属办事处，负责外藩属地和保护国事务，以及与

① 译者注：即前面提到的《中国人及其叛乱》一书。

外国的交往”。

7. “都察院的职责是受命揭发政府各个部门的过失及罪行，而有时都察官甚至在执行批评或揭露皇帝本人行为的危险使命，各部之上都安排有特别都察官，各省官员也同样如此。”

8. “通政司接收各省的记录和上诉，并将它们呈于内阁”。

9. “大理寺的职责是调控帝国境内的各法庭，其形式非常接近于最高法院，不过它所受理的几乎都是刑事案件。当罪行涉及人命时，大理寺与通政司和都察院就联合成立一个法庭；而如果法官对其判决无法达成一致，就必须向皇帝汇报原因，后者将替他们做出终裁”。

10. “翰林院被授权起草政府公文，编撰史书及其他作品。其首席官员管理着不同级别的下属，并激励后者努力进行学术研究，目的是让他们为行使国家权力做好准备。其首席官员是两名院长，或称元老学士，通常经过一段长期研究之后就终生任职……两位元老学士之下的官员分为四个等级，每级有五人，连同没有名额限制的高级学者，构成一个团体，其职责是编写政府许可出版的所有作品。这些人不时要接受新的考试，如果出现错误或者疏忽，他们就会失去学位，或者被从岗位上彻底驱逐”。成为这个学术机构的一员，被中国人视为一种很高的荣誉，而翰林院的设立目标、组织机构及深厚的学术特征，都是中国政府无上荣誉的体现。”

本书不可能深究细节，去讲述省一级政府，甚至也不会个别提及那些得到委任、从首都派往各省及边区的不同官员级别。中国政府的整体运作是非常系统化的，既完备又有效率，每个偏远的城市、村庄和家庭，都能感受到它的影响。所有的军国大事都有记录。每日发行的《北京公报》，报道军机处事务以及这个国家其他的重要事件。①

中国的政府体制，长久以来一直固定于数千年前就已形成的基础，构成现行规章基础的中国法律同样如此，由生活在大约两千年前的学者李悝所创制。从那时起直到今天，不断有补充、调整及改进。现在这些法律被

---

① 编者注：原作者在论及中国政治体制时，除漏掉了部分次要部分，如国子监、鸿胪寺等外，大体上是准确的。提到的《北京公报》即《邸报》。

划分成名例律、吏律、户律、礼律、兵律及刑律。1830 年，它们以二十八卷重新颁发，全部律例又被分成四百三十六个部分。一位《爱丁堡评论》的作者，在一篇题为《斯当东〈大清律例〉译本》的文章中，对其做了如下评述："当我们从《阿维斯陀古经》或者《往世书》的胡言乱语，转向这部中国律法集所体现的理性及务实文风时，就如同从漆黑一团走入了万丈光明，从老朽的口水横飞转变为一种不断提高的理解力之练习；而且，这些法律在许多细节上表现得既充分又详尽，我们几乎无法知道，哪一部欧洲的法令能够像它一样，几乎完全避免了晦涩难懂、顽固偏执及虚构编造"。

在制订和实施其法律时，中国人经常被指责为野蛮和残忍。在这一点上，我们还未发现一篇比卫三畏博士的评述更加合适或可信的证言。其内容如下：除非涉及到反对皇帝的叛国罪，我们不能从整体上指责这部法典是绝对残忍的；虽然许多法令似乎需要依靠恐惧手段执行，实际处罚也比真正想要给予的惩处更为严重，但皇帝可能会因为仁慈而放宽尺度，或者，正如其所言："法外开恩"。一些官员宽大仁慈，另一些则略为严厉苛刻，有些省份的百姓勤勉平和，另一些地域的民众则情怀暴躁，并厌恶平静的工作。因此，人们只要看看社会概貌中反映出的结果，就有可能对帝国的行政管理得出一种更为公正的看法，这就像通过树上结的果实来判断整棵树一样。相比从个别受压迫和反抗的事例来得出应用于整个国家机器的结论，显然要公正得多，而有些旅行家和作者，却经常采用后一种方式。

笔者已经对帝国的政体与法律做了概述，现在，我们可以简要介绍一下整个政权体制的实际运作方式。

能够制约皇帝的，有帝国的政体与法律，他本人的责任感，朝中重臣经常性的监督、影响与建议。皇帝也会意识到，他自己同样要服从社会舆论。如严重违背自己的信用，将削弱对臣民的影响力，甚至丢掉皇权。一些中国皇帝称得上品格高贵，治国有方，配得上他们获得的地位；另一些则性格软弱，难以胜任，辜负了皇室的名号与荣耀，政权也被他人所操纵；还有另一些既野心勃勃又凶残成性，从而给自己及帝国百姓带来了深重灾难。

制约帝国官员贪得无厌、敲诈勒索及执法不公的因素有以下几点：首先是民众的力量令人生畏。他们清楚自己的权益，有时也会勇敢维护；其次是来自更高级别官员及监察官们的监督或监控；下级官员也是一种制约力量。他们急切地盼望上司离职，而自己可以升迁并占据其位。广受欢迎并雄心勃勃的地方官员，会在民众中赢得极大影响力，甚或与其他相关力量联合起来，成为朝廷眼中的威胁。但设在北京的吏部会做出精心安排，将他们在帝国的管辖区域经常改变，这样在很大程度上能消除上述危险。巡抚一级的官员很少能够在同一省份连续待上三四年。他们从来不会被委派到家乡履职，也不允许在自己的辖区内娶妻纳妾。

士大夫阶层，包括秀才和举人，在朝廷命官与平头百姓之间可以起到桥梁作用。他们是国家政权重要有力的辅助者。因为抱着进入体制做官的期望，他们才愿意为政权出力；由于深受儒家学说影响，他们大多对国家政权极为忠诚，并认为后者就是古代圣贤智慧的化身。他们对其社区内目不识丁、缺少教养的民众能产生积极影响，促使后者更加尊敬执政者并顺从国家法律。

广大民众被施加约束力，除了他们本身的正义感及对自身名誉与利益的关心之外，还有法律的严酷，统治者的绝对权威，以及每当出现有轻微罪行、行为不端或不服管束的情况时，很容易受到地方官员及其党羽的趁机敲诈。无论出于真实还是虚幻的理由，即使心生不满，他们在大多数时候是不可能联合起来进行暴动的。除了当地官员的严密监视，帝国不同区域的相互隔离，以及各省民众的方言差异，使他们不可能即时沟通并开展合作，也是重要原因。

但如果遭受极大的不公和压迫，民众也不是没有对抗手段的。他们知道何时、以何种方式来运用。中国人的温顺与屈服骇人听闻，但有时同一街区或地区的人也会集体造反，公开反抗当地政权，并强调和捍卫自己的权益。当有官员因为贪婪、苛刻及不公而臭名昭著时，民众就有权认定其所作所为，与当今皇上的期望及指导截然相反。当一些压迫行为让他们感到无法忍受时，这些人就会联合反抗并游行到可憎的地方长官衙门。他们认为自己并非请愿者，而是起诉者和控告者。在这种情形之下，地方官常常会放下其长官尊严，走出衙门亲自接见民众的领袖或发言人，仔细倾听他们的抱怨，并给予满意的答复。之后暴动者就能平静地回到自己的住所。如果官员严重失职，几乎肯定会产生上述结果。否则，官方的渎职行为很可能会被汇报到朝廷，他将被传唤到皇帝跟前，并可能丢掉官职甚至性命。

有时无论民众有没有正当理由，官员都拒绝平息他们的抱怨，并坚持要求他们屈服于自己的权威。其态度往往也得到上司的支持。在此情况下，如果必要，官府就会派遣一队士兵去镇压暴动。为了维护法律的权威，一个或更多的暴动组织者会被处决。在强大的武力面前，这些民众也不得不屈服。

如果像当前一样，社会不公与官场腐败遍地开花，地方上就会频繁发生暴动。各类不满现状的人则联合起来，形成危险的反抗势力。这些暴民宣称自己对朝廷不再忠诚，拒绝承认皇帝是天赋的统治者及臣民的安抚者。如此一来，一切都倾向于无政府状态，国家也面临分崩离析的危险。因此，中国政府最终还是要依靠民众的意愿。如果他们违背了自己所认可的原则，就会失去百姓的拥护与支持。皇帝如果想要打消后者的顾虑并安抚帝国，就必须证明自己的能力与诚意，回到过去，在传统基础上重建国家。

尽管中国政体被作为无限君主制和绝对专制的代表，从前面的陈述中，读者也可以看出这种制度同样明显体现出了一些共和理念，民众也有很大程度的人身自由。中国学者提及美利坚合众国之时，常常带着极大程度的羡慕之情。他们同样钦佩华盛顿总统的人品，某位杰出人物就曾写下了一篇深情的颂文。①

就中国政体而言，特别值得提及的一个事实是，中国人可以从自己的“元老”中选出代表，组成一种“政府之内的政府”，可以监督地方官员，并协助后者处理大量政务以减轻其负担。许多琐碎的纠纷、误解与争吵都可以由元老裁决，这样一来，诉讼中常有的铺张浪费、腐化堕落、流言蜚语及互相斗气就可能避免。有时，官员可以通过元老们潜移默化地影响民众，另一方面，元老们也会收集体现民意的方案，并提请衙门的重视。

有时邻里之间出现不和，元老也不能令双方满意并化解。对立的双方就宁愿自行解决纠纷，换句话说，就是来一场“决斗”，官方则对此表示默许。如果争执仅仅是个人之间或区域性的，大体上不会危及整个社区的利益或者官府的威信，涉及的问题又极为混乱难以理清，这时官府就给予当事人自行处理的自由。地方官员通常会从双方那里都得到封口钱，同时就这一事端不再进行干预。当事者家庭则会召集所有亲戚、朋友及同情者，甚至还要花钱雇佣打手，用长茅大棒武装起来，共同组成一支看起来令人生畏的团伙，出其不意地出现在仇家门口，要求赔偿损失。受到攻击的一方，特别是那些理亏者，得不到亲朋好友及乡亲邻里的同情与支持，很可能被迫屈服，并接受对方强加的条件。这样的示威，通常不过是一场暴力秀。

在开放口岸附近的此类恐吓行动中，当地人有时还会雇用一些粗鲁狂妄、粗枝大叶、不守规矩的外国人。就连传教士都可能被号称教友或咨询者的人所诱骗。后者通过似是而非的请求，就把前者变成了“和事佬”。有时，外国人受邀去别人家造访，根本不会怀疑主人的真实动机，而后者

① 译者注：很可能是华盛顿纪念碑上由徐继畬所写，选自《瀛寰志略》的一段文字。“按，华盛顿，异人也。起事勇于胜广，割据雄于曹刘。既已提三尺剑，开疆万里，乃不僭位号，不传子孙，而创为推举之法，几于天下为公，骎骎乎三代之遗意。其治国崇让善俗，不尚武功，亦迥与诸国异。余尝见其画像，气貌雄毅绝伦。呜呼！可不谓人杰矣哉。”“米利坚合众国以为国，幅员万里，不设王侯之号，不循世及之规，公器付之公论，创古今未有之局，一何奇也！泰西古今人物，能不以华盛顿为称首哉！”

其实是让他向邻居提出抗议。

几年之前，距宁波城大约五十英里的一户大地主，遭到一伙武装农民的上门闹事。后者都是他的佃户，他们要求从土地收入中得到更高比例的分成。这位富人家丁众多，坚持要以暴抗暴。这些佃农很快召来了更多同伙，抵抗一方也雇佣了更多援手。事态很快就变得严重起来。地主家的宅院宛如一座遭到围攻的要塞，而这场纠纷则看起来像一场小规模战乱。当局出于种种考虑，并不打算介入。冲突持续了好几个星期，好在没折腾几个月。最后的结果是，佃农们被迫屈服，取胜的地主不仅赢得了来自京城的嘉奖信，还被授予荣耀头衔。

同属一个大家族、特别是同一宗教的成员，有时会出现非常尖锐的家族矛盾，而且会世世代代无休无止。南方一些地区尤为突出，这里的居民性格更加暴躁，容易失控。

以上所列举的事实说明了中国政府的实际运作状况，并例证了其优点与不足。

第六章　中国宗教

希求对中国的特性与文明有一个正确理解，对帝国境内流行的偶像崇拜体系及民众的宗教信仰有几分认知，是完全必要的。但想对宗教体系进行令人满意的分类与陈述，并不是件容易的事情。这些教义的信条种类繁多、层出不穷，让人困惑，以至于任何人试图对自身及他人的信仰有一个明了的说明，都相当困难。也许最佳分类正是中国人自己采用的，他们谈及本国宗教时，通常将其分为三类，也就是儒教、释教和道教。

“教”一词通常被用作动词，其意思是“去教育”。它当名词使用时，意思是一种“教义体系”。这是汉语所能提供的单词中，最接近我们英语“宗教”一词的对应词。不过它的含义要宽泛得多，而且可以用于一种完全没有宗教成分的学说体系。

当使用“宗教”和“教派”等术语来说明中国人的信仰时，我们必须记住，自己是在一个新的和修正过的语境下来阐述的。我们的“宗教”一词总是指上帝及信仰上帝的理念，以及作为宗教信仰对象和宗教生活目标的一种未来幸福状态，与其相关的是精神和神圣层面的理念。然而在中国人的思维中，“教”这个单词并不能必然带给他们“宗教”一词赋予我们的任何暗示与关联。此外，即便有三种宗教体系，但严格说来，中国人并没有分成三个不同教派。人们并不将这三种宗教体系视为竞争与敌对性质的信仰，而认为它们相互协调，互为补充。人们将这三种学说一起加以利用，根据自己的偏好或爱好，给予某一种学说更多重视。

释教和道教从字面上可以被译为“佛教学说”与“道教学说”，并表现为两种完全不同的体系，中国人可以完全清楚地说出其起源、创立者、历史及特性。

第一个术语，儒教，就其含义和应用而言更为模糊和不确定，不同的人群会有不同的理解。

“儒”一词可以直译为“学者”“有文化之人”，等等，而儒教有时会被称为“有学问之人的宗教”。但儒教所规定的最为突出和重要的礼拜形式不仅被学者所遵守，同样被普通人所实践。事实上，它得到了中国人的普遍接受。因此很显然，用“有学问之人的宗教”这一短语来翻译“儒教”，是不符合事实的。

儒教有时会被阐述成中国的“国教”。对这一术语的主要异议，是其可能会给人造成错误印象，因为它是在一种新的和未被授权的语境下使用的。在中国还没有任何一种宗教，能被政府特批并支持成为国教。国家官员对一些特殊礼节和祭拜形式有独家使用权，因为这些程序只适合他们特别使用。这些人除了尊奉这些官方仪式之外，还须与其家人一道完全接受普通人采取的信仰和礼拜形式。

无论是本土还是外国作者都普遍将“儒教”视为孔子学说或儒家学说的同义词，我认为这是有充分理由的。有些人会在更狭义的角度使用这一术语，而其他人则在更广泛的语境中采用——前者将其严格局限于孔子学说，而后者则给予它一种更为宽泛的新含义，并将之与那些并不天然地属于佛教或道教的国家崇拜惯例与仪式联系起来。对这个词的两种诠释都存在的异议是，第一种概念不够完全，后一种则内涵太大，因而不够精确，甚至将那些产生于孔子之后很长时间，并与其教义有明显冲突的信条和惯例归到这位中国圣贤身上。

我相信中国人对其三种宗教体系的划分，在过去更加适当和精确，而在当前却并非这样，偶像崇拜的形式已经大大增加，而这三种体系也相互作用与影响，有了很多改变并交织在一起。

上述对中国术语“儒教”的每一种翻译，都能表达出它的一些突出特征，但提供的都只是片面的解释，因此会或多或少地误导读者。

在本书中，为了最大可能地避免非议，我决定将“儒教”作为孔子思想的同义词。这一词汇从其严格意义及狭义上讲，是指孔子及其前辈所传授的，由伦理学、政治经济学及古代宗教仪式构成的学说体系。在第三章和之后的内容中，我已经对这一体系进行了简单描述，在接下来的几章中，我将讲述另外两种学说，即佛教与道教。随后在另外的章节中，我将介绍与这三种宗教体系有本质联系，或者从其中生长出的，由三者共同作用而产生的多种信仰和祭拜形式。

按年代顺序来说，道教应该排在第一位，但从在帝国的地位和影响力而言，逊于佛教，因此它只称得上中国第二大宗教。

其他次要的宗教教派，总的来说对中华民族无法产生决定性的永久影响，也就不需要特别讲述。

不过，伊斯兰教在帝国某一些区域的地位非常突出，因此有必要专门提及。据说早在穆罕默德死后不久，伊斯兰教就传入了中国。今天，帝国各个省份都能发现这个教派的少量信徒。东部各省偶尔还能看到清真寺。宁波就有这样一座，不过规模不大。而就在几年前，我在杭州发现了一座非常壮观的清真寺，经常去参拜的是一群有趣的人。在帝国西北部有穆斯林的大规模聚居区，据说在一些地方，他们可以占到当地人口的三分之一。卫三畏博士描述说："上世纪（18 世纪）早期，这个国家的全部回教徒数量，据估算大约为五十万人"。

当我在杭州遇到他们时，这些人以最大的热情接待了我，邀请我考察清真寺并出席仪式。

第七章　佛教

佛教显然是中国及整个东亚的宗教。公元60年前后，它被引入中国。当时，汉明帝派出使节，在西方寻找宗教导师。有一些人猜想，皇帝是因为自己的一个梦而派出使者。另一些人则认为，这是得益于孔子“西方有伟大圣贤”的说法。还有一则“犹太国王之子降临”的传言流传到了亚洲最东端，据此派出使团也并非不可能。不管以上说法是否属实，始于中国的这次负有重要使命的远行，到达了遥远的印度，在那里使节们遇到了佛教修士，从后者处了解到了他们神圣的佛祖，他们的经书，未来世界的戒律，以及摆脱罪孽及其后果的方法。使节们认为已经达到了出使目的，他们将印度人的这种新神明及新宗教带回了本国。佛教就这样传入了东方。

佛教久负盛名的创始人是释迦牟尼，据考证，他生活在公元前七世纪或更早时期。他通过一种长期沉思默想、著作丰厚以及自觉吃苦的生活，最终达到了“佛陀”的状态，也就是“全知全能”。汉语中对应的术语是“佛”。高出或超越于此的是一种更高级的发展状态或成就，称为“涅槃”，这是凡人都能达到的最高状态，也是他们的本性能够实现的。这时，一个人的意识、个性，以及全部的心愿与要求，都在一种理想状态中消失，与物质世界的一切联系和交往也就此停止。佛陀自己否认这种无意识的至高状态，并在其边界停留，以其仁慈之心指导凡人的实践，以指导和提升他们的境界。

佛教中有一种还没有完全达到佛陀境界的神明，称为“菩萨”。他们的知识与美德虽远远胜过普通百姓，但没有达到完美的境地。如果以修养程度来衡量，他们更接近凡人。因此世人认为菩萨更同情自己，更熟悉自己周遭的环境，也更容易亲近。出于这些原因，他们得到了人们更多的崇敬。

在不同国家，佛教的表现形式各不相同。流行于锡兰、缅甸和暹罗的南派佛教，与传播于西藏和中国本土的北派佛教之间，有着明显区别。北派经书用梵文写成，或者使用梵文译本。南派经书则用巴利文写成，这种语言产生的时间更晚。北派还拥有不为其他地域所知的补充经书、传说和神灵。

在西藏，佛教与一种宗教等级制度联系在一起行使政治权力，居于首脑地位的是大喇嘛，他被视为佛陀的道成肉身。当大喇嘛圆寂时，其灵魂据说转移到一名男孩体内，僧侣们从一些婴儿中挑出灵童，而他就成为了下一任大喇嘛。

在中国本土，这样的宗教等级制度不被容忍。蒙古佛教则与西藏有相似特点。锡兰、日本和印度支那的佛教，则明显模仿中国。

做了这些概述之后，我将单独介绍中国佛教，讲述其实用层面的一些问题，诸如在当前它如何被民众相信和崇拜，以及如何将它与社会生活相融合。

中国与佛陀有关的民间传说都是一些令人不可思议的文字，故意引导一个无知民族的想象力和盲目崇拜。在中国人的描述中，佛祖诞生于帝王之家，是无尽财富和无上权力的继承人，但这一切对他完全没有吸引力。据说，当他来到这个世界时，身体被一道耀眼的光环围绕，周边所有国家的人都能够看到。而他身边的土地上，会自动生长出密密麻麻的莲花。佛祖首先要做的事情，便是向北、南、东、西各走十七步，一只手指向苍天，另一只手指向大地，然后用响亮的声音宣布："天地之间，唯我最大。"许多有关其非常神力与非凡天资的描述都极度夸张，甚至会令那些最易于轻信的人产生怀疑。为了过上一种隐士般的生活，佛祖很年轻的时候就离开了家，经过多年自我苦修之后，他实现了功德圆满，升天成神，并留下了许多关于其超人力量的明显证据。

佛教体系与众不同的特征，是相信有一位与下层民众血脉相通的仁慈之神，其特别的目的与关注，就是将芸芸众生从罪孽及其后果中拯救出来。此外，它还相信灵魂轮世及善行有报。根据这些教义，佛教的宗教礼仪或偶像崇拜仪式包括向诸神祈祷，行善与苦修，为阴间亡灵、过世亲友祭祀上贡，满足他们的预期。

为礼拜这类神佛而建立的寺庙在帝国随处可见，并且数量庞大，耗资不菲，气势宏伟。中国喜欢在“高台之上”举行偶像崇拜仪式，在这点上和历史上的其他一些国家表现出了相同的倾向。佛教教义要求其庙宇建在群山之中的幽闭之处，因为这些地方能提供安静及隐蔽。因此，与佛教有关的大部分建筑物并没有为考虑居民的方便而放在城市和城镇，而是建于乡村才能提供的风景最美丽、环境最宜人的地点。在某种程度上，大型庙宇中的建筑模式几乎如出一辙。可以描述如下：

佛寺由几座独立建筑构成，其他殿宇都位于前殿背后，并排列成一条直线。如果地面条件允许，后面的每座殿宇都比其前的要升高几英尺，要踏上一段石阶方可进入。通向这些殿宇的道路往往设计得有品味和艺术性，蜿蜒迤逦于美丽的苍松翠竹之间，跨过精致的拱桥，绕过茂密的树篱和别致的鱼塘，一路之上，时时能让来宾感慨风光之秀丽，环境之典雅。

踏上了首殿宽大的正门，首先映入来宾眼帘的，是一座庞大的坐像，其表情似为傲慢的冷笑。这尊偶像被称为“弥勒佛”，其职责是守护庙宇入口，他嘲笑人类的愚蠢，后者穷其一生去追求世间荣华，到头来只是一场空。紧随着弥勒佛之后，面对后部通道或后门的，是一尊站立的神像。此像从头到脚都披挂整齐，手握一支长棍，被称为“韦陀菩萨”，他被视为寺院的守护神，保护其不受鬼怪和盗贼的侵犯。前殿和其他各殿内部都很宽敞，不曾分成隔间，也没有上下层。屋顶由许多大柱子支撑。大殿内除了上述的两尊塑像外，还有其他四尊。被称为“四金刚”，或者“四位黄金英雄”。他们体格庞大，呈站立姿势，两个一组，分别耸立在大殿一侧。有一位手持一把大伞，人称“多闻天王”，据说当他撑开伞时，就能令天地昏暗。手拿一把大吉它[①]的被称为“增长天王”，即“能增加长度

① 译者注：原文如此，应该是琵琶。而且作者将增长天王和持国天王搞混了，手持琵琶的是持国天王，手持宝剑的才是增长天王。

的天上之王”，也许指的是他有能量使人长寿。人们还认为，他只要拨动琴弦，就能令妖魔鬼怪敬畏和服从。另一位手持宝剑、外貌狰狞的，被称为“持国天王。”剩下的一个是手舞长龙、脚踩蛇蝎的形象，被称为“广目天王”。四大天王被视为普度大众，特别是佛教信徒的保护神。

寺院门口

第二座殿堂比前殿要大一些，通常有四十到五十英尺高，九十英尺宽，以及七十英尺深。有时甚至会更大。这就是“大雄宝殿”。其内供奉的主要神明是三尊佛像，分别称为过去佛、现在佛与未来佛，合称为“三世佛”。他们位于大殿中央，面对正门排成一行，坐于高高在上、由莲花环绕的大基座上。通常在这三尊大佛前面大约二十英尺高，有一块皇帝题写的牌位。毫无疑问，这是为了表明他对佛教的支持。大殿两侧要么能看到十八罗汉，据信已经修炼成佛；要么会安放二十八宿，即二十八个星君，代表不同的星座。所有这些塑像均为人形，并且和真人一般大小。紧靠着三座大佛之后，通常能看到一位蒙面塑像，这就是观世音菩萨，佛教的一位主神，其形象被塑造成一位年轻女性，并用中国艺术的最佳风格雕塑而成。这位女神据说会在不同时间，以不同的形象与性情在尘世间出现。她被奉为“送子娘娘”，即“儿子的授予者”，或者“千手观音”（七面观音），有时观音的形象是男性，但名字不变。“送子观音”通常被塑造成怀抱孩子的女性形象。罗马天主教徒意识到这位女神与圣母玛丽亚极为相似，并将这种巧合归因于撒旦的作祟。显然中国人在一定程度上熟悉天主教徒的这种厌恶，据说在他们中间流行着“天主教徒仇恨观世音，因为她杀死了耶稣”的说法。三尊大佛的背后，参观者有时会看到“千手观音”，或者上面提到的“送子娘娘”，而有时则会见到众多其他偶像中的一位。在大殿后面经常能看到一座独立的神龛，上面供奉着战神关公，或者其他受人们喜欢的崇敬对象。

在一些较大的庙宇中，通常会看到第三座殿宇。其大小与第二座相仿。它被用作僧侣们的“礼拜堂”。这里能为佛像提供的空间不大，更多空间留给了诵经者。

三世佛

除了以上提到的殿堂，许多寺庙中还有其他建筑。它们中供奉的偶像数量众多，而且就摆放位置而言，没有规定的次序。其中大部分雕像代表的都是被认为已经修炼成佛的凡人，共计可超过五百。其中有些来自大众偏爱的神佛，另一些甚至源于道教的神仙。所有这些偶像都有其动人的传奇，虽然他们会令好奇者感兴趣，但在这里详细讲述既无益处也不可能。有时在寺内地势较低侧还建有殿堂，并分为若干隔间，里面供奉着各种身份不同、相貌各异的较小佛像，其高度从一英尺到两三英尺，甚至更高，在同一座殿堂中可以看到数百尊这样的塑像。在这些隔间中，能看到有几个房间代表了地狱的不同部分和各类折磨，这也并不稀罕。管理这些地方的，据说就是“地藏王”——“藏匿于地下的王”。中国人相信，在不能挽救地狱中的所有灵魂之前，他不愿意升格为佛。

地府一隅

寺庙中还建有为僧侣提供膳食的偏殿，通常分为两层。餐厅能满足数百人就座，厨房配有大锅，有些厨房还会有两三个水桶。

有些寺庙建有与之相关的佛塔。它们是塔楼或纪念碑，主要以石材或砖块建成，高度从八十到两百英尺不等。它们构成了中国景观中的一个门类，特色鲜明，相当精美。许多佛塔都展示了悠久的历史。它们起初修建时，也许只是用来储藏一些珍贵文物，或者纪念某些高僧。塔中有时也会安置佛像，但这种情况并不常见。

在小城镇和偏远地区，没有条件修建大庙，则会将主要佛像雕塑成较小规格，并将它们集中于同一座殿堂之内。那些没有时间或钱财，无法远离住家去较大寺庙求神问佛之人，就可以在这里满足自己的需要。

佛像由各类金属，或者石头、木料和粘土制成。最大的一类则有灰泥包裹的木制框架，并通常在外部镀上一层金粉，当然有时候也会涂以各种颜色。人们普遍认为，每座雕像，不论大小，都应该带有模拟的内脏器官，通过其背部的洞放进体内并固定好。此类器官代表的是鲜活的精神，如果没有它们，这些雕像也就一无是处。心脏和身体其他内脏器官通常由银料制成，有时也会使用珍珠和宝石，甚至是活蛇活蝎来替代或补充。这一事实也为中国的太平天国暴动者等组织提供了口实。他们除了公开宣传对偶像崇拜的仇恨与蔑视之外，还将此作为发起偶像破坏活动的一个充足理由。这些雕像通常制作精良，无论外形还是姿态都非常得体。值得注意的是，中国佛像的外貌没有任何令人恐惧或不堪入目之处，而且也没有一个让人感觉是受到感情困扰；它们全都被视为完全之人或者过去英雄的化身。这说明的就是中国人的特性，以及撒旦是如何让偶像崇拜的形式适合被他蒙骗的那些受害者的头脑。这些佛像呈现出不同程度的关爱、同情、欢乐、凶猛和愤怒，或者几种表情交织在一起。

佛塔

一座大的佛教庙宇或寺院，其外观总是宏伟而又壮观，目的在于让凡夫俗子从心底里产生崇拜和敬畏之情。这些佛寺的结构也展现出了良好的建筑品位与技巧。它们的分布相当均匀，每间殿堂内部都精心规划，以适应其供奉的佛像大小及数量。巨大的屋顶通常都用最好的盖瓦材料做成，即使不用任何修葺都可以维持五十年以上。其上覆有浮雕工艺，以及风格奇异的大象、狮子、骏马和人物等。殿宇内部用精致的木雕或石雕作为装饰，墙壁和立柱上有大量铭文。佛像头顶的镀金大字有很好的装饰作用，并且注明了不同神像的名号、性情与法力。

在中国，杭州是佛教传播的一个主要中心，对这座城市的佛教寺院和祭拜做一简要描述，或许可以使读者对佛教的特征及其实际活动有一个更加鲜活和更为满意的了解。它是一座省府城市，在被太平天国叛乱者占领前，其人口多达一百万。这是一座因其非凡的天然美景，理所当然享有盛誉的城市。它的风景之美在一则对子中得到了很好诠释：“上有天堂，下有苏杭”——“天上最美的是天堂，天底下最美丽的是苏州和杭州。”这座城市及其郊区遍布佛寺，但其中最著名的一些分布于西部和南部那些环绕城市的高山低谷之中。游客能在山谷中最浪漫的隐蔽之处，往往是半山腰中看到它们；或者在一座海拔几百到一千英尺的山顶与它们相遇。

从杭州西南门外朝着群山的方向进发，不远你就会看到一座著名寺院——清净寺——的院墙。此寺修建得格外宏伟，不过最为驰名的，是一座供奉有全部五百罗汉的偏殿。罗汉全都与成人一般大小，制作精良，并覆以金叶。每尊罗汉都被安放在大约六到八英尺见方的平台上。要放置这么多塑像，它们之间还需要有过道和走廊，读者可以想象整座殿堂的面积该有多么庞大。但这不过是寺院中一座次要的辅助建筑。在广州，我也到访过类似的庙宇，同样是将这五百座雕像安置于同一座殿堂之中。

在距离城市大约三英里的一个村庄中，有一座“天竺寺”，——“印度的寺院”。它环境优美，建筑别致，但最吸引游客的，却是一段让人好奇的地下通道。据说通道上面的小山，是在夜间从印度搬迁至此。因此该寺被称为“天竺寺”，当地人对此普遍深信不疑。

距城十英里外有一座寺院，当我到访时住着大约五百名僧人。要到达此寺，必须先通过一段接近两英里、风景如画的林荫小路，它蜿蜒穿过一道深谷，道路两侧有茂密的松竹遮蔽阳光，旁边不远还有清澈的山间小溪。此寺由众多不同特色的殿宇组成，各殿之间由风格各异、错综复杂的小道连接，没有向导的陌生人在此很容易迷失方向。这里还是一处时尚的矿泉疗养胜地，一些富裕家庭在夏日经常光顾。一些建筑被规划成隔间，以供这些游人娱乐之用。那些富裕人家在这里经常一住就是几个星期，享受乡村的清静宜人，以及山中景色的赏心悦目。他们还会租下一间诵经房并聘请一众僧人吟诵经文，祈求亡故双亲灵魂的安息，或者祝福在世的父母健康长寿，以及其他一些美好的祝福。这些家庭离开寺院时，再结清费用，并可能会贪图虚荣地多付银两，之后他们还会捐钱让寺院购置大批灯笼，为通向寺院的整条或者部分道路提供照明。这样的事情屡见不鲜。

单单在这个区域就有二十多家寺院，其中有些一点也不比我已描述过的名气小。1859 年，我在杭州停留了半年之久，并有机会见证大量香客在春天到此祭拜的盛况。通向城市的多条运河上满是载着香客的船只，排出去几英里长。许多游客都是走过了漫漫长路，只为向这些神圣的殿堂献上他们的敬意。无数铺砌好的道路或小径，从各个方向蜿蜒迤逦地穿过山谷，一路之上满是川流不息的行人，有钱人坐着轿子，没钱的只好步行，空气中弥漫着春杜鹃、花灌木和种类常绿植物的香气，这些树木为这座大都市昔日居民的坟墓遮风挡雨，数百万人已经在这片怡人的山麓构建了最后的定居之所。拄着拐棍的老妇，迈着小脚蹒跚前行。她们很可能是最后一次祭拜这些知名寺院，为来世所做的最后一次努力，随后就会回家等待死亡。唉，何等无知！无论这个国家的特征，还是为来世所做的准备工作，同样如此。

当我们靠近一些寺庙时，就会发现路边站满了模样怪异的乞丐。他们看上去都疾病缠身，似乎来自全国各地，利用这次善男信女高度云集的机会，来博取后者的同情。上了年级的乞丐，一边将干枯的手哆哆嗦嗦地伸向香客，一边还喊着“行行好”。一些盲人也站起身来，恳求人们的施舍，嘴里还不停地念叨：“祝恩人长命百岁”。有些人四肢浮肿，全身长疮疤，双腿事实上已经腐烂残废，当他们出现在目瞪口呆的游客面前时，后者不由得非常痛苦，心情低落。

踏入寺庙，眼前所见的一切并不能给人带来喜悦。人们对自己的偶像非常痴迷，僧侣们眼疾手快地聚敛着他们的非法所得，香客们无论老幼，表情都是诚挚而又焦急，在佛像面前倾诉着自己的心结。他们屈膝跪倒，叩头行礼，前额重重地磕向地板，发出的响声在不远处可以清晰听到。我永远也不会忘记这次参观在心里刻下的深深烙印，也无法忘记随之而来的复杂感受。这里本应是清静的幽居之所，大量的活人纷至沓来，让死者也不得安宁。天空分外明亮，空气别样芬芳，山林这般葱郁，风景如此秀丽。美不胜收的景致却被蒙上了一层显而易见的道德阴影：罪恶、悲伤、盲目、疾病、死亡。人类本来是上帝最伟大的创造物，却利欲熏心、自甘堕落、误入歧途。他们根本看不见一束真理之光，根本不了解一点关于永恒真实的上帝，以及唯一“来到世间拯救人类”的救世主耶稣之名。

和尚尼姑们通常很小时就会出家，或者因为父母的亡故，或者双亲没有能力抚养他们，再或者他们出生的时刻撞上了某个灾星，算命先生说他们注定会身体虚弱，活不长久。那些在成年之后出家的，有些是在自己的父母、妻子或孩子去世之后才走到这一步；有些是迫于家庭困难，有些是好逸恶劳，还有些曾经触犯过刑律，利用这种退隐机会，将自己装扮成出家人以逃脱罪责。真正能够理解并且相信佛教教义，进入僧侣行列并立志修行，而非混碗饭吃的人，只占很小一部分。如此一来，这些人对自己的教义鲜有恪守，他们经常为出家做的辩解是，自己有兄弟可以照顾父母。继续当和尚，是由于现在没有别的谋生手段。当一个孩子进入寺院当和尚，通常会有一位年长的出家人充当其师父，后者的责任是教弟子识字。但师父很少会亲自履行职责，他们有时会让弟子们去村中私塾与其他孩子共同学习一段时间。不过，大部分僧侣在成年之后几乎都是文盲，并且相当无知。他们通常会对我们所说的一切都表示赞同，唯一能捍卫自己教义的方式，只是强调佛教事实上与基督教是一回事。他们发誓终生独身，公开宣称只吃素食，因为反对杀生，他们也就不穿动物毛皮制成的衣物。他们还要剃成光头，并穿上这一职业独有的服装。许多人会在头顶或胳膊烫上戒疤，作为行善积德的手段和标志。出于同样理由，不少人甚至会烧坏一根手指。不同的佛教教派之间没有明显差别，在着装与礼拜方式上也只是小有差异，因此在这里也无需特别讲述。

每座大型寺院都有其方丈或者住持，这些职位由那些以影响力和智慧出名的僧侣来担任。他们由一组俗家信徒来选出，后者充当选举委员会的角色。一些年轻和尚在某种程度上相当于寺院的佣人，或者必须种地。但这些活计大部分都由雇工完成，而僧侣们的生活则称得上安逸甚至懒散。很多人一生大部分时光只在同一座寺院度过，但也有不少人喜欢云游四方，并已经走过了全部十八省或大部分省份。所到之处，他们化起斋来轻而易举，在所属教派的寺院留宿也是方便轻松。游方僧通常会随身携带一份通行证明或者推荐信，由一位自己熟悉的高僧写就。不过，如果没有这些，教规也赋予了他们可以任何地点驻足的权利，以便休养身心，恢复精力。只要有寺院能提供空房，游方僧就可以选择在此停留一段时间。他们的推荐信足以保证自己得到许可。

一些权威的推荐信通常会允许游方僧化缘敛财。每座寺院都可以视为一个大户人家。方丈要满足所有人的需要，当僧侣能够赚钱时，就会把一部分收入上交寺院，另一部分则成为私房钱。鉴于这些游方僧的流动倾向，许多大寺院出现了以下极端情况：僧侣们的南腔北调混杂在一起，如果没有第三方充当翻译，两个同门甚至不能彼此沟通。这类寺院中的游方僧数量，可以仅有一两个，也可以高达数百位。这要视每个具体场所的规划与资源而定。

佛教僧人

这些寺院的收入来源包括信徒的自愿捐赠，僧侣们在葬礼及其他活动中提供服务而以酬金形式支付的钱财，在寺庙中进行祭祀活动的进账，以及信徒捐赠给寺庙之土地的收益。这些僧侣的特殊使命，就是在寺庙中诵读经书，并操办各种宗教仪式。在民众之中主持偶像崇拜仪式，以及化缘敛财。

正式的诵经仪式安排在早晚进行，有时用中文念出，有时则用梵文。相关内容来自佛经及向前辈模仿。诵经过程中通常还需要点香燃烛，下跪磕头，击鼓鸣钟，敲打木鱼等等，还要在佛像前面来回走动。整个过程大约持续一小时，如果一座寺院年久失修，或因其他目的需要资金，就会派僧侣挨家挨户地索要赞助。那些富裕人家通常会慷慨解囊，有时官员也会大力支持。他们之所以这么做，部分是希望人们可以看到并称赞这种善行，部分是渴求来世能享受幸福吉祥。

在大部分寺院中都有一些与众不同的僧侣，他们住在简陋的窝棚或山洞中，过着一种极端与世隔绝、艰苦修行的生活。这些人每天如此这般打发时光：在佛像前点燃蜡烛，翻来复去念诵经文，用粗茶淡饭填饱肚子，生活懒惰闲散。他们宣称自己离群隐居是为了苦思冥想，但似乎已经完全失去了思考能力，对周遭的一切事情漠不关心。苦行僧的生活靠亲友及信徒的捐赠来维持，本人所属的寺院会给他们提供食宿。据说如此修行的僧人可以非常长寿，只需少量食物就能维持生命。许多人对此深信不疑。

还有一些僧侣，则在封闭的房间或小屋生活，他们基本上都是大寺院的出家人。这些人是以非常正式的方式开始闭关的，在安排好的日子，他们踏入属于自己未来居所的密室或套房，所有门户都会被数不清的封条密封，上面写的字符，显示其何时开始闭关，又准备持续多久。密室的墙壁上只留有一个小洞，物品的进出只能通过这里。

尼姑

一些盲目的出家人将自己一关就是数年甚至终生。也有些僧侣是因为触犯了刑律，违背了自己的誓约，在这间与世隔绝的小屋中只是为了逃避惩罚。有钱之人相信行善积德非常重要，但同时过于热衷通过此举为自己敛财。有时他们会与一位僧侣达成如下协议：富人同意赞助一笔钱财，以供后者在一段规定时间内闭关修行，在这期间还要为他提供食物。这名僧侣则答应做无数次的祷告跪拜，并在规定时期结束后，将部分功德转让给他的雇主，自己则保留剩余部分。这类僧侣受到了很多香客的青睐，后者表现出了强烈的好奇心。他们常常来到寺庙中，透过密室的小孔试图一探究竟，离开寺院之后，还总是少不了说长道短，议论纷纷。

还有一类人士既不履行庄严誓约，又逃避了出家人的清规戒律。根据算命先生的预言，许多人必须过一种隐士生活。他们的父母一方面过于迷信，不敢无视这种说法，同时又对孩子过于喜爱，舍不得让其离家修行。在这种情况下，父母会挑选一位僧侣，与孩子维持师徒关系，孩子作为学生，向其选择的师父表示敬意并行跪拜大礼，接着两人交换礼物，如此一来，孩子在名义上就被视为僧侣的门徒。不过他可以住在自己家中，在各方面都与普通人没有不同，只是有人经常以取乐或嘲弄口吻称呼他为“小和尚”。他也会经常与自己的师父交换礼物。

佛教还有大量的女性修士即尼姑，因此也有众多的尼姑庵。就在庵中举行的法事、尼姑维持生活的方式，以及她们的日常事务而言，尼姑庵与寺院几乎没有什么区别。至于尼姑们的品性与行为，必须指出的是，她们的声望远非无可置疑，当然也会有个别例外。

第八章　佛教（续）

佛寺的礼拜者大部分为女性，她们通常都上了岁数。年轻女性家务繁多，国家的传统风俗也禁止她们在公共场合露面，这样一来就被束缚在自己家中。老年妇女的家务相对较少，又鉴于自己的岁数，意识到有必要为来世做些准备，就把大把时间花在了寺庙里，并因此给她们原本空闲又单调的时光带来了一些变化。

众所周知，各个国家、无论什么年龄阶段的女性，都非常容易受宗教影响。除此之外，前面所讲到的情况也说明了，为什么会产生如此众多的女性信徒。根据佛教体系中极为重要的灵魂转生信条，崇拜佛祖最重要的目标，就是确保在来生获得有利地位。据说一个人来世地位的上升与下降，取决于今世的功绩和过失的比重。由于中国女性地位低下，历经磨难，身为女人被视为是一种巨大不幸；对于在现世中所受的苦难，她们用以安慰自己的方式，就是希望通过虔心向佛，得以在来世获得“一个境遇良好的男人”的地位。她们认为，如果疏忽了对佛祖的礼拜，将会导致自己再一次生于社会下层，甚至变成禽兽。有时，男人也会在佛像面前跪拜，但通常他们是希望得到更多眼前利益，而非考虑来世生活。

中国人做很多事情一般都要挑选良辰吉日，但在拜佛时并不这样。通常在每个月的初一和十五，以及各路神仙的生日时，都可以看到大批信徒涌入佛寺和其他庙宇。一年到头，都会有为特殊目的而来的特殊香客。一些人为儿女们祈福；另一些人在危急或困惑之时来寻求预兆或指示；有人为病人寻方问药，还有人为许愿而来。

中国人在在危难之时，可以用下述方式得到建议：这位香客手举一只圆筒，上部开口，里面放有多支贴有标签的木棒。香客在佛像面前不停地摇晃签筒，直到其中有一支掉出来。写在木签上的数字指明的是相应的纸符，或者卦书上的一页，香客可以在其中发现自己所期望的预

求签

兆或者反映。但这些文字是用一种非常不确定的风格写就，暗示考虑中的事宜将顺利与否，设想中的计划能不能进行下去，等等。求医问药用的也是这个套路，但请教的神佛有所区别，而求到的纸符上写的只有药方。一般说来，中国人得病会找大夫，但如果病人的症状很轻，或者让人惊恐，求助医生要么没有必要，要么不起作用，要么这种疾病呈现出一种隐蔽或者神秘的特征。问吉凶和求药方不仅仅发生在寺庙中，在其他一些宗教场合更加普遍。

当有些香客遭遇危难和困扰时，他们就会来佛寺立誓。在立誓时，当事人为了求得某位神明的支持与保佑，承诺举办一场戏剧演出供其欣赏，或者允诺款待若干饿鬼。或者为寺庙中的某些神佛提供新服装。因为他们中有一些，并没有漆色或者覆以金叶，而是穿着各种服装，并随着季节的变化而更换。

因特别紧迫的情况而来参拜的，通常距庙宇半英里甚至更长距离时，就开始参拜。他们每走几步就停下来，并行跪拜大礼。

正常程序的参拜仅仅包括以下事宜：烧香燃烛，在佛像前磕头，以及向僧侣布施少量现银。

以下内容，描述的是宁波及其周边朝拜活动的一些特点：香客们通常是在僧侣们安排好的日子去寺庙祭拜，而他们此行最主要的目的，是花钱取得阴间用的纸符，称为“帖”。当女性香客向僧侣寻求指示和帮助时，

后者多半如此答复："当你死后，灵魂将进入阴曹地府，你将在这里待上许多年甚至几百年，直到你被允许栖息于另一个身体，返回人间。在逗留阴间的那段日子里，你要过桥就必须交通行费，你要过河就必须给船夫交费；在酒店里，想要得到满意的食宿和关照，你也必须向店家多掏腰包。要想尽快将你的情况反映给判官，尽快得到释放并返回阳间，收买地府的下级官吏，对你来说同样是极为明智之举。总而言之，无论在现实世界还是阴间，有钱什么事都能解决。"女性被进一步告知，大师们已经打开了与阴间的交流之门，因此她们的纸符在那里得到了重视。在庙宇的一角，有僧人出售这些被称为"帖"的纸符。当女客们购买时，僧人就会在上面盖上寺庙的大印或标记。而只要反复念上三千到一万遍"南无阿弥陀佛"，这些纸符就会被当作真正的钱币，并可以存在保险箱中供日后当真钱使用。据说每张纸符能够为其拥有者提供的现款数量，与后者在其之上诵读"南无阿弥陀佛"的次数相等。僧侣们通过处心积虑地兜售这种纸符，已经得到了丰厚收益。寺院一天只能出售一张帖，但发帖的日子却可以随心所欲，只要这些轻信的无知女性能够接受。

因为一年中能够发放符贴的日子只有五六十天，女性香客每年通常也只能得到这么多。但即使这样僧侣们并不满足，许多女性由于生病或其他原因，不能在规定的日子来到寺院购买。因此为了多挣几百两现银，僧侣们允许女性加入或重组一些"会"，并将其姓名登记造册。这样一来，即使一些人在规定的日子无法到场，贴还是会发放给每一个会员，她们得到许可，任何时间都可以过来取贴或者让人送去，并可以在家里对着符帖念经。

但即便如此，僧侣们仍不知足。我们前面曾提到过"望晦帖"。为了增加收入，他们宣布，此帖至少必须购买一百六十张，用十六年才能全部购完。如果一位女性在去世之前没有买够，她命中注定会被长期捆绑拘禁于地狱中的某个房间。因为这些可怜的女性非常担心自己活着的时候无法购买足够数量的帖，僧侣们很乐意为她们排忧解难，其措施是收取一定酬金来举行一次典礼，以消除购帖不足的可怕后果。有关符帖的描述告一段落，现在让我们将注意力转到寺庙上来。

在礼佛的日子，可以看到数量可观的妇女，缓步走向她们选择的祭拜之地。她们通常三两人结伴而行，并提着一只装有蜡烛和香柱的小篮子。这些女性总是穿上自己最好的服装，或者是为了此行而借来的华服，如果穿着她们日常的便装，便会被认为是对神佛的不敬；而她们同样期望，通过自己的装束与举止，可以让神佛认为自己有比真实情况更好一些的生活环境。

到达寺庙后，祭拜以如下方式进行：香客本人或其仆人，或者在寺庙中侍奉的僧人，点燃几根蜡烛并置于神佛面前，接着点燃香柱并插入每位神佛面前的大香炉中，或至少需要给那些香客想要拜祭的佛像上香。女香客这般举动，是告知神佛自己的到来与此行的意图。香柱大约一英尺长，直径为八分之一英寸。它们由香木做成，其一端裹有锯末，如此一来，它燃烧的时间更长，并放出缕缕青烟。

当香柱插好之后，女香客退回原地，依次在每尊佛像前行跪拜大礼。其步骤是：她首先弯下腰来，同时双手垂直抬起，双掌并拢，接着屈膝跪于一张软蒲团或垫子之上，并将头叩向地面。这些动作在每个佛像前都要重复多次。

在中国人眼中，刚刚提到的仪式，只不过是为接下来更重要的行动做准备，后者构成此行的首要目标，即取得符帖。它是在一间与售票处非常相似的地方买到的，现在我需要加以详细讲述。每份帖由一张印有字的纸，及一只将其密封于内的信封组成。它被售出之后，上面的空白处就要被填写满。信封的一面写着庙的名称，以及帖的分类或级别，另一面则写着买主的法名。帖上有一幅神佛的画像，并写有购买者的名字，以及她出生的年、月、日、时。帖上还有她经常去的当地寺院名称，以及祝福她在来世享受美满生活的简短文字。可怜的女人在买完这些符帖之后，就在寺院中挑选一处方便之地，为的是花费这一天的大部分时间，来徒劳地重复吟诵“南无阿弥陀佛”，一边用手中的念珠帮着计数。这个物件由不同材料构成，通常都穿有 108 颗珠子。富裕之人用金银挂件来装饰念珠，比如精致的佛像；一个写着拥有者法名的小牌子；寺院礼拜所用的鼓和其他器具的模型，以显示使用者的宗教特征；或者一只小灯笼，代表着能够照亮主人通向阴间的希望之光。女香客将这些帖子一点点地收集起来，当她与世长辞之后，其亲友将符帖与其他各类纸钱一起烧掉，人们相信，这样一来，符贴就能跟随死者来到阴间。

以上描述也许会让人推断出，去庙中参拜是乏味和单调的。但事实却恰恰相反。那里充满了鲜活有趣的风景，并可以给为未来多日的闲谈提供丰富内容。光临寺庙的有钱人打量别人，更让别人注目，她们的服饰华贵精美，很快成了羡慕妒忌的对象。一些年轻女孩打扮得花枝招展，也许是头一回出门看外面的花花世界，并留下了对庙宇和寺中祭拜的第一印象。老熟人相遇了自然会相互八卦，说起邻家的信息，家中的烦恼，自己儿子的优点，儿媳妇的毛病，以及迷信传说等等。伴随这些健谈的女人的唠叨，是时断时续的念诵“南无阿弥陀佛”之声。当一个女人的发言告一段落，轮到自己听别人说故事时，口中似乎总是本能地重复着念经声。

正如前文所述，虽然几乎所有女性或多或少都要去寺庙祭拜，但有一群人被视为特别虔诚，在实践一种额外的、完全不同的偶像崇拜时，表现得极为勤勉和坚定。这类女性人数不少，有些人是真心为来世准备，也有人喜欢这种生活所能提供的多样性和新鲜感，还有一些人则是搞不明原因，盲目追随他人的示范。她们通过一种被称为“拜经”，即“祭拜经书”的仪式，为自己在来世谋求利益。

出于祭拜目的，她们通常优先选择尼姑庵而非寺庙，这样做的好处是只需要与同性碰面。礼拜仪式包括连续诵读某些指定经书的每一个字，并且如在佛前一样下跪叩首。采用这种方式进行下去，一个人在一天之中只能够诵读一页多点内容。她们选择的第一本书通常是《心经》，据说诵读此书可以除去内心的污垢。她们推崇这种仪式时所持有的观念，与犹太人敬奉洁净礼时几无区别。接下来的第二本是《金刚经》，对此书的敬奉之所以必不可少，是因为下述的迷信观念：

佛经上教导，每个人在前世，即将进入今生之前，或多或少都会背上一些债务，考虑到有些债务在进入阴间之前还未付清，如果今生不能偿清，债务人在来世就无法享受幸福生活。据说通过敬拜此书，债务就能得到偿还。信女们的欠款金额，由每个人的星相所决定。而要偿还债务，她们需要诵读经书十遍到九十六遍。为了还清债务所产生的利息，她们还必须额外再诵读几遍。

拜读完这些经书之后，信女们可能还要读另外几种略为次要，并非不可或缺之书。有人拜读时没完没了，远远超出了被认为必要的次数。她们通过这种额外辛劳，希望来世的幸福能有更多保障。那些通过拜读《金刚经》净化了自己的女性都非常小心，以防再次被污染，并极为谨慎地避免与被认为不洁之物接触。她们特别注意，绝不进入坐月子的妇女所居之屋，如迫于自己承担的家庭责任而必须如此，就会再多拜读一遍《心经》。

这类女性以素食为生，并避免杀生之罪过。

当所有拜读经书的事宜完成之后，信女们就会在寺院或者尼姑庵中参加一场典礼，称为“完经”，即“读完经书”。这项仪式对信女来说是一段欢乐时分，而在热衷敛财的僧侣眼中，则意味着一笔丰厚收入。

与拜读经书有关的另一种仪式是获取“路印”通行证。这是一大张纸片，在其正中印着观音菩萨图案，外加几行字符及其他装饰。信女们购得路印之后，就去尼姑庵参拜上面的观音像，并不停地念诵“南无阿弥陀佛”。每重复一定次数（通常是一千次），就能得到尼姑在路印上用一个圆形图章盖的戳。当这张纸的四周都盖满这种印时，仪式就圆满完成了。路印会被妥善保管，拥有者去世时，家人就将其焚烧，据说这样就能将其转交给死者的灵魂，并确保她在阴间的任何部门通行都不受干扰。

上述在佛教寺院中的各种礼拜活动，都可以由他人代理完成。因此许多人通过这种方式来谋取生计。

我在中国所接触到的各类人中，没有谁相比那些自以为是、顽固不化的符帖崇拜者更加不可救药，更加远离真理。不过我必须申明，佛教徒的日常生活，相对还算诚实可靠，甚至无可指责，因此也得到了自己同胞的更多尊重，并被视为典范。他们因其社会角色经常需要自我审视，因而会习惯性地谨小慎微，避免公开的罪恶与不当行为。

本文将不再赘述佛教礼拜的细节，但有必要对比一下佛教与天主教之间的诸多相似之处。两者的共同点是如此显著，天主教徒自己已经意识到并予以承认。他们对这一事实的解释是：撒旦模仿真正的宗教创造这种伪信仰，正是为了束缚民众的头脑，取悦他们的思维，从而使他们与真正的宗教无缘。这两种宗教的相似性体现在许多细节上。两者都有一个至高无上、绝无错误的首脑；宗教人员需要独身；都有男女修士各自的修道场所；都用一种外人难懂的方式祷告；都要向圣人和仲裁者祈祷，特别是都极为重视向一位怀抱婴儿的女性祷告；都为死者做祷告；祈祷时都会使用念珠；都要积德行善；都要克制自身欲望和生理本能；都有正规的日课，包括吟诵、燃烛、施圣水，鞠躬、跪拜、前进后退。两种宗教都有斋戒日与开斋节；都有众多宗教仪式、雕像与画像，不可思议的传说，令人敬畏与崇拜的真假圣物等等。这两种体系，惊人地适合了不同种族、不同文明、不同宗教智识的民众，将地球上将近五分之四的人口用精神枷锁束缚起来。它们满足了我们人类本性的的宗教渴望及罪恶本性，但事实上却让灵魂更加远离了上帝。

第九章　道教

道教教派的创始人是老子，一位出生于公元前 604 年[①]的中国哲学家。中国人通常称之为“太上老君”——“伟大、至高无上、受人尊敬的统治者”。他的不朽之作《道德经》，即《关于真理及美德的专著》，在中国学术界占据着举足轻重的地位。“道教”一名源于这部著作的第一个字，它意味着真理或信条，也是此书大量论述的主题。庄子是老子的弟子，作品相比其师更为简洁精练，也更有吸引力，从而得到了更多学者的研读。不过，两位哲人的作品对普通读者来说过于深奥和超前，因而从来也没有流行过。老子与孔子生活在同一时代，正如我们在《论语》中了解到的，孔子曾拜会过老子，并与后者就儒家学说进行探讨。然而，老子似乎不能理解孔子，既对他没有印象，也没有受他影响。另一方面，早期的道家学者对于儒教简单明了但缺少哲理的实用主义教条也相当轻视。不过，中国人接受了儒教的元始形式，而道教为得到长久生存不得不改头换面。它从哲学变成了迷信，从对真理的探究，变成迎合我们人类本性中猎奇的欲望。道教致力于追求仙丹灵药和点金之石，最终堕落成为一种十足的偶像崇拜形式。有证据表明，佛教对它的作用和影响也相当大。

唯物主义是道教区别于其他宗教的特性。在发展过程中，它形成了一套宇宙理论及一种包括炼丹术和占星术在内的伪科学。道教认为物质永恒。各种物体的具象形态处于下界，并构成了大千世界的物质层面；更加精妙纯净的存在物则位于上界，漫游于宇宙中，拥有个性及生命，当它们

① 译者注：原书如此，中国学者一般认为老子出生在公元前 571 年左右。

呈可见形式时，则构成了从其领地俯瞰下界的灿烂星辰。苍天与大地分别由物质的具体与抽象形态构成；人类的肉体与精神也有类似结构。

构成宇宙万物的五种特殊物质或元素，分别是金、木、水、火、土。从这些要素中升华的精髓构成了五大行星，分别被称为金星、木星等。这些星辰与大千世界及芸芸众生保持着神秘而又重要的联系，并强有力地影响着宇宙的和谐及人类的宿命。为了与人类建立更为亲近的关系，并给后者带来一些特别的善行义举，它们就会经常化为仙人降临凡尘。道教的多位神仙就以这种方式被视同为某些星宿，或者成为星辰的人格化。

与这一学说相关的炼丹术试图探究物质的本质，并特别关注于一些修正和改变物质外在形态的方法。长久以来，炼丹者都在竭尽全力寻求永保青春与活力的长生不老药，并希望得到将其他物质变成黄金的一些秘决或技艺。占星术致力于探究不同星宿的特点，并确定它们与普通人的生日，以及个人、民族历史中的重大事件与风云变幻之间的联系。

有关道教起源最流行的信条，体现在对“道生一”的解释之中。老子本人就被描述为一种鲜活的真理，弥漫于太空之中。开天辟地之前，当苍天无光、大地无形时它就已经存在。经过长达几个世纪的演变与转化，这一真理实现了人格化，演变成了一位被称为“妙无圣君”的神仙，也就是“绝妙的虚无世界之神圣统治者”。经过无法计算的漫长岁月，承受了无尽磨难，他又演变为“妙有圣君”，即“奇妙的真实世界的神圣统治者”。这位神仙或真理化身的下一种变形，据说是“混沌圣君”，意为“混乱的混沌世界中的神圣统治者”。我们在这里看到的这种泛神论的神仙形态，与《圣经·创世纪》中有生于无的观点极为相似，而圣经中的这种三位一体观念，在婆罗门教、佛教及道教中，都或多或少有着模糊的暗示。

人类出现之后，据说老子会在不同时代，以不同身份出现在人间。他忽而是不同时代的国君，忽而是君主的老师或者顾问，不过世人却意识不到他的存在。当他以哲学家老子的形象出现时，是被这样描述的：老子起初是一个五彩斑斓的圆球，随着明亮的日光从天而降，跌入一位睡梦中的少女之口，随后她就有了身孕。老子出生的方式也令人不可思议，他在娘胎中一待就是八年，刚一出生时，他的头发就如同老人一样花白，因此被为“老孩子”，正如其名“老子”所暗示的那样。我们从下面的诗赋中可以看出，老子的弟子们声称其师有傲视一切的特权。诗作者是将近一千前年宋代的一位皇帝：

皇天上帝，阴惊下民。
道崇广覆，化洽鸿钧。
灵文诞锡，实命惟新。
增高钦事，式奉严社。

老子并非一个特别受欢迎的崇拜对象，在道观之中，他虽然地位高贵，却通常只能占据较小和不重要的位置。偶像崇拜的主要对象是一些次要的神明。他们与其说在品格与尊严上更加高贵，不如说是更关注于凡间事务。玉皇大帝这位所有神明的首领，通常占据最突出的地位，不过在大殿中，他的位置经常被真武大帝或其他神像所取代，并没有供奉的固定地方。

在最重要的神仙中，有一位吕祖①，在品格上与佛教的慈悲观音有几分相似。同她一样，吕祖在仙班中的地位不高，但最为民众所喜爱。据说在百姓遭受苦难时，他给予了最多同情，并经常从天而降救济他们。吕祖是中国最重要的药神，民众经常从他那里求方问药。这位神仙不仅在道教寺院中占据了相当突出的位置，还有为他独家修建的庙宇，甚至在佛教寺院中都有其一席之地。他的故事，可以作为众仙传奇的一个范例。

吕祖生活在距今不到一千年的宋朝。他原本是一位举人，内心急切渴望取得功名并飞黄腾达。在去帝国都城参加会试途中，距京城不远的一家小客店，他与一位名叫钟离权的神仙相识，后者当时变身为酒店小二。某天，当客栈为吕祖准备饭菜时，这位疲惫的学子从钟离权处拿了一个枕头用来休息。他很快沉沉睡去。在梦中，他想象自己在科举中获胜，并从一个又一个身份崇高、权力显赫的职位中平步青云，最终在想象中的华胥国当上了宰相。吕祖设想自己拥有了所有想要达成的心愿。在梦中，他被亲朋好友及子孙后代众星捧月一般环绕，来为他庆祝生辰。当他醒来时，却

① 译者著：即八仙中的吕洞宾。

看到伪装的店小二在其身后煮米，并向他吟诵了这两句诗："黄粱尤未熟，一梦到华胥。"吕祖非常吃惊，大声说道："小生猜想你必是位仙人。"钟离权回答道："君之所见，一梦而已，大可不必失望。现实不过如此。假使君得偿所愿，万物终尽时，一切岂不依旧如梦？"吕祖意识到了一切尘世的追求都是虚无的，并立即决定为修成正果而放弃世间浮华。钟离权愿意帮吕祖取得神仙的身份和幸福感，他说："你将很快获得必要的三千功德，我可以传授你一个秘诀，让你能将一切点到之物变成黄金，并多行善事，解救危难，你很快就能得到成仙所需的功德，轻而易举。"吕祖询问道："黄金还能变回其原来的模样吗？"他的导师回答说："对，几年之后。""那么"，吕祖说："我放弃这种恩惠，因为我不想得到暂时的好处，随后则是失望与懊悔。"钟离权答复道："你的宽广胸怀足以抵得上三千功德，作为奖励，你立即就能得道成仙。"

在道教其他神仙中，以下提到的几位被认为有着突出地位：

雷公和雷婆被认为是雷神及其妻子。前者的形象通常是鸟嘴鸟爪，有时还身背翅膀，符合"雷击存在于群山之中，形象为飞鸟"的迷信传说。他手持一把铁锤及一面鼓，这是他用来制造雷声的工具。雷婆的形象是手脚都系有镜子。人们认为，无论她朝哪个方向转动，镜子的反射光都可以制造闪电。

斗姆女神的形象身长八手，并被看作北天宫的一位星宿。人们还认为，她有延长和缩短人类寿命的法力。

在道教寺院中可见的神像中，"三清"有崇高地位，其意是"三位圣洁的仙人"。其中一位被视为老子本人的化身。人们相信，三清的特殊使命，就是向人类传递指令。

"三皇"，或称"三位统治者"，通常被称作"天皇"、"地皇"与"水皇"，也就是"天、地与海的统治者"。他们是道教不可或缺的三位神明，并被描述为三兄弟，因为生前的卓越善行，死后上升到如此尊贵而又重要的位置。他们还被道教作者描述为三位一体的神。

龙王这一受中国人普遍供奉并享有突出地位的崇拜对象，也可以归入道教神仙之列。他的统治领域相当宽广，包括了所有海洋、湖泊、江河及池塘。在这些地方龙王的权威至高无上。一切水域的生物都是他的下属，乌云密布、天现奇观及倾盆大雨等异常天象也是拜他所赐。

雷公

中国人对龙王拥有的崇敬观念，使这一名词幸运地脱颖而出，成为中国皇帝至高无上、唯我独尊地位的象征与表现。皇帝被说成坐于龙椅之上，人们去觐见他被称为一睹龙颜，而他的纹章也是一条龙。

在中国人眼中，龙王并非传说中的巨兽，而是一种真实存在物。许多人都声称自己经常遇见龙王。尽管涉及其外形和特征的说法都含糊不清，龙王的画像和雕塑却随处可见，呈现出千篇一律的相似性。以下讲述的是在这位神仙的历史中，他的正确形象是如何被凡人获得的：秦朝的一位国君，希望在海面上修建一座桥梁，以便于在出行时能在这座桥上休闲娱乐并呼吸新鲜空气。龙王出于对国君的尊重，并考虑到这项工程要在自己辖区内完成，就提出担任监督。在工程进行之中，国君请求龙王现出真身，让他一睹龙颜。龙王答应了，但条件是国君不得为自己画

三清

像。后者应允了这一条件，龙王即现出了他特有的身形相貌。可是国君违背了自己的承诺，命令一位技巧高超的画师画出了肖像。龙王对于这样的辱没相当愤怒，立即让自己消失。而国君为了补偿自己的过失，就为龙王修建了庙宇。

除了海龙王，即“大海之中龙的的君主”之外，据说还有难以计数的低级别龙王。根据相关的道教一般理论，无论在天地之间，还是在地水之界，人们认为小龙王的相对地位及尊荣等级要由一系列竞争性考试来决定，这种竞争类似于前面第四章讲到的科举。顺便说一下，这说明了科举制度在中国人心目中的强大地位。他们从不认为没有科举的政府是完善的，甚至有存在的必要。龙王的大考在时间上与人间相应的考试完全一致，也是三年一次，举办地设在大龙王的水晶宫，据说位于大海中较远的区域。考试的竞争者包括鱼类、螃蟹、乌龟、龙虾、水蛇，以及各种各样的水中爬虫。它们均在所属地域举办的考试中顺利突围，获得了较低一级龙王资格。当考试时间到来之时，根据大龙王的一道通令，小溪与运河的水位都被抬高，以方便这些立志于变身为龙的竞争者由此奔向大海。在干旱季节，溪流与运河的水位有时会有明显升高，这一现象往往被看作此类考试确实存在的证据。人们还相信，某种生活于山中地下洞穴的动物，借助途经其隐藏之所并通向最近溪流的洪水，也有了奔赴海洋的机会。不过他在旅途中往往不能自制，以至于令沿途的房屋和庄稼损失惨重。在许多地方都经常能听到这种对洪灾的说法，而想要让任何人怀疑这样的说法，几乎完全是白费力气。这种迷信不是地方性的，而是流行于全国。有时，许多地方的官府还会贴出通告，号召老百姓围捕和消灭这些动物，不给它们伤害生命财产的机会。上述事实足以表明，这一迷信观念绝不仅局限于无知者和平头百姓。

竞争者到达龙宫之后，考试内容之一是尝试跨越一堵高墙，或所谓的“龙门”。尝试成功者就会成为更高级别的龙神，而不能翻越高墙的通常被撞得头昏目眩，甚至因此丧命。螃蟹、乌龟等跳跃能力不是很突出的，据说会巴结讨好一种善跳鱼类，并抓住其尾巴翻跃高墙。人们用这种迷信传说来讽刺科举中许多考生通过他人帮助取得学位的现象，可谓再恰当不过了。

据说，低一等的龙王们与大龙王一样也没有肉身（除非他们显灵）。中国人相信，他们大量生存于江河、池塘和溪流的深处。不同地方的许多这类景点被明确为龙王们的栖身之地。在干旱时节人们常去这些地方求雨，有时当地官员也会亲临现场。在龙潭附近能够发现的任何爬虫，不管是一只青蛙，一条虫子，或者一条水蛇，都会被视为龙王的附体。百姓们声势浩大、毕恭毕敬地将其恭迎到父母官的办公地点，后者需要敬拜此神以求天降甘霖。遭遇旱灾时，有人甚至还自溺于龙池中献出生命，以便用自己的诚挚来迫使龙王降雨，并期望因其善行而被后人景仰。帝国各地都有为敬拜龙王而修建的庙宇，但说来奇怪，他在这些寺庙中都被塑造成了凡人模样。

在中国人眼中，另一位极为重要的祭拜目标是“土地菩萨”，或称“土地神”。对旅行者来说，这种神仙比其他任何神明都更容易看到，道路两旁到处有其雕像。在中国道教诸神中，土地神是地位最低下的，也因为这样，对他们的礼拜反而被视为最重要及最不可或缺，这就像一个平民在现实生活中，要更多与本村小吏而不是本朝皇上打交道。

土地神像的大小，与其在仙界的低下地位相符合。他们通常由石料制成，熙熙攘攘之处与人迹罕至之所都能见到。土地神或者被置于空旷野外，安放在大约一英尺高的小神龛中，或者被供奉于路边的客栈或亭子中。在神仙座次中，他们相当于农村管辖小片社区的治安官员。不过土地菩萨的雕像不仅安放在各个社区，甚至还出现在山峰与桥梁之上。与其他神明一样，土地神们据说从前也是高尚之人，但他们数量如此庞大，地位又如此卑微，因此名号无法单独列出，只能使用“土地”这一泛称，加上他们所管辖的地域名称来命名。

不过，地位卑微、无足轻重的土地神，不能满足中国人向土地表示敬意的强烈心愿，他们同样崇拜土地的神性，但后者并无神像。中国人的土地信仰观念非常混乱，甚至相互抵触。他们谈及土地的神性时，认为这是一种从泥土中散发出的神威，或一种无所不在、赋予生命的影响力，在尘世中与万物相连。中国人极为害怕冒犯这位神明，哪怕动一寸土都担心令其不悦。因此，无论因任何目的需要惊动土地，都必须举行一种仪式，称为“告土”，即通告土地。这个仪式主要程序是以通常方式行祭拜并供奉食物，其目的是让土地了解自己动土的动机，并得到他的许可或支持。在为房屋或城墙奠基，或修建厨房炉灶、修坟等活动之前，通常会举办这各仪式。据说，如果有人在任何动土事宜之前忽略了这些仪式，他将会遭受剧痛折磨，即使不死也得疾病缠身，中国人普遍相信这种说法。

笔者认为对其他次要神明做介绍是无用之举，描述起来会没完没了。在中国，许多全民敬仰的神明或神化的英雄，很可能都属于道教范畴。而将在下一章讲述的中国人的许多迷信活动，似乎有所暗示，也很自然地归属到这一信仰之中。

道教起源于本土，并有注重仪式的特性，也许是这两点的结合，让中国统治者青睐它胜于佛教。在下一章我将会讲到，国家崇拜仪式中经常会利用道士和道教形式。

道观中的神像相比佛像通常会小一些，而与后者不同的是，许多神像都被摆在第二层或顶层。佛教与道教神像从外貌看几乎难以区分，而且，佛寺与道观不论是外在风格还是内部格局，都呈现如出一辙的景象。

道教神职人员相对较少，他们的等级序列与佛教僧侣几乎相同，在寺院中的岗位区别也极为相似。但道士的服装不仅有别于平民百姓，也与僧侣差别明显。他们并不要求以素食为生，不需要像僧人那样剃成光头，可以像普通百姓一样任其生长，但并不留长辫子，而是在头上打一个结。

佛教信徒的目标是与所崇拜偶像的意识融合相通，而道士的目标则是修炼成仙，也就是说，成为仙界的一员。很难给中国人的神仙概念一个清楚的解释。他们是这样一类人，通过一定的预防措施，能够免于死亡；他们的身体如空气般飘渺，能够变换各种身形；他们享受着一种梦幻般的幸福生活；他们有时会与凡夫俗子共享欢乐，有时则远离他们独自开怀。对神仙最重要、也最为他们偏爱的居所，是四座圣山，它们坐落于未知的远方海域，与人间被一片称为“弱水”，即虚弱之水的海水隔开，据说海水轻盈得无法托起一根羽毛。

要达到这种幸福境界需要做到三点：心灵的长期陶冶，身体的特别约束，以及服用长生不老药，其固有功效就能确保长生。陶冶心灵在于过一种与世无争、严朴苦行及沉思冥想的生活。身体所要经受的特别养生术是戒除房事并保持机体的自然能量，并提高和增强其活力。具体方式包括盘腿打坐、吞咽口水、按摩肉体（特别是双耳、双手及头项）、转动双眼、以及轻叩牙齿。准备长生药的工作被称为“炼丹”，必须由每个信徒亲自完成。他首先需要收集适当的原料，随后将它们放入炼丹炉中并引火烧制，炉火既不能太热也不能太冷，八十一天为一周期。据说如果信徒在之前的身心准备中勤勤恳恳、诚心诚意，他的炼丹图谋就会证明是成功的，否则，所有的努力都只是劳而无功。目前，很少人会产生成仙的念头了，不过是将这一神职视为一种谋生手段。

《神仙通鉴》，一本“神仙鬼怪的全面写照”，是一部四大卷的作品，其中讲述了三百多位神仙的历史与特征，以及关于世界及人类起源的离奇说法。

前面所述的修仙之法被视为正当及权威的途径，但据说通过采用以下更加容易的方式，短时间内就会取得同样的效果：使用魔法、召唤幽灵，以及用不同方式从他人身上获取元气。这类神仙与其他同行拥有同样的法力，但被认为是非法抢掠者，注定会过早地暴病身亡。

值得注意的是，许多种动物据说也能力达与神仙鬼怪相同的境界，他们为达成目标所采取的方法同样分为正当与不正当。据说狐狸依照正当途径用一千年可以修炼成仙。不过中国人通常认为，动物都会使用其他不正当方式来加快其成仙进程。人们特别容易怀疑，猫有此种改善其生存环境的愿望，并通过两种方式来达成其目标。第一种最有效的方式是从人类身体上吸取元气，这种愿望也许可以解释它们为何喜欢与人类亲近；另一种方式是满月之时，从月光中吸取一种再生元素。传言在月圆之夜，可以看到许多猫张大嘴巴，吞食月光中的精气。它们有时甚至模仿人类的行为，向皎洁的月光行礼参拜。中国人普通相信，许多折磨人类并给他们带来不幸的恶魔厉鬼，都是以这种方式开始成精的，这些鬼怪即便能暂时逃避天神的报复，命中注定迟早要被雷电毁灭，因为没有更微妙的方式能威胁到它们。

中国人从幼年时起，就习惯于听说各种妖魔鬼怪的故事。他们对奇闻异事有着天生的向往，又没有天启的指导与制约，这一天性伴随着各种灌输而愈加顽固。中国人的头脑中，已经作好了接受各种荒谬的迷信传说的准备，也做好了被莫名恐惧所摆布的准备。

相对来说，能吸引女性去道观祭拜的因素不多。但是道教的斋戒制度，也能让道士们赚点小钱。因为斋戒值得称道，斋戒的日子与对一些神明的崇拜相关联，据说在这些日子里遵守规定，可以得到这些神明的赞许及保护。一些女信徒在斋戒期间只敬奉一位神仙，另一些女性另有选择，还有一些则同时敬奉几位神仙。当规定日期结束之后，她们带着感恩之心前往道观以庆祝斋戒结束，并有可能或多或少给道士们打点一些银两。常见的情况是，一家之中有人生病时，为使他能早日康复，其他成员都要立誓，每人分别为他完成不同的斋戒。孩子们有时会为其父母守斋禁食，作为孝道的一种标志。在各路神仙的诞辰纪念日，众多女性也会前往道观祭拜。道观从日常祭拜活动赚取的收入，偶尔为葬礼提供服务的酬劳，以及从土地和房屋中所得的收益，用来维修道观并养活观中的少量道士。

以下是道教的几种最重要的宗教活动或仪式：

发信，指“发送一封急件”。在信徒遭遇疾病时实施。主持仪式的道士会在一张纸上写下一则陈述，指出对神仙的祭拜已经完成，并呼吁一些神明的援助。这张纸被道士烧掉，他根据对燃烧过程的观察，宣布神仙已给予答复，赞成或反对帮助病人。

上天票，“向上天发送一封信”。同样指烧掉一张写有信息的纸。当纸张被点燃时，主持仪式的道士在这时会假装睡着，据信他的灵魂离开了身体，将消息捎到天庭，并带回神仙的回应作为答复。

另一种仪式，称为“画符”，即“写一张符咒”，指在一小片纸上写一些无法辨识的字符，或者画出某位神仙的大致轮廓，以此代表一些神明，或者确保他的出现。这样的纸片往往会作为符咒挂在病人的床头。

一些更内行的道士据说掌握了魔法和咒语，他们通常声称自己的潜力源于某些神明或鬼怪。人们相信，只要道士不断念咒，就可以驱逐凡人身上的不幸，并召唤仙怪来帮助他们，甚至服从于他们的指挥。一部六卷本的著作，名为《万法归宗》，即“一万种魔法的集合”，包含了对不同种类的魔法、巫术及杂耍的详细描述。

一类与道教相关的书籍涉及的是美德的培养，一些道士或信徒会热心地将它们无偿分发出去，并希望以此来赢得功业。其中有一部名为《玉历宝钞》的典籍，列举了在地狱中，针对不同罪行而相应采取的惩戒手段，其目的是阻止人们从事此类犯罪行为。

《功过格》，或“功绩的各级标准”，讲述的是不同行为中善行与恶行的相对数量。有钱人家经常会发现一些有这类特点的其他作品、以及能培养各种美德的善书。但他们这么做的动机，与其说惠及他人，不如说是为自己赢得美德及大众的颂扬。

与佛教相比，道教无论是其庙宇数量，前往道观的祭拜者，还是花费在这种礼拜上的钱物，显然都微不足道。道观如此之少，这样不受重视，其原因在于道教不涉及原罪，并回避了它的后果，因此就其目标来讲，它关注的是今生的延年益寿，而非来世的准备事宜。

第十章　国家的宗教仪式及信仰

本章要讲述多种宗教信仰及偶像崇拜形式，它们形成于不同时期，有着不同的起源，无论就一般民众还是政府而言，它们都得到了不同程度的正式承认与批准。这些崇拜形式中的一部分表现的是孔子学说中存在的偶像崇拜一面，与我们在第三章为大家所呈现的、儒学的教说性及道德特色截然不同。其他崇拜仪式似乎都源自佛道二教的教义。所有这一切构成了中国人思想的自然结果，在支配其思考的各种因素影响下，他们的观念是，这样的模式，才算是一种优秀、精致、受到认可及正统的崇拜体系。

在中国所有国家崇拜形式中，最重要的是祖先崇拜。它严格说来属于儒教，在孔子生活的时代之前多年已经得到实行，并由他的教义和典范加以制度化。这是我们今天所知的中国最古老的偶像崇拜形式之一；它在中国人的思维中占据了最强有力的位置，并且是妨害基督教传入的首要障碍。中国人将此仪式视为属于孝道之责任的一个必要成分，因而以极为严谨和夸示的方式来进行。促使后辈们对其父母进行宗教化崇拜的原因，除了源自对过去恩惠的一种表示感激的追忆动机，还在于希望从后者处得到保护。

可见的祭拜对象是已故祖先的牌位及画像。如父母双亲均已过世，后人必定将他们二人的牌位和画像一起祭拜。先祖牌位系木制，高度大约为一英尺。其上的文字记录了死者的姓名及头衔，他们出生与去世的准确时辰，以及儿女们的名字。据信一个中国人有三个灵魂，其中之一于死后停留在这个牌位上，另一个在寄居坟墓中，第三个则进入阴间，在日后以一种新的生存状态重返人间。

过世先祖的画像或肖像同样是崇拜对象。虽然它们在一定程度上与其代表的个体相似，但完全不像一个生者的形象。这些画像同样有特殊名字，目的是将它们与生者的肖像区分开来。仅有当新年的开始，死者的生日，或者请戏班子表演以示缅怀时，这些画像才会被展示和祭拜。

牌位

祭拜祖先在其特征上与祭拜神佛几无区别。也包括叩头跪拜，提供熟食，进香燃烛，焚烧纸钱等，有时还会有戏剧演出。活动的举办地包括自家住所、家族祠堂，或者祖坟之前。

家族祠堂通常是大而奢华的建筑，其外观与礼拜神佛的庙宇相仿。高耸的围墙，环绕着宽敞的开放式庭院，庭院一头是戏台，另一头即为祠堂，里面安放的并非在祭祀神佛的庙宇中能见到的神像，取而代之的，是置于支架之上，宽度大约四五英寸，数目众多的祖先牌位。它们从前到后依次排开，如同画廊中的座椅，几乎把整个祠堂摆满了。有些牌位可以追溯到上千年前，而且非常庞杂。在祖庙中还经常可以看到与之相关的宗谱牌位，但设立这些牌位所必需的麻烦与开销，使得许多贫困家族无力承担。

这些祖祠通常由家族中的富人所建，用以纪念其直系祖先。起初祠内安放的不过是少数几代祖先的牌位。随着家族人口一代又一代地扩张，尽管可能会出现一些贫困成员，但一般来说，它还是有足够的财力，来保证祠堂的维修及日常开销。财力雄厚者在其去世时，捐出一块地皮供家族祠堂使用，其每年的收益就可以补充到共同基金，用作维修经费，或者支付祭品及演出的开销。这种情况屡见不鲜。

祖祠中几乎看不到过世女性的牌位。不过有时她们的牌位会安放在单独的厢房内。一般来说，未婚男性的牌位也不允许进祠堂。如果某位原本前程光明、表现卓越的未婚男子不幸去世，其家人就会采取一些权宜之计，以使其名声免于湮没。他们会与另一个失去相仿年龄女性成员的家庭结成亲家，并举行仪式来表明这对亡故的男女履行了婚约，有了婚姻关系。此后，再将本家族其他成员的男孩过继给夫妻俩当儿子。这样一来，死者的血脉就可以传承下去。而这位才子及其贤妻和后代的牌位，就能进入宗祠。家族败类生前就会被剥夺参加祭祖的基本权利，死后牌位也不能放入祠堂。这些人被称作“逐出家门”。

在中国，祖祠可能比其他任何建筑物都多。每一个小村庄几乎都至少有一座，而大多数村庄基本上都是由同一姓氏或家族的居民组成。

对一个中国人来说，祖祠是世界上最神圣的地方。这里安息着其祖先的亡灵；这是家族成员在祭祖之日聚会的地方；在这里，他期望自己的灵魂能找到最后的栖息之所，并能在未来享受后代的尊敬与供奉。在美国西海岸谋生的中国人在面对死亡之时，都迫切地希望自己化为尘土之后，可以与祖先融合在一起，自己的灵魂则可以返回祖祠之中，否则将没有住所，没有食物，没人照看；只能成为异乡土地上四处游荡、饥肠辘辘、无家可归的孤魂野鬼——这种状况，比其他任何灾难都更让人恐惧。

谈到祖祠中的祭品，有时我们会听到有人如此提醒上供者：“任何东西都不能吃；就算你自己拿走吃掉了，它的品质、重量和味道还和以前一样。”“当然，”他们往往如此答复：“亡灵是不会真的去吃这些食物的，他们享用的是精神上的，或者感触不到的灵物或灵气。当他们得到满足之后，我们就可以品尝剩下的。”另一些人的答复更有智慧，并且经过了深思熟虑。他们会说：”我们知道任何贡品都不能吃，但如果不用一些外在方式来表达感恩之情，我们就会良心不安，我们希望表明，自己对于缅怀祖先的活动是何等珍视，当我们能和他们坐在一起分享各种美味，并有机会照顾他们的实际需要时，不知道有多高兴。”

在国家宗教仪式中，祭灶神也占据着重要位置。这一偶像崇拜形式与我刚讲到的祖先崇拜几乎同样古老，也同样普遍，得到了家家户户的实践。不过他既没有庙宇，也没有神像。中国人祭拜的灶神，是用一幅画像来代表。画像通常有一英尺见方，张贴于厨房的灶台上方。中国人可能将灶神视为自己的家庭之神。据说，他对各家各户中发生的大小事情了如指掌，并在新年之前参见仙界首领玉皇大帝，向后者做出汇报。灶神应该会离开人间的那天晚上，被视为一个非常重要的时刻。为了抚慰灶神，并诱导后者在天庭的陈述中尽可能多地美言，家家户户都要为他安排一场盛宴，并向他表示敬意，所有家庭成员都要出席。宴会结束时，灶神的画像被从灶台上取下并烧掉，人们设想灶神就会以火焰为翅膀奔向仙境，而此后几天厨房将不会再有灶神。在大年初一，各家又贴上一张新画像，恳请灶神恢复其在家中的角色。毫无疑问，中国人相信灶神常驻家中，就能够抑制邪恶，并使家庭成员的言行接近于他们所认为的正确与合理标准。

灶神

国家祭拜仪式在中国人的宗教礼仪中占据着突出地位。就“国家祭拜”这一术语而言，它指的并非是国家向民众推荐的礼拜形式，而是那些由统治者独家操作，民众不得参与其中的礼拜。它存在于对偶像崇拜仪式和庆典的运用中，通过国家法律对其政府组成人员，包括皇帝及在京的皇族，都产生约束力。这些仪式是强制性的，在中国人多种多样的礼拜活动中，也是最正式和最冷漠的。它们主要是古代惯例的一种永久保持，并在很大程度上，是以古代经典，特别是《礼记》中所制定的规则来指导和规范的。

在北京，皇帝及皇族成员，以及与礼部有关系的国家高级官员，祭拜和供奉的对象分为三个等级或级别。第一级是最高等级，[①] 是天、地、当前王朝已故的各位皇帝，土地和谷物之神，以及这个王朝的特殊保护人。第二等级有八种对象：日、月、前朝皇帝和国君的亡灵，孔夫子，农业和丝织业的古代庇护人，天神，地神，以及流逝之年。最低一级的祭拜对象是“医术的古代保护人，以及无法尽数的慈善家、杰出政治家和道德殉难者等人士的亡灵，云、雨、风、雷，名山，大河，等等。对于这些对象的祭拜，是在不同的庙宇，以不同的仪式进行的，本书不可能详细描述。

在属于省级官员执行的国家礼拜仪式中，最为重要的是与被称为“城隍庙”的庙宇相关的活动。帝国每个城市中都能看到这种建筑。按字面翻译，这些字符代表的是“城墙与护城河的庙宇”。这些建筑物中供奉的是每个城市的守护神，据说其官衔和职责与那些现实中的官员相同。仙界的与凡间的这两类统治阶层就这样联系起来，并且共同管理城中事宜。这种迷信思想符合在中国非常流行的一种普遍观念，即有形世界与无形世界几无区别。

在中国建筑中，城隍庙属于最宏伟及最精巧的样本之列。在每个城市的民众看来，它就是本市最重要的名胜之一。它们与衙门即城市长官的住所受到同等程度的尊重。因此，除了城隍，即城市的统治者之外，庙中还挤满了下级官员及仆从的雕像。城隍庙后半部是私人厢房，内有城隍夫人及小妾的塑像，以及一间完整地摆放着床（每天都要整理）、衣架和衣橱等家具的卧室。民众经常向城隍及其妻妾们进献各种穿戴用品及鞋子，后者的服装随着季节的改变也经常变化。每月初一及十五一早，当地官员就会带着大批随从，浩浩荡荡地来访，以表达他们的敬意。典礼包括跪拜和

---

① 原书注：威廉斯：《中央帝国》。

焚香等。中国人认为，有形及无形世界的统治者对城市的繁荣及法律的实施有共同责任，因此在遇到紧急情况及麻烦时，官员也会向城隍请求援助。在自然灾害或者瘟病发生时，官员会修理城隍庙，祈求城隍代表他们，向神仙的首领玉皇大帝说情。当百姓中间出现麻烦，或不能对破坏分子诉诸审判时，官员们偶尔也会将求助于城隍作为权宜之计。

中国人认为，城隍的事务要求他经常离开庙宇，因此会制作一尊真人般大小，比庙中城隍略小的塑像，将其像官员出行一般抬出游街，而较大的那座总是待在庙宇中自己的位置上。

遵照皇帝的旨意，官员们要不断地从一地迁往他地上任，这在中国属于惯例。人们从而认为，每个城市的保护神也是要经常更换的。因此与其他神明不同，城隍并没有永久性的称谓。年复一年，同样的城隍塑像接受着人们的朝拜，但就个体而言，据说其代表的神明可以改变。中国人相信，在江西省有个被称作“掌天司”的人，他的官职是其家族世代相传的，拥有与神明交流的手段，因此，经常有人向他打听，过去曾经有谁做过哪个具体城市的行政官员。

但普通百姓也对城隍庙感兴趣，在这一点上，尽管他们在其中操办的一些仪式，并不属于国家崇拜范畴，而是完全出于自愿。本书也有必要予以提及。中国人将庙中供奉的神像当成自己的保护神来尊重，当被同胞误解，或遭遇执官府的不公对待时，他们就经常向城隍求助。在各地府城的城隍庙中，可以看到十尊高大的神像，他们的名字能显示出自己的特点，以及不同的职责范围。首当其冲的就是地下司，据说他掌管死者下葬时所着的服饰。一个人死后，家属会列一份他的服装清单并将之焚烧。人们相信，这份清单会交到地下司手中。后者的职责，是保证衣物所有者在通往阴间的路途中不受抢劫之苦。按通常顺序，排在地下司之后的是福禄司，他负责的是福禄吉庆及家庭所得；吵诅司掌管争执与抱怨，他会把归于此类的罪过详细记录下来；礼仪司控制礼仪界限；生产司指导生儿育女；杀生司监督屠宰牲畜；原改司主宰人间疾苦；瘟疫司消除瘟疫；速报司负责有仇速报；而促寿司则帮助世人延年益寿。

速报司，即负责有仇速报的仙人，享受的崇敬超过了其他所有神明。

许多美妙的故事，都有根有据地讲述了速报司的高度警觉及无穷神威。很多情况下，人们都可以求助于这位神明：受到别人诬告；家中财物失窃；本来有理，却在诉讼中输给了财多势大的另一方；结清账款遇到困难；以及其他类似处境。人们通常以以下方式寻求他的帮助：在一位道士或主持仪式者的陪同下，求助者来到庙中，将道士写好的符贴钉在速报司神像前的鸡头上。这样做的目的是提醒后者，并让他充分意识到所求之事的重要性。求助者还要烧掉一张写明冤屈详情的状纸。这样一来，当仪式结束时，速报司就对冤情了如指掌。

彼此结下深重仇怨的仇家，有时也会来到速报司面前，请求其充当纠纷的仲裁人。当双方确信事件可以得到公正处理，作恶的一方迟早会得到应有处罚之后，他们才会离开。有些人在神明前以一种模棱两可的方式呈报自己的冤屈，因为担心对方知道了自己的所作所为后勃然大怒；有些人则是受到威胁，说要将自己的事情呈报给速报司，担心神明真的会履行职责，故而前来祭拜。中国人普遍相信，被速报司宣判的罪人，总是免不了严酷的精神与肉体折磨，死的时候也会语无伦次地数落自己的罪过。他们受到的惩罚，自然是出于这位复仇之神的手。

在中国，每座城市还有一座为祭拜孔夫子而修建的庙宇，每年的春分与秋分，官员们必须前去表达敬意并献上贡品。这些庙宇通常高大宏伟，耗资不菲，但里面并没有孔子雕像。其原因在于，中国人对孔子极为崇敬，不愿意通过一尊偶像来表达敬意，这样就会将其拉低到普通神佛的档次。在夫子庙最显著的位置会有一座牌位，上面用金色大字刻上“大成至圣先师”几个大字，以此代表孔夫子的神位。而表示其几百位重要门徒的牌位，则置于其后的次要位置。官员及其仆从在五更时分来到庙里祭拜，这时还未破晓。祭品中甚至包括整只的牛、猪和羊。献祭的盘碟以及伴奏的乐器，都要使用古代样式，与祭拜相关的一切都要精心设计，以彰显其极端重要性和庄严感。

官员们还必须定期去关帝庙及文庙祭拜，这两种建筑在中国各个城市都能见到。关公、文曲星，各路城隍，以及其他受欢迎的神佛，均为被神化的前辈圣人。朝廷确定这些祭拜对象，并非只是尊崇这些神仙，而是力图确保这些祭拜者工作高效，忠于职守。通过定期地让他们与这些最知名的大人物见面，并以后者为自己的榜样，也许能使他们坚定地希望，只要为国奉献，作为回报，自己来世也会成为圣人。

孔子

有时，官员还必须举行偶像崇拜仪式来敬奉一些无名之鬼。要想更好地理解此种行为，就必须说明其起源。明代的开国皇帝[①]小时候是个牧童，很早就失去了父母双亲，并且不知道他们埋葬在何处。他当上皇帝之后，由于无法去祖先的坟地祭拜，于是命令整个帝国的官员，每年三次向一些无主的孤坟祭拜，以便亡灵得到安息。直到今天，这个仪式仍旧被遵守，被称为“施孤”，即同情不幸的人。在约定的日子，官员就和城隍一道乘轿子出城，来呈奉规定的供品，并主持祭奠仪式。

在每年春季第一天，各地还要举行另一种典礼，称为“迎春”。官员们通过东门出城，并需要找到两尊雕像：农夫及耕牛，这其实是为祭祀事先准备好的。官员们还要在农神庙中欣赏戏曲演出，这类节目是为劝导人们致力于农耕事业而编排的。随后，这两尊泥塑被抬回城中，这时所有人都会向之祭拜。第二天，它们被抬到某个道观，在祭拜流年之神的大殿上被敲成碎片。这些塑像碎片被视为珍宝，人们急切地渴望得到一两块带回家，指望它能保证全家人一个季节的好运。朝廷设计这种仪式，似乎是想

① 译者注：即明太祖朱元璋，是个孤儿。

关帝

在国人中提倡对耕牛及农业的崇敬之心。

在中国有一些被神化的英雄人物，他们在历史上都是出类拔萃的顶尖人才，也被先朝皇帝以其权威明确地封为神明，因此对他们的祭奉礼仪，无疑也属于国家崇拜的一部分。大部分神仙生活的年月距今并不遥远。只有很少人可以追溯到宋代之前，这个王朝是在公元 976 年开始执政的。[①] 圣人的头衔或官职都来自执政王朝。皇帝之所以要授予这些尊号，有时是源于希望树立一些典范，使那些因忠诚和高效而闻名的文武官员，能够成为整个国家的榜样。有时是一些官员在任期内以自己的善举赢得了百姓拥戴，后者就将其事迹介绍到皇帝那里，并使他获得神圣的封号。当一个社区缺少足够资金，无法确保其最崇拜的圣人得到大众认可时，当地居民通常会自行修建庙宇并敬奉此人，无需官方认可。皇帝所授予的不同职位或级别的圣人封号不下七级，其中不包括授予生者的爵位，有时生前就被授予圣人称号者，死后其封号仍然会得到保留。各种封号中最低级别的那两种现在已经不再使用，因为授予一个圣人此类头衔会被视为大不敬。死者的荣誉经常会继续提升，这既出于一些想当然的举措，也可能是因为对圣人的保护，让他们在神化的重要人物序列中占据个更高位置。这其中最为皇帝本人推崇的，是那些在孝忠朝廷期间为国捐躯的英雄人物，因而被当作天下臣民模仿的榜样。一个引人

① 译者注：宋朝建立于公 960 年。

迎春仪式

瞩目的事实是，在所有圣人中，只有那些处于最高级别的才能得到“帝”的封号。这一称谓本来是皇帝专用，他似乎认为与其他人分享显得纡尊降贵，于是就在自己的称谓前加上“皇”字，以显示自己才是最伟大的。

记录诸神名号与生平的书籍，通常只能涉及其中最知名的那些。到目前为止，大部分神仙都不为人知。在编纂于大约二百年前的《神仙通鉴》，即“神佛与鬼怪全集”中，居然有我们救世主耶稣的章节，此书将他列入出现在中华帝国历史中诸位神仙中的一位来自西方的仙人。书中真实详细地讲述了耶稣的出生、生平、遭遇及殉难。随后是有关神化与敬奉圣母玛利亚的叙述，由此可以清楚看出，这本书采用的是天主教的观点。看到救世主的名字出现在这样一本书上，虔诚的信徒们自然不会开心，如果考虑到它可能是因为无知才这么做，我们的愤怒就会减少。事实上，绝大多数中国人会认为，一个外国名字如果出现在中国典籍中，这对本人来讲算是特别的优待和荣耀了。

在所有神明中，能够在整个帝国家喻户晓、人尽膜拜的少之又少。孔夫子获得了最高的位置，享受最高的崇敬。以前他的名字只是与各路君主列在一起，也有“皇”或“王”的头衔，但一位明朝皇帝认为，孔夫子与自己以及其他神仙只能平起平坐，享受同等的尊荣，无疑是一种耻辱。他下诏不能再用任何普通头衔称呼孔夫子，整个国家应当称其为“大圣至清先师”，即“伟大的、完美的、最崇高的老师”，以此表示他们特别的崇拜与感激之情。

玉皇大帝是所有道教神仙的首脑，有自己专门的庙宇，他的塑像通常在任何道观也会占据首要位置。不过人们很少对他表示崇拜。即使他们真的这么做时，也只不过是走个礼拜的形式，并不想祈求什么。人们认为，他过于高贵，与凡夫俗子过于遥远。让他理解任何人间的现实需求都是困难的。

中国人普遍崇拜关公，为他修建的庙宇遍布整个帝国。在目前中国的内战期间，皇帝又为他增加了新的荣耀，表面上是出于其所宣称的救民于水火，实际上毫无疑问，他的主要目的无非是激发民众对清王朝未来的信心。

财神在级别上低于其他许多神仙，但在中国绝对是最受重视的一位。他不仅可以独享专为供奉他而建的庙宇，而且任何一间店铺都会有一座小神龛，上面立着其雕像。神龛前的香火几乎永不间断。中国人也许会提到其他一些普遍受推崇的神仙，但以上我提到的几位很可能被视作最出名，也是得到最广泛祭拜的。这些有大有小的神仙，都有着琐碎的故事与传说，通常也让人难以置信。如果将它们整理在一起，肯定能有几大卷。本章将截取一个可能会很有意思的故事，作为全部神仙传说的一个样本。

这个讲述财神菩萨，即“财富之神”的故事流传很广，其大意如下：财神其实是一位收税官，有一次，他去一户人家收税，对方坦白说自己没有能力偿付税款。因此收税官决定住下来，不收到钱就不离开。这天晚上，他正准备休息，忽然听到在其窗户底下，一只老母鸡向它的一窝小鸡说出了这样一番话：“主人家来了一位客人，他想明天中午杀了我来待客。我亲爱的小宝宝们，你们怎么办呢？你们身体弱小，没有经验，怎样应付这个世界的风风雨雨？很快就没有谁能继续照顾你们了，因此我必须明白无误地说出我的临别建议。首先，你们必须小心，不要让天上的鹰抓住；

其次，不要让人类践踏你们。你们不能吃得太多，这样可以避免疾病；生在同一个窝中，你们一定不能争吵”。

收税官听了这番话非常震惊。自言自语地说：“一只寿命很短、微不足道的家禽，都能表现出这样的深思熟虑，并能为未来做出这样的安排，而人的尊严在哪里？他能为自己未来的希望做出什么规划呢?”受这种想法的影响，他立即决定告别俗世生活，并马上着手寻找隐居之地，以过上一种与世隔绝、苦修美德的生活。收税官带着这样的决心在路上行走，沿途遭遇了一只猛虎，但他非但没有害怕，反而冲上前去，用双手抓住虎毛，跳上虎背，就这样骑着猛虎走向自己的退隐之路。通过修行，他终于成了神仙。以上就是这位最受中国人崇敬的神仙，在世间流传最广的传说。

只在某些地域有点名望、欠缺知名度的神仙，在中国几乎数不胜数。他们有的是政府官员，因为自己公正无私的执法及慷慨大方的善举，得到了一方百姓的衷心爱戴；有的是普通市民，因为自己的突出美德而受到推崇；有的仅在一处为人所知，并只在此地建有庙宇，也有的相邻几个区域都为人所知，并且都有庙宇。有些虽然名声可能仅限于一处，但在此地受到的崇敬却几乎超过了其他任何神明。中国每一座府和县，几乎都有属于其本地特色的神仙及寺庙，所有地方的民众都认同这类神仙，并给予特别重视。这些寺庙甚至会为每一处街坊的居民提供场地，让他们可以在此聚会，就共同感兴趣的问题进行讨论与协商。

在城市中，不同阶层的市民除了要与他人一道祭祀某些神明之外，还要供奉专属自己的特殊对象，并给予特别礼遇。学者祭拜文曲星；商人尊崇财神；药品商人敬拜神农氏；木匠供奉发明曲尺的鲁班；水手膜拜控制其所经历江河湖海的妈祖，诸如此类，不可胜数。不同艺术及职业之保护人的庙宇，同样也可以用作聚会场所，供各个行业的工匠进行一般性交流探讨。

有时民众会对其恩人迫不及待地表达感激之情，当后者在世时就为其建立庙宇。宁波就有两座这类气势宏大的庙堂，敬奉的是为这座城市成功地驱逐病魔的官员。

第十一章　中国各宗教体系共存

宗教观念在中国的发展史，既清楚地呈现出人性的光辉，也让我们看到了其堕落与可耻。正如我们所见，早在非常遥远的历史时期，中国人就有了探寻绝对永恒真理之意愿，并在一定程度上证明了他们具备这种能力。儒家道德体系的主要教义与起源与我们在基督教的启示中能够发现的那些思想非常接近。这些教义被民众作为具有最高权威、必然如此及不证自明的真理所认可和接受。它们是上帝意愿的启示，也是其品格在我们人类共同本性中的反映。

然而，出于某些原因，由天性之光所阐释的真理，其范围是片面和不完全的。在现实生活关系中，只有人与人之间的相互责任得到了清晰说明。上帝的本性，他与我们的联系，灵魂的本质，以及我们未来的命运等问题，中国人似乎理解得非常不完善，或者说完全忽略了它们。

这也许因为，此类问题的本质过于神秘，亦或是中国人出于对上帝的厌恶，不愿意睁眼看真理，或视而不见；还可能由于不愿服从或偶像崇拜所导致的缺乏判断力。如果仁慈的上帝不能特别介入，消除这一切恶行的自然后果，赋予中国人足够的真理、以及足够的道德准则及驱动力，以形成社会与政府的基础，使世界上的芸芸众生，生活环境能够相对较好甚至幸福快乐，那么他们因素质下降而导致的道德崩溃将会越来越严重。

不管这样的结果会不会出现，现在的事实就是，三千多年之前，中国人就拥有了大量道德真理，但对宗教却近乎全然不知，并且从那时起直到现在，他们都没有什么进步，甚至还有相当程度的倒退。

尽管儒家思想并没有给中国人带来宗教观念，甚至还阻止人们对神明及神秘事物的探究，并视之为没有必要，但人们的宗教本能依旧非常强烈，对于拥有宗教崇拜对象的愿望仍然十分紧迫。中国人必将拥有宗教信仰，无论其真伪。这样一来，佛教的进入，正好满足了儒家思想未能提供的宗教需求。

但佛教教义主要涉及的是未来世界，以及为此而做的准备。它对现实的探讨非常不足。佛教的诸位神佛或生活于理想世界，或掌管着阴曹地府，受其指引，信徒们致力于从现实世界与社会退隐。道教对中国人很有吸引力，它重视现实世界的本能与需要，而这些是佛教所忽略或者无视的。道教将陆海空都描述成神仙的领地，致力于阐明大自然的奥秘所在，并赋予各路神仙关心民众现实需要的特质。

这两种宗教体系都有吸引人的成分，也有让人排斥的地方。它们能提供一些宗教需求，因此也受到了部分中国人的欢迎，但它们的矫揉造作和无中生有，以及同儒家学说的教义与精神背道而驰，遭致了更多人的敌意与不满。在中国，不同朝代的皇帝，时而进行镇压，时而给予扶植，间或禁止传播，随即又加以保护。它们不同程度地影响了中国人的思维，其观念已经融入了这个国家的语言、文学及社会习惯之中。现在，官方对二教既不镇压也不扶持，而是予以容忍，将它们作为国家体系中一个不可或缺的重要组成部分。

在普通民众求佛问道的同时，政府也逐渐被这两种思想体系所影响。朝廷认可了它们的许多理念与仪式，甚至将其纳入国家礼仪之中。那些从佛道二教中派生出来的宗教崇拜仪式，直接或间接地得到了政府的认可。我将它们与孔夫子之前就已经采纳的古代崇拜礼仪联系起来，并冠以“国家崇拜”这一概括性术语。国家崇拜中包括了各种各样的宗教礼仪与惯例，它们起源于不同时期，并往往表现出截然不同的特征。就起源而言，它们的民族性不及道教，说到流传程度，它们也不如佛教或道教。我称它们为国家崇拜，因为本国智识阶层认为，它们与中国政府的精神更加协调，因此就能从政府处获得佛道二教无法享受的，一种公开且坚定的支持与承认。

从三种学说体系的本源和基本特征来看，儒教偏重伦理，佛教接近形而上学，而道教则属于唯物主义。[①] 今天，儒教还能维持其原有特征，其他两教已经被通俗化，不过仍能以一种改良形式传承其最初理念。它们变得更符合广大民众的口味与要求，或者不如说，它们被僧侣道士所修正，以便更好地取悦百姓，并将他们吸引到寺庙道观中去。目前，儒家思想依然可以被视为一种伦理体系，国家崇拜仪式被看作形式主义的仪式，佛教被理解成宗教狂热，而道教则只能被归结于迷信。国家崇拜与道教联系紧密，是由于两者主要关注的都为今生，而不是来世。

虽然上述这些宗教或崇拜形式适合于不同阶层，也能满足不同个体的口味与宗教倾向，但中国人并没有因此分成不同教派，很少有人是专门信仰一种宗教的。大众的宗教见解既含糊又混乱。很难说清中国人真正信奉其中的哪种教义，但凭借一种不循常理的智慧，他们形成了一套整合上述系统的信仰体系，尽管这种体系既纷繁芜杂又相互矛盾。中国人的大部分宗教礼节只能说是习俗，而非认真坚定的信仰。他们认为自己必须敬拜些什么，同时为了满足自己的良心并避免被说成举止异常，因而选择向自己熟悉的唯一宗教崇拜对象顶礼膜拜。由于神佛数量过多，一些人倍感困惑。他们害怕自己怠慢了真正的神仙，或者其中最重要的，索性就一视同仁地全部参拜。

只有少数僧道和信众称得上认真执着地奉献于偶像，并似乎将宗教作为人生中最重大的目标。虽然通常来讲，政府都会在表面上禁止偶像崇拜的大众化，但这不过是走走形式，皇帝及各级官员都会耗费大量财力来修建、维护及美化各类寺院。许多官员漠不关心地应付完了国家崇拜的正规仪式之后，却全身心地与平民一起现身佛寺或道观进行祭拜。有些人则是两种宗教都不错过。

知识阶层通常都是无神论或泛神论者。不过他们依旧认为，对普通百姓，特别是妇女来说，这些人道德观念模糊，没有思考能力，让后者崇拜偶像，可产生敬畏之心，并能自我约束，而且出于对一般风俗的尊重，或者因为习惯的力量，文人自己也可能崇拜偶像。

---

① 原书注：见艾约瑟《中国人的宗教状况》。

不过也有少数知识分子，认真而又直率地反对一切形式的偶像崇拜。我曾经读过这样一位学者写的非常巧妙的小册子。此书公开抨击偶像崇拜，指出后者本质上是腐败和堕落的，既不符合理性，也与儒家思想的教义水火不相容，无论在哪个朝代，它都是道德滑坡、社会沦丧及政治腐败的源头。我们当然不能不赞同这样一类改革者，但很可惜，他们只能诱导自己的读者转而求诸儒家思想的道德力量，并认为后者无所不能。这些人唯一能够提供的只有这个。他们的陈述和呼吁坚定有力，但并没有多少实际效果。

对上述三种宗教体系最为流行的解读是，它们相互补充，共同形成了一套完整的宗教系统。现在的当权者对它们极为宽容，并不加以限制。

在中国，得到全民普遍遵守的祭拜形式，仅仅包括祭祖、祭灶神，以及每年初一的祭拜天地。

谈到偶像崇拜的覆盖范围，以及帝国境内的寺庙数量，目前还无法进行精确估算。虽然各省、府、县的方志中都分别记录了当地各类寺院的数量，这些估计要远远小于我们所能看到的真实数据。因为各类方志记载的只是更出名的庙观，在方志编纂之后，各地又兴修了不少新的此类建筑。我们不妨以一个地方的寺庙数量为比较标准，来粗略估算一下全中国的总数。在宁波一位聪慧土著的帮助下，我设法对当地这类建筑进行了大致估算。城墙之内仅仅是为祭拜圣人英雄而修建的寺庙就超过了八十座。东部郊区已知的这类建筑不下一百座。北部、南部和西部的寺庙总计也有一百多一点。如此一来我们就知道，在整个宁波府，此类寺庙大约有三百座，这个数字在更熟悉情况的人看来已经是低估了。如果我们用同样的数据估算宁波府的六个县，那么寺庙总数就是一千八百座。如果以同样的比率计算，浙江省的十一个府就将拥有一万九千八百座寺庙。而整个帝国，即使只估计十八省中的十五个，取其整数的话，也有三十万之多。这些寺庙中供祭拜的偶像数量，以每座十个来计算，就是三百万。不同的偶像数量，即使按每十座庙有一个来估计，大约也有三万尊。

上述估算仅仅包含“庙”，也就是与佛道两教无关。而这两教的庙宇，即寺院和道观的数量之和，与“庙”也相差无几。祠堂或称祖庙，远比

“庙”更加数不胜数。因此在中国，各类庙宇的总数也许至少是“庙”的三倍，如果取整数的话，差不多是一百万。每座寺庙的运营成本从五百到十万美元不等。就算将其平均值仅仅估计为一千美元，中国所有偶像寺庙的花费也要高达十亿。但这个数字，我个人认为已经是大大低估了。要想彻底搞清楚偶像崇拜的花费，除计算这些院所的修建费用之外，还必须加上需要维修的资金，以及在寺庙内及信徒私人住宅中举行各种偶像祭拜仪式时所需的更为庞大的开销。

各种祭拜的花费如此巨大，自然就导致了很多人的贫困与不幸。这也可以看作是对偶像崇拜进行惩罚的一部分。但我们知道，上帝是要严惩这种罪过的，在摩西十诫（Decalogue）的最前面，对这一行为给予了突出描述与批判，偶像崇拜者不仅在现世受到审判，还要永远遭受精神折磨。如果上帝无意中造访了中国，发现这里偶像崇拜者的数目如此惊人，那么毫无疑问，他们将会大难临头。

尽管有可能让读者感到冗长乏味，我在这里还是想对与各种祭拜仪式相关的祭品或供物做一概要解释。目前，没有一种此类供品是用来赎罪的，它们被当作神仙或鬼怪的食物，人们呈上它们，期望高尚神灵的善意回馈，并收买那些恶鬼，以免受它们的祸害。这些供品并不焚烧，而是如正常食物那样奉上。杀生有悖于佛教信条，因此佛寺中的供品全部由加工好的素食组成。向其他神明进献的几乎都是肉食，通常会有三五种类型。它们都用大盘摆出，鱼和鸡都是整只，而猪肉则切成大块。这些肉食一般都要做熟，但有时不需加工就供上，并配以少许熟食，这种供奉方式被认为是更高端并更加虔诚，盐和酒则单独用杯子盛放。

以下一些场合通常需要摆放供品：订立婚约与喜结良缘之日，喜得贵子当天，以及父母寿辰之时。人们遭遇困境时会向神明许愿，在情形好转之后则会兑现承诺；有时上供则是期望家中不务正业的儿子或其他亲属能够改邪归正。

每次上供时，中国人都会去相关店铺购买一张刻有主要祭拜对象名字的纸符，并将其张贴于供桌正上方。据说这样神仙就能进入到纸符中。在一些场合，特别是庆祝新年之时，人们只需在供品前贴上一张纸符，就能代表所有神明。供桌上会一直摆放点燃的蜡烛和香炷，而当祭拜仪式行将结束之时，代表一位或多位神仙的纸符就会连同纸钱一起被烧掉。人们燃起爆竹，通常就意味着神仙在用餐结束后离去。他们还往往会将少许肉菜残羹扔在屋顶，不过没人清楚这样做的缘由，大家只知道是一种惯例。有些人猜测，这是供给那些无庙可住，大部分时间待在屋顶的神仙；另一些人则假设，这是招待得到祭拜的神仙的随从，还有一些人则臆想，这不过是喂鸟而已。

最常见的供品，是用于供奉祖先亡灵或者别的鬼魂的饭菜。它们被称为“烩饭”，即“剁碎的肉菜和米饭”，它们有别于供奉给神的食品，后者被称为“福礼”，即“幸福的礼品”。它们并非大块肉食，而是由肉末或蔬菜组成，并配有几碗米饭，整个供桌布置得与招待客人的餐桌相差无几。进献给神仙的福礼通常会被切碎并烹制成烩饭，但已经打点鬼怪的供品，从来不会反过来进献给神佛。

在所有祭品中最为常见，上供者可能也是最为诚挚的一类，是替患病的亲人向鬼神进献的。算命先生会告诉挣扎在痛苦中的这家人，应当向哪些鬼神进贡，并开出一份详细的供品清单。在夜里，这些供品会呈于自家住宅户外的地面上。它们不仅包括一些食物，还有蜡烛、香炷和纸钱，以及纸糊的轿子或者船只，这些物件会同纸钱一起烧掉，以便鬼怪体面地离开。

纸钱由纸制成，上面镀了一层非常类似薄锡的物质。中国人大量制造纸钱以供祭拜之用，它在整个帝国都是通用的。其中比较高档的一种被做成正方形，它是中空的，大约有两三英寸长。商家通常会用一条绳索将其穿起，并在店内四处悬挂以便销售。这种纸钱被称为银票，价值最高。它代表的是大块的银锭，并主要用于供奉神佛。店家出售的稍差一些的银票大约有八英寸见方，工艺也较为粗劣，通常会被妇女成捆买走。这些女人一边数着银票，嘴里还一边念着“阿弥陀佛”。它们也被称为锡箔，也就是银色簿片，代表的是小额银两。在阴历七八月间，它们被用来献给祖先和鬼魂。当人们给饿鬼上供时，有时就会将大捆的纸钱在一些庙宇中烧掉。自从西方的银元引进中国之后，它们的纸制替代品也以同样方式得到使用。在一些地方，人们会呈上捆好的麦秆，并在其上反复吟唱，随后将其代替金条烧掉。中国人相信，无论自己烧掉的供物是什么，这些神佛或鬼怪，从自己那里收到的，都会变成另一个世界的真金实银。

在举办葬礼之时，除了烧纸钱供死者消费之外，还要烧掉表示男女仆人的纸糊物件，以及纸制的轿子、马匹和车辆等等。如果死者是位鸦片瘾君子，家人还要烧掉一副纸做的烟枪及烟灯。他们担心，如果忽略了这些供应，就会增加死者在阴间的痛苦，或者让他更不开心。

如果供奉的食物不是各家各户的必需品，那这些用于偶像崇拜的祭品花费将是中国人几乎无法承受的。的确，无论在哪里的祭祀仪式中，向神佛进献的食物都足够到场的客人大快朵颐。支持这种迷信体系的另一个原因，是佛教教义认为杀生是一种罪过，但为了向佛祖供奉而将动物杀死，这种表面功夫则是可以被原谅的。

显然中国人心目中也有个秘密观念，即这些行为是低级无知的。但与此同时，他们在表面上却乐此不疲。在宁波，当地人有时在履行这些仪式时，重复念叨着这样的句子："拍拍晾着好干"，也就是"把它铺开，等到变凉，接着你就，填饱肚子"。尽管这些不上台面的做法明显是很荒唐的，但人们不管出身如何，条件怎样，都热衷于此。因而与本土基督徒就上供者吃掉供奉给神佛的食物来明确其责任问题，往往是一件困难的事情。

前面几章所描述的各种偶像崇拜形式之所以在中国能得到广泛接受与信奉，在于它们所强调的理念或教义，实际上是伟大真理的曲解形式。我们可以看出，中国有数目庞大、各司其职的神仙，他们掌握着不同领域和地界，特别就土地菩萨而言，上帝无所不在与全知全能这条伟大法则，在其身上得到了一种堕落式的体现。对于家神，即通常所说的厨房之神的崇拜，正是上帝全能这种普遍信念的外在表达形式。不同的神佛被赋予了不同特质，诸如博爱、慈悲、正义和复仇，并履行不同职责，包括保护、指导，以及将人们从现世和来世的苦难中拯救出来，等等。此外，关于罪孽、罪有应得、永生、死后的善报与恶报，忏悔的必要性、改过和劝解等等，都极为重要。对祖先的崇拜，是对我们自然天性中最高责任及最尊贵本能的一种误读。这些五花八门的偶像崇拜形式，显示出上帝的启示存在于人类灵魂之中，但它们设计出的这些美仑美奂的艺术品，引导着人们的灵魂越来越远离上帝，并将其真理转变成谎言。

中国人悠久的历史，形成了以下陈述最显著的例证："人类凭自己的智慧，不能认识上帝。"同时也最有力地说明了，人类天性中不可避免地有趋于偶像崇拜的普遍倾向。《圣经》经文就这一趋势做了最为生动的描述："因为，虽然他们知道上帝，却不当作上帝尊崇他，也不感谢他。他们的思念变为虚妄，无知的心就昏暗了。自称为聪明，反成了愚拙，将不能朽坏之上帝的荣耀变为偶像，仿佛必朽坏的人和飞禽、走兽、昆虫的样式。他们将上帝的真实变为虚谎，去敬拜侍奉受造之物，不敬奉那造物的主——主乃可称颂的，直到永远，阿门!"

奇怪的是，在 19 世纪的今天，我们面前还有一个全民崇拜偶像的国度，而我们自己却没有成为偶像崇拜者，这确实不能不说是个奇迹，因此，我们要发自内心地感谢上帝，是他让我们有所不同。

在中国能否找到一些蛛丝马迹，来证明她的国民知道有位至高无上、主宰万物的神明，这确实是个有趣的问题。如果研读中国人的语言与文学，并请教他们的学者或查阅辞典，根据这些单词现在的用法，我们并不能发现其中任何一个能表达"上帝"的意思；而在任何一位中国人心目中，也根本不能理解其完整含义。不过这一概念，事实上是被高高在上的偶像崇拜观念和迷信思想所覆盖并完全隐藏了。在中国人特别是普通人的思维中，或多或少还是能看出一些清晰迹象的。在汉语中，"全能至高的神"通常与"天"这一术语联系在一起。在中国经典中，这一单词明显地具有与"上帝"几乎一致的涵义。正如孔夫子所言："死生有命，富贵在天"。[①] 后来的学者以自己的智慧，将此陈述与类似的语句赋予了泛神论色彩，将"天"解释为一种支配万物的法则。让我满意的是，"最高主宰"的真实含义，在汉语中得到了保留，不过仍旧难以从中发现一种清晰的解释方式。中国人经常使用以下说法："天眼近"，即上天的眼睛就在跟前；

① 译者注：出自《论语·卷六·颜回篇》，但并非孔夫子语录，是其弟子子夏说的。

“头上三尺有神明”，即诸神就在我们的头顶上；或者“神啊”，“神”这个词，既可以是单数也能是复数。

在中国，只有皇帝才能举行祭天仪式，作为“天子”，他被视为身份足够高贵，有资格履行这种仪式的唯一人选。尽管如此，民间的祭天活动绝不少见。有此习惯的人士，有时会在自家门口安一个小香炉。他们在炉中插上一根点燃的香炷，随后抬眼仰望，举起双手，就这样站着祭拜。相比在寺庙中给神佛烧香上贡，这种礼仪显得要高贵和神圣许多，但有时会显得装腔作势，让人联想起法赛利人[①]在街头的祈祷。如果你问一位祭拜者在做什么，他会回答说：“我正在敬天。”如果继续更具体地问祭拜的真正对象是什么，他可能会用类似的话重复回答：“噢，那就是我头顶上的苍天。”如果你再进一步追问，他所谓的“天”，是头顶的无尽苍穹，或者万里浮云，还是某个天体？他就会回答：“不！”如果他不得不做出某些解释，就很可能陷入古训中所学到的、易使人误入歧途的说辞：“天为父，地为母，天地创造万物，因此我要祭拜天地。”偶像崇拜的盲从者们除了这些，几乎就说不出别的什么了。当我们告诉他们上帝的存在，他的特性与职责，以及我们与他的关系时，这些人也会印象深刻，但由于长期习惯于异教世界的黑暗，永恒的上帝之光对他们的眼睛来说，似乎过于明亮和炫目，因此他们再度合上双目，重新回到其偶像崇拜思想的惯常潮流之中。

在前面提到的祭拜中，还有另一个证据说明了人们对上帝的真实存在有一些微弱的意识。当听完传教士的布道并了解到一些福音知识之后，他们往往会表现出自己的赞同与认可，并声称此教义与祭拜天地几无二致。

在遇到紧急情况及危难时，中国人这种处于半窒息与休眠状态的宗教本能在很大程度上被激活，并有了更为清晰的表达方式。当他们的灵魂由于挫折而饱受折磨时，从来没能如此真切感到偶像崇拜的不充分。往往能看到人们在遭受财产损失，或为不孝儿孙、败家子痛苦，或者在面对欺凌时，官府不能公正执法，各路神仙也不予保护，此时，他们在极度痛苦中

① 译者注：Pharisees。耶稣时代的一个犹太人宗派。

不但会放弃祷告神明，甚至可能会出言诅咒他们，并诚挚地向苍天哭诉以求得帮助。因此就有了“抢天哭地”这句俗语，即“在陷入绝境时向天地哭诉”。但说来奇怪，人类与生俱来的对上帝的激励与暗示，被中国流行的错误观念所压制与束缚，从来得不到一种清晰的表达，或者能够用一种连贯的宗教体系来解释。

中国的偶像崇拜所呈现的画面相当黑暗，但并非连一束希望的光芒都不存在。相比任何一个古老国家，中国偶像崇拜的品质都更值得称道。中国人并不像希腊和罗马的偶像崇拜者那样，将邪恶之徒奉若神明；这里没有至今仍盛行于印度的那些淫荡仪式，也没有大多数异教国家中都能见到的那些令人感到丑恶与恐怖的神像。还有一个事实值得注意，既中国寺庙中几乎看不到裸体的雕像或画像，唯一的例外是观音菩萨怀中所抱的婴儿。

中国历朝历代都不乏证据说明，民众对偶像崇拜并非完全满意的。在帝国许多地方都涌现出了新的教派，其中有些严肃地抵制偶像崇拜。不过，他们的行为就如同瞎子引导盲人。这些人根本设想不出任何比佛教和道教更高明的信仰体系，通过借助这些宗教的古老观念，他们事实上承认了后者威力与影响，并以一种更为粗俗的方式来采纳。有些教派已经完全灭绝，另一些则被主流宗教所吸收，或者被朝廷以腐化堕落、有伤风化或危害政权为由镇压及根除。

第十二章　迷信观念与风水、占卜

崇敬鬼神的理念，在中国的迷信中占据着突出位置，并与千家万户及社会整体生活都有非常重要的关联。此观念中这些五花八门甚至相互冲突的观点，得到了中国人毫无戒心的轻信和接受，以及顽固的坚持。只能说明他们被撒旦所操纵，源于自身既内疚又无知的良心所产生的恐惧，以及部分心术不正者的行为，他们为达到个人目的而怂恿这些迷信流传。有的迷信观念可以追溯到佛教，有的来自道教，还有的源于文学作品中。一开始人们视其为大体虚构或完全编造，但后来却逐渐将它们看作真实的论述。

在鬼神序列中最有知名度的，是在前面讲述道教那一章中提及的“妖怪”，或称鬼。据说他们通过各种手段，已经摆脱了死亡，并将肉体修炼得如空气般缥缈。妖怪中存在着众多的进步程度或成就等级，攀升到更高的档次及获得更高的功力，是他们持续的追求目标和努力方向。妖怪被认为能够变换成多种有生命或无生命的身形，或者为达到自己的目的，隐身以适应环境。

专门祸害人类的那一类妖怪获取功力并不是通过正当途径，让身心服从于可信的训诫规则，而是从人类那里暗中偷取生命要素。一个人如做噩梦或突然惊醒，都可能是这一类企图作祟。由梦境引发的某些身体疾病和虚弱症状，同样也因为这些鬼魂捣乱。因它们而受到伤害的人，会使用各种方式，竭力让自己摆脱这些夜间来客。他们首先诉诸的权宜之计，就是从睡梦中突然醒来，大声诅咒和责难冒犯自己的妖怪。如果这个办法没用，受害者就会请来一个或多个身强力壮的男人，和自己待在同一个房间，据信强壮健康之人身上能够放射一种神奇力量，这是妖怪无法抵抗的，他们基本上只能攻击那些体弱和瘦小者。如果上述手段依旧无法让妖怪屈服，受害者就请人站在自己床头，挥舞一把用人血蘸湿的宝剑，或者寻求那些声称能斩妖之人的帮助。受害者还可以在房间之内很多地方挂上镜子，以此恐吓妖怪，并试图通过镜子的反射来确定妖怪的存在及位置，不过后者也会努力避免被直接发觉。当所有其他手段通通失灵之时，最后一招就是去“掌天司”的办公地点来一次正式投诉，此人住在江西省，据说掌管着帝国境内妖怪的控制权，不光他们，就是神仙也得对其俯首帖耳。掌天司通过魔力与法术来作法，他还拥有一方祖传的宝印，在妖怪中间有普遍公认的权威。

据说，只要在一张纸上盖上这个印，写清受害者的姓名、住址及遭遇并将其烧掉，状纸就会被送交到某位神仙那里，他奉命来监督人们捉拿闯祸的妖怪，对之进行处罚，并约束其之后不再为非作歹。中国人相信，这些步骤将必然会取得成功，而且就在投诉者到达之前、他此行的目的，以及之前的所有遭遇，都会被详细公布在幽灵之王宫门外的一块布告牌上。还有传言说，许多这类妖怪都被这位大仙拘禁在了密封的瓶子中，而他们喋喋不休的牢骚声，让来访者听得一清二楚。

在这一点上，有件怪事值得注意。某位住在宁波的女传道士有使用嗅盐瓶的习惯。当地人就怀疑，她使用这只瓶子来囚禁那些自己能够控制的妖怪。人们经常看到她在某些街区中使用这个嗅盐瓶，因此将这些区域的恶疾与传染病都直接归因于她的行为。

规模最大的妖怪群体据说是死亡之神，称为“鬼”。普遍认为，人死后灵魂就会被监禁在阴间以抵偿其罪过，直到被许可转世投胎为止。因此中国人发现，要解释地球上为何还有如此之多的“鬼”，颇有一些难度。最公认的说法，认为他们是罪过有限，不足以受到囚于地狱的惩罚，但投胎的时机又远不成熟的鬼魂。这些鬼怪被视为多种疾病的病根。他们作乱的动机不过是获得食物，要么至少是闻一下食物的味道或香气。因此，当有人生病时，就会邀请一位占卜者来推算这场病是否因鬼魂的作用而起。如果真是如此，占卜者会算出其为何种鬼，它需要何种食物。在举行葬礼时，人们也往往要为可能与死者为伴的各路鬼怪安排一场宴席，以便于亡灵与他的新朋友能更好地相互了解。

八九月间通常是各种疾病流行的时节，中国人认为地狱之门已经打开，妖魔鬼怪们得以出来度假放松。这时在整个国家之内，都会举办仪式向它们献礼，称之为“放焰口”，或者“施食”。这种礼仪的目的，是通过满足和讨好这些鬼怪，确保一家老小及关照他们的左邻右舍健康平安。人们会将准备好的大量食物陈列在桌上，并将桌子放置于一处开放场地或广场。他们将各种尺寸、风格及颜色的纸衣挂在桌前，以代表这些鬼怪。还会雇来一群道士和戏子，让整个仪式更有特色，也更为喧闹。天黑之后，人们将灯笼高高挂起，招呼远处的鬼怪，并示意他们何处能发现吃食。这种饭菜通常粗制滥造，在仪式结束之后用来打发叫花子。但据说僧侣们的咒语，有魔力将这些食物和纸衣转换成能令鬼怪满意的美味与华服。上述仪式纯属过家家，但花费却一点也不能低估。

在浙江省，人们普遍相信有个叫桑州的地方住着大量鬼怪。一到下午，他们就会出现，混迹于人群中。据说这些鬼不用铜钱而用纸钱，在月光下也没有影子，这样就能被人们识别。还有一个传说，在四川省的丰都县城，有一条街道被称为“阴阳街”——即“活人和死人都有的街道”，据说它的一侧住的是活人，另一侧住的则是鬼。要将当前中国有关神仙鬼怪的传说都记录下来，恐怕要有几大卷才够，区区一章的介绍远远不够。中国有大量的书籍讲述这方面内容，其中最有名的莫过于《聊斋志异》，是一部有十六卷的大部头作品。

据说还有另一种鬼怪，称为“僵尸”，其有别于上述鬼怪的事实在于，它们死时尸体并没有腐烂，灵魂依然附着于身体上，并在夜间出来游荡取乐。一些僵尸将其外形变换成食肉猛兽，而另一些依旧保持原来的体形与相貌。据说后一种僵尸如果能吃到任何美味，立即会变成活人。他们与其他凡人的唯一区别，只是在于不能见到天日。人们传言，如果它们被阳光照到，就立即会一命呜呼。

在所有与鬼怪有关的迷信中，对中国人思维影响最大的，也许莫过于涉及被称为妖精的一类精灵的传说了。妖精系一种附于人体的魂魄，唯有熟悉它们的方士才能发现。后者据信是能预测未来，并可与死者交流。人们传言，妖精是这样一类亡灵：它们生前欠下债务还未清偿，因而没有资格转世投胎。而其恩主却先于自己重新来到人间，它们凭借自己的预言能力帮恩主发家致富，这样就算还清了债务或报答了恩情。这些亡灵作为精灵寄生于恩主体内，并成为后者与未知世界沟通的灵媒。据说能够拥有这种精灵的人，会引来无数上门求助者，特别是那些刚刚与亲人阴阳相隔，渴望通过灵媒与逝者交流之人。这些算命者在与访客谈话之后，就邀请逝者的灵魂来帮忙（这类预言家多为女性）。算命者们的身体会有种种扭曲，脖子甚至也会发生痉挛性的抽动，这些都显示了他们的精神专注，态度积极。最终，这位妖精要么给出有关询问者未来令人振奋的信息，要么发现了后者的某位亡友，并说出其姓名、年龄和埋葬地点。与其他所有算命场合如出一辙，妖精会根据情况，对求访者的反应做出答复或拒绝。

有些算命者没有知恩图报的鬼魂提供服务，被迫要想方设法获得某位亡灵的助力。为此，他们首先需要找到一尊用柳木雕刻成的小神像，然后用以下方式让一位妖精附于其中：算命者首先前往坟场设宴招待亡故者的魂魄，其间可以争取到某位亡灵附于雕像。接下来他们连续数周都要对神像顶礼膜拜，并在夜里将其移出屋外，使之被天露打湿，并从月光中汲取真气，随后这尊神像就能被作为圣人敬拜，妖精也可以从这里准确无误地发出指示。

还有另一种方法。如果算命者期望获得某位在世智者的魂魄，他可以在这尊小神像上写下智者的生辰八字，随后持续地膜拜神像并将之置于户外，一直到此人逝世。这时据说倾刻之间，逝者的灵魂就会进入神像中。鉴于这样的迷信传说，那些被发现藏有这些神像的术士有时会面临指控，一些新近有成员去世的家庭，怀疑他们导致了亲人的丧生并夺取了其魂魄。后者因此会受到指控、审判，甚至被当作杀人凶手处以极刑。

算命者还经常以如下的笔头交流方式来寻求妖精显灵：首先，他们要恳求某位精灵的出现并有意愿作法。然后，由两个或更多人抬着某个上面竖直悬挂着一支毛笔的物件，将它放在一张铺满沙子的桌子上。据说毛笔的运动，表面上是举着物件之人的无意识举动造成的，事实上却由妖精的意志所控制。毛笔在沙子上留下的那些奇形怪状的图案，算命者却能轻松破译，并且能够发现令人瞩目的信息与启示。许多自认是聪明过人的先生，却坚定地相信这种与鬼魂对话的模式。

还有另外一种鬼魂，称为“无常”，主要以其热衷偷盗和恐吓民众而闻名，据说现世中人既有令其非常喜欢的，也有让它极为讨厌的。它经常秘密地将值钱之物变成现银。人们还相信，它能够在房间内外通过敲击与亡灵进行沟通，并引发可以看到的强烈火焰，以此吓唬不爱惹事生非的居民，迫使他们不得不从家中逃出，去别处寻找安全和宁静。如同其他鬼怪一样，这种鬼魂可以通过一场庄重的盛宴来收买。此类迷信也许源于“鬼火”的出现，中国人对这一现象的肤浅解释，说明了迷信思想已经牢牢控制了他们的思维。

神喻

要想象这些五花八门的迷信观念给中国人带来的恐惧、焦虑和担心是相当困难的。不过，他们能够让我们更加珍视福音。上帝所传递的福音让我们认识到，世间一切都是由一位看不见的全能之父掌控，他支配着所有人和事，并使一切向着有利于我们自己，而不是恐惧上帝的方向发展，从而可以摆脱恐惧的束缚。

由于找不到更好的术语，中国人在评估一些非常重要又难于解释的事情时，就用“命”一词来表述。土著们所用的词汇是“风水”fung－sh-wuy，它由两个字符组成，分别表示“风”（wind）和“水”（water）。但想要理解整个词的含义，这两个字几乎没有任何帮助。据说这一术语指的是遍及天地之间的一种神秘规则或影响力。在不同地域，其作用程度有大有小。那些据说风水不同寻常之处，自然比其他地方有价值。帝国境内最知名的景点，也就是风水最好的地方。根据一套在中国普及很广的通用理论，世界在结构上与有机体非常相似，也有动脉和静脉，周身还弥漫着一种元气与活力，其核心便是风水。人们相信，正如身体中的一些器官相比其他更为重要，在一个高度集中和强化的国家，风水也只能存在于某些地方。

风水能带来积极影响的地方，人们希望得到的好处是：身体的健康，家族的兴旺，以及生意的兴隆，他们的近邻也能跟着受益。但中国人最看重，也一直在追求的福祉，是子女能够将其父母安葬在这些风水宝地之中。

为父母亲的坟墓选择一处福地，被视为决定其家族命运的首要大事。人们相信，风水的影响力可以施加在死者尸体之上，并能通过他们传递给子孙，就算后代们可能已经分散到各个地方。

中国人对风水理念做出的解释，就像下述事实一样，完全是出于想象：据说未来的安葬对象健在之时，他们就开始筹备挑选墓地了。如果所选之地开挖时就呈现出非常独特的地貌，即能显示其土质与所包含的风水等级。一些地方散发出某种烟雾或煤气，则被视为环境非常吉利。有些地方能发现新鲜的树叶和花朵，或者一些活的生物，例如蛇和爬虫，则被设想为充满活力的大地之自然产物。据说一些坟墓的优越性表现为，其建成时，墓中的灯笼一旦点燃，就能在随后的多年中长明不灭。这些被普遍公认的事实，其证据无非是“人云亦云”。一些坟墓中挖掘出的遗体并没有腐烂，这就为此种普遍流行的迷信观念提供了证据。

风水这种想象中的科学，在中国几乎得到了全民一致信奉，而且除了少数可能的特例之外，知识阶层相比普通民众，对风水的立场更加坚定。在中国论述风水的著作五花八门，其所包含的体系与理论也是不可胜数。还存在一个称为“风水先生”或“幸运博士”的职业阶层，其特殊业务就是调查及应用风水学原理。他们中既有和尚与道士，也有不属于两教的人士。这些人通常装出精通科学、学问渊博的样子，在谈话中大量使用行业术语，让对方难以理解，并以强烈的崇拜与顺从感来尊敬。有些风水先生获得了极高声望，经常有人远道而来邀请他们，并为其服务支付高昂费用。雇主要求风水先生指出一座坟墓最为理想的大致位置，并敦促他们即使绞尽脑汁也要确定幸运地点。这些术士写下死者及其他家庭成员的生日与忌日，接着花大约一两天工夫，详细调查乡间地貌，包括山地、运河、水道、龙脉和宝塔，以及它们的相对距离和方向，接着回到家中，研读书籍和图表，直到推算出最佳方案。有时选择的地点可能位于邻家的地盘，可能的话，死者家属会不惜一切代价买下。死者下葬之后，如果有儿孙在经商或科举中取得成功，或者生子添丁，都能证明家里有了好运，当然也要归功于正确选择了风水先生，并挑对了吉地。

“风水轮流转”是风水理论中必不可少的一则信条，其目的是为风水先生们的预测失灵开脱，并可以解释同一家族的不同世代会有不同命运。如果家族中的某位成员遇到了特别的坏运气，通过这种简单解释很容易找出原因，那就是虽然墓地位于吉地，此人必定在前世犯下了过错，至今仍未弥补。

从最高权威到至贱奴婢，这些迷信思想风行于社会各阶层，以下事实中反映了上述观点：在两大对立王朝发生战争与对抗之时，每一方都会处心积虑地毁掉对手的祖坟，并认为自己这么做，就是阻止仇家通向成功之路的最有效手段。在致力于镇压太平天国暴动的过程中，朝廷就采用了这种权宜之计。1855 年，广西巡抚发布公告，声明已将杨秀清（当时暴动的核心领袖）的祖坟挖毁，在坟中发现了一只绿毛龟并将其杀死。这个奇观的存在与毁灭已被证实，并能很好地解释这位雄心勃勃的东王，为什么之前会连战连捷，之后却很快倒台，惨不忍睹。

在中国，一个家族如果与另一家族结仇，通过毁坏或者损害仇家风水来寻求满足或报复的事情屡见不鲜。常用手段是毁坏其家族名人的坟墓，或砍掉其周围的树林。如果官府收到有关破坏风水的起诉，他们就会当重案来慎重对待，并对案犯严加惩处。

中国的风水先生事实上都是诈骗高手。他们不仅成功地使整个国家屈服于这种幼稚可笑、没有根据的迷信，还给千家万户带来了无休止的麻烦和纷争。坟墓左侧的位置通常被认为是尊贵的，因此属于家中长子；右侧离坟墓最近的位置则属于次子。这样一来，不同家庭成员在墓园中的相对位置就可以固定下来。但现在，某个人依山或朝河的位置被认为是吉利的，而另外一人与之不同的依山或靠近某墓，却被视作不吉利。这些让人信以为真的利益，不可能不引发矛盾冲突。同一家庭内部对同一地点都会看法不同，有些人竭力想得到它，而另一些人却坚决反对。因而就父母亲的安葬地点产生口角甚至对簿公堂，进而一辈子争执不休。还有更为严重的，长辈已经去世了，子女们却因为对风水的不同理解而起纠纷，这就让老人无法安葬，有时甚至一拖数年，在此期间死者尸体只能放置于密封的棺材中。有人仅仅因为当年的干支序列与自己的星相冲突，就要将葬礼推迟或长或短的一段时间。

在宁波有一个流传甚广的故事，通常可以作为真凭实据来证明风水理论在中国存在之广，作用之重要，并且能进一步详细说明中国人对此观念的理解。故事说到，明朝有一个姓杜的穷人死于瘟疫流行之时，没有亲友替他打理后事。当局为遗体提供了一口薄棺，并安排几个乞丐将之抬过河，在对岸随便找个地方埋了。当乞丐们抬着棺木穿越田地时，捆绑棺材的绳子断开了，他们因此决定将它扔在原地。现在的问题是，棺材的头应该冲向哪里。众人决定，将抬棺材的竹竿随意向地下一丢，让它来决定方位。就在这时出现了一位风水先生，此人一直在寻找吉地。他已经注意到，眼前这块地方就是一处非凡的风水宝地。就在他致力于寻找风水至高点的准确位置时，却看到了刚才的一幕，因而自己的全部辛苦也成了徒劳。他来到棺材放置的位置，并测量了各个重要地点的方位之后，不禁大叫起来："为什么啊，这里就是我曾经看到过的黄金宝地啊，可是，它现在却被别人意外发现，还给占住了！还好他们缺了一样东西，棺材的方向离最合适的位置线还差那么一点点！"当术士还在自言自语，感慨上天因为体力要将如此重要的恩惠赐与这样一个穷光蛋之时，一个抬棺的人过来拿走了刚才从棺材上掉落的绳子，棺材经他们这一拉，正好准确无误地放在了最佳地点。以后的结果是，这个术士心灰意冷，从此放弃了自己的职业。而那位只有乞丐为之送葬的杜某，却给儿子带来了鸿运。后者最终坐上了帝国第三把交椅，位高权重，受人景仰。这个故事，也许源于明代朝中大臣中有很多都出自杜氏家族的事实。

将风水原理应用于房屋建筑中的方法，与坟墓的定位与修建不尽相同，两类工作通常也不由同一批人来完成。中国各地的房屋都是由多少有些特色的建筑所构成，它们之间由院落隔开。据说，所有住宅都要受六种星相支配。左侧建筑要受青龙星的控制，右侧则服从白虎星的操纵。诸如此类。龙厌恶污秽，而虎则害怕炎热。因此住宅左侧前方，也就是龙鼻下面，严禁倾倒垃圾；而厨房一定不能建在虎的头部和尾部。房屋右侧的后墙一定不能修得太高，因为老虎将尾巴抬起，意味着他准备扑向猎物。人们相信，忽视这些明显的不当行为，将会令家庭遭受血光之灾。以上就是房屋修建中，以普通民众的理解能力能够明白的、最重要的一些风水原则。这门学问的具体细节，还得由专业的风水先生们来掌控，但他们很大程度上，是被自己的异想天开所驱使。例如，如果房屋正门位于某个星座控制之下，这一家就很容易招来盗贼的破坏；如果由另一星相支配，他们则可能会有某种不幸。在一年循环当中，如果一扇门固定地朝向某个方向，在来年中继续如此则是不明智的。如果一扇前门出于当街开放的需要，只能立于不吉利的方位时，为了能在一定程度上消除随之而来的坏运气的恶劣影响，可以将经过门前的小道修得迂回曲折一些，尽量不要太平直。当家中有人身患重病，或经商亏本，或没有儿子延续家族姓氏时，这是中国人认为的最大不幸，我们所能看到的事实居然是，他们认为自己请错了风水先生，因而就重新再请一位。新来的这位一定会仔细地检测整个宅院，之后总会胸有成竹地宣布，他的前任在测算时遗漏了一些重要因素，或者犯了某些错误。他可以高兴地告诉这家人，自己对所有情况已了如指掌，因而能够使一切井井有条，不再有误。他的建议通常会如以下所述：你们必须要关掉这扇门，并打开那边的另一扇。厨房和灶台必须要重新规划；你们应当调整餐厅和卧室，如果只能继续住原来的卧室，至少要把床的方向调整一下。当这家人遵从指令完成调整之后，心情也随之平静下来。如果来年的结果吉祥如意，他们必定还会聘请这位风水先生来到家中，再度为他们服务。

据说狂热追求科举功名的学子，如在某类窗下学习，就能在考试中胜出。如果这种窗架无论怎样也找不到，可以通过一种外部屏风来补救，或者夜里在窗顶悬挂灯笼，来使吉兆略微改变方向。

据说某人如将自家房屋地基修得比邻居都高，他就必定会得到很大好处。这种迷信导致的后果，就是外国人发现自己在中国城市难以建房，特别是建立教堂。为数不少的中国人去当地领事馆抱怨，说外国人完全不顾及风水原则，因而对本地人利益的侵害与日俱增。许多事例可以表明，中国人在这个特别问题上有着深重戒备，并把许多不同灾害都归结于外国人的住房。

若干年前，宁波要修建一座天主教堂，这令当地居民非常恐慌。教堂越修越高，超过了其他所有建筑，当地人的担忧也随之增加。而随着教堂尖塔顶部以安装一只风信鸡而竣工时，土著们已经是怒不可遏了。这座城市中一处名为蜈蚣街的地段，形势特别危险。它的得名是由于道路两旁的小街或巷道分岔很多，非常密集，类似蜈蚣的无数细腿。靠近街道尽头的地方，是本市钟楼，城墙内最高的建筑，它被视为蜈蚣高高抬起的头部。那座新落成的教堂之尖塔，对整个城市来说都意味着邪恶，特别是对钟楼危害无穷，它篡夺了后者在高度上的领袖地位；而对蜈蚣街来说，那个风信鸡尤为可恶。因为公鸡以各种昆虫和爬虫为食，其中当然包括蜈蚣！当地的风水先生提出了警告，但外国人根本不予理睬。后来蜈蚣街发生了火灾，其中部分建筑连同这座中式钟楼都被烧成了灰烬。这对整个城市是不幸的，但对风水先生的声誉来说，却非常有利。外国领馆收到的抱怨变得越来越紧迫，但来此的中国人毫无疑问都遭到了耻笑。这些人回到家中，也许会抱怨："愚蠢的外国人既不愿意，也没有能力理解有关风水的任何事情。"他们被迫再度求助于风水先生。据说其中一位先生非常愉快地建议道："虽然说公鸡能吃蜈蚣，野猫当然也能吃公鸡。"于是在对着这座可怕的外国建筑的一面高墙上，画上了一只极为丑恶的野猫，这是本地一位杰出画家的作品。说来奇怪，不久之后，这座天主教堂就真的倒塌了。似乎是出于向教堂示威，重建的中国钟楼比原来高了两三层，再度平和宁静地占据了城市的至高点。有些人将教堂倒塌的原因归结于其所用砖瓦没有充分烧制，但本地人却声称，那些无知的外国人，对风水的原理和效果一窍不通，教堂的坍塌就是典型证明。尽管我们想尽一切办法劝说本地人抵制这种观念，他们都会举出上述那些似乎验证充分的事实，以及风水书籍中所记载的类似事例来否认。而这些事例无论是在中国还是别处，确实是很明显的事实。

在中国许多地方有一种不变的风俗，只要新房动工，在框架搭建完成之后，连续几个晚上在高杆上悬挂火红的灯笼，以便为新住宅吸引鸿运。在晚上，持续的锣鼓声还会制造出巨大的响声。出于自卫，左邻右舍被迫求助于类似手段，以避免自己的福气被带走，因而将自家的灯笼尽量挂到最高处。在这种情形之下，周围邻居家呈现的风貌，加上锣鼓喧天和灯火通明，无疑就像是庆祝重要节日。

如果一座房屋周围全是比它更高的建筑，而且其他住宅的屋角都指向它，这样的住所就被视为不吉利。暴露于这种情形之下的建筑想要消除负面影响，就应该在屋顶的盖瓦上绘出宝剑，以及张开大口的雄狮猛虎，以及其他类似的动物。这些画像的位置，要正对着那些危及自家风水的建筑。有时，屋主也会使用镜子将邪恶之兆反射回去。在这些情况下，这个主意不仅在于拒绝凶兆，还包括了吸引唯有如此才能拥有的福运，以及将风水彻底倒转的积极因素。如果一间屋子建于街巷的尽头，其两边都有伸出的岔路，据说就总是免不了受凶兆支配。厄运会沿着街道潮水般袭来，并将其打倒。人们通常会在这些地方树立一块石碑，上面刻上“泰山石敢当”几个大字，意为“我是，或者我代表泰山的岩石，而且会无所畏惧地抵御你。”泰山是帝国境内最大和最知名的山峰之一，作为一座石山，它不仅能抵抗一切厄运，而且是吉兆的源头。因此这一山名也被用作抵抗厄运不良侵袭的符咒。没有人能够证明这些石头确实取自泰山，有时一块普通砖头上也会刻上泰山名号，这无疑会让人觉得好笑。

在开通运河或者修建桥梁时，首先要考虑的正是工程对当地风水的影响。有些本来很适合修建运河的地方，由于一位德高望重的风水先生曾说过此类运河会毁坏周边风水，从而被迫远离这种交通方式所带来的方便。在特定地点修桥时，周围居民也会臆想，哪家因此会带来好运，而哪家又会遭遇不幸，纠纷和诉讼就随之而来。通常的解决办法，是据信能得到好处的家庭，向其不太幸运的邻居支付一笔费用。

有些地方桥建得非常低，每逢水位高的时候，要从桥下通过，就必须把船顶拆掉。对于这样的极大不便，人们通常都能容忍。这并非因为修桥所必需的花费有些偏高，而是由于周边一家或者几家富户的影响。他们认为是桥给了自己致富的好运，担心如果在土地表面有了重大变动，自己的运气也会随之被打破。

并不熟悉外国人的中国本地人，往往会想当然地认为我们和他们同样重视风水，并且觉得我们对于“天地”的原理有着更为出色的认知，就必定能为自己找到最幸运的地点。西方人喜爱拜访名山大川，采集矿石与植物等习惯，在他们看来，都可以归结为寻找贵重金属和宝物的吉兆。当我们驻足欣赏美丽的风景或地貌时，喜欢看热闹的中国人总是会评论道：“他是在看风水”。有一次，我在山腰正观察一处美丽景点时，发现了一个为其父亲的坟地选址的年轻人。当看到一位陌生的外国人出现在这样不同寻常的地方，他肯定感到吃惊与好奇。但他所从事的事宜，让自己对这里有了更多的兴趣和焦虑。因此，他一上来就问：“我真的已经找到一块宝地了吗?”

少数更有智慧的中国人与老外长期交往，也知道我们对这些幼稚可笑的迷信思想根本就不屑一顾。他们有时也会谴责其中一些最为明显的谬误。这些人公开鄙视自己同胞一些观点的荒诞不经。但很显然，他们在其他方面还是暴露出了自己的弱点。

第十三章　种类繁多的占卜术

在一个如中国这般不相信基督教并充斥迷信观念的国度，其经书既历史悠久，又内容庞杂。揭露未来秘密的理论和方术大量存在，这显然不会出乎人们的意料。一些这类神秘方术的深奥特征，甚至连那些使用它的算命先生都不能充分理解，因而将其影响力归因于自古以来的声望，本章将会对各类占卜术略加描述，但未必能给出令所有人满意的解释。

在占卜的实际操作中，“八卦”得到了广泛应用。它由生活于大约公元前3000年左右的伏羲帝发明。公元前十一世纪左右，文王，即有文化的君主，及其儿子周公，将八卦发展成为六十四卦，并补充了更多的概念与解释。大约公元前六世纪时，孔子将这些古代文化遗迹收集起来并编成《易经》，意即“变化之书”，使之得以长存，直到今天，它依然是最受推崇的古代经典之一。这些卦象不过是一些任意编造的符号，因而其本义也不能令人满意地确定。但据说，这些卦象中包含的原则是：宇宙从混沌状态中进化成型，发生于自然界的一切变化，都要遵循恒久不变的必要法则。那些声称能够预测未来的术士们，之所以经常能赢得声望，一是得益于大众的轻信盲从，二是从这部奇书中获得了某些新观点，或是熟读了他人所著的解读易经之作。他们认为，隐藏在这些卦象中的智慧宝藏从来没有被充分挖掘，如果谁拥有锁的洞察力，能发现打开这座宝库的钥匙，他必然会得到极大好处。在中国人中间有一种很普遍的说法：“假如那些外国佬，费尽心机，不择手段，能使自己拥有易经的话，整个世界都要受他们支配。”另一种传言，说的是老天不允许任何人将易经带出帝国，因此当有人千方百计将其偷运到海外，并似乎就要得手之际，航船就会在穿越大海时遭遇大风暴，最终被海水吞没。

周朝的统治持续到了公元前249年，[①] 在其后期，鬼谷仙子将易经应用于占卜术。因此，他被称为“占卜之父”，不过他没有任何作品可以流传到今天。在当今和之前的历朝历代中，有关占卜的书籍数量庞大，其中最为有名的莫过于《卜筮正宗》，它创作于康熙四十八年。此书共分为六卷，对占卜术这种精心构造的无稽之谈做了系统详尽分析，其他任何著作都难以做到这一点。此书前言对其内容做出了清楚解释，可能其他书籍也会如此，但这部作品很容易让读者联想到一名庸医，在别人的地盘上诋毁他人的药方，同时尽情吹捧自己的假药。前言中还真实生动地描述了广大民众因其所提倡的这种迷信体系所造成的伤害及承受的不幸。以下就是其大部分内容的译文：[②]

夫卜筮之道，通于神明，所以断吉凶，决忧疑。辩阴阳于爻象，察变化之玄机。此其意为至精，而其事为至大。圣经曰：“至诚之道，可以前知。”故问卜者不诚不格，占卦者妄断不灵，此二语实定论也。每见世之人遇事辄卜，而诚之一字昧政焉罔觉，或饮酒茹荤，或邪淫不洁，迨至临时祷告，遂欲感格神明，不亦惑乎？更有富贵之人，视卜为轻，或托亲朋，或委奴仆，不亲至其悃忱，故卜而不应，占验无灵，遂委罪于卜筮之家，而不自知诚有未至，此问卜者之过也。至于卜筮者流心存好利，借卜为图，既如疾病一节，为问卜莫大之事，乃有丧心之辈勾通僧尼道观，讲定年规定节礼，三七二八常例，妄断求利；[③] 看卜者之贫富为之判断之多寡，妄断某寺某观视忏几部，某庵某庙诵经几日，卜者心慌意乱，无不依从。在富者费用犹易，其贫者至于典衣揭债，弃产卖物，一时有手足无措之苦，以冀其病之荃可，究竟礼忏未完而病者已死，诵经甫定而病者告殂，则何益哉？此串通僧道之害也。更有初学医生，脉理未谙，嘱令引荐，令卜医者指明住处姓名祷告，因而荐举不知。卜者所不过年规节礼之

① 译者注：应该是公元前256年。

② 译者注：《卜筮正宗》用文言文写成，作者用英文进行了翻译。

③ 原书注：算命先生将其服务对象打发到某个特定寺庙去祭拜，作为回报，他可以分享寺院僧侣的部分收益。

微，而病者顿遭庸医杀人之害，此串通医生之祸也。二者郡城恶套，处处皆然。予垂帘街前，遂有若辈来相蛊惑，予誓绝之。一一照卦细断，无不响应。此非课学之精，实无妄言之失也。今幸有稍有得，偶辑《卜筮正宗》一书请教高明，而犹恐问卜者有不诚不格之误，占验者有误断不灵之害也，故首识之。

任何城镇或乡村只要有相当规模，就会遍布这类算命先生。他们中的盲人并不少见，这些人都会有个助手。他们占卜算卦的方式如下：当有人希望就自己的状况进行解读时，占卜者就交给他们一个小盒子，里面盛着三枚铜钱，他们会用双手毕恭毕敬地捧着，然后绕着插在每位占卜术保护神画像之前的香炷比画个圆圈。在这些画像前磕完头之后，占卜者继续毕恭毕敬地走到门口，恳求上天的援助，并以类似以下方式呼喊："今天，鄙人——，居于寺庙附近——，为了家人的病情（或其他可能的原因），特来到这里求卦占卜，请鄙人得知真相，无论是吉是凶。"这些仪式完成之后，问卦者将装有现银的匣子交到占卜者手中。后者在问过几个问题之后，就在放置香炉的桌前，以更为虔诚的表情摇动匣子，他接着以某种方式反复祈祷，诉求对象往往是这门神秘技艺的保护神。其祈祷词在前面提到的那本书中有记录，如下所述："上天虽无语，但却有求必应；各位神仙定来相助。如今有人祸祟缠身，难以排忧解难，敬请诸神为在下指点迷津。"说完之后，占卜者继续摇动匣子，并连续三次将铜钱掷于供桌之上。他每次都会仔细观察其朝上的一面，根据这一行所采用的说法，每次呈现的都是八卦的一种卦象。经过另一祈祷之后，铜钱再度被掷三次，这三种卦象与前面结果的不同组合，就表示六十四卦的一种。占卜者以这种方式会决定出一种卦象，接下来的问题是如何解卦。做出解释要考虑到三个截然不同的因素，因此每一个卦象都会有无穷无尽的解读方式。这三个因素是：求卦者的具体目的，表示当月两个字符的意义，以及表示当天字符含义。上文提到的那本书，其很大一部分内容是提供详细的指导，以使占卜者对各种情况与环境下可能出现的卦象都能进行正确解说。占卜者对人性观察入微，他的大部分解释，都是以自己对问卦者性格与生活环境狡猾地间接盘问为基础得出的。随后，占卜者会将卦象连同其解释写出来交给问卦者，后者有时会另换个地方找不同的先生再次解读。这些预言家所得到的收入有多有少，要根据问卦者的家境情况，以及所问事宜的重要程度而定。之前已经讲到，做这行的人还有一个重要收入来源，他们很多人都为僧侣和郎中介绍业务，并因此能得到相当丰厚的报酬。

上述的占卜方式称为“测吉凶”，其目的是确定一切当前的困难或紧急问题。如果问卦者的情况并非很紧急，只是对自己的生意进展有所疑虑，或者对来世生活的一般命运产生好奇，就会求助于另一种预测未来的方式，称为“算命”，即“估算人生”。中国人相信在测“吉凶”时，占卜的准确程度决定于对卦象中包含的不可思议、恒常不变的原理做出的正确解释，同时也需要天神的指示，后者的帮助被认为至关重要。据说在算命中，从业者仅需借助一套秘传绝学就能预知未来，不需要祈求上天的特别援助。算命最常用的方式就是“测八字”，有时也称为“批命字”，即“检查纸上的寿命”。要描述这类占卜术，有必要首先介绍一下中国人计算时间的方法。这是通过以六十为周期的循环完成的，并为年、月、日、时命名。它包含有六十个双音节单词，这是由两类字符组成的，它们分别各有十个和十二个单字。中国人认为前者代表天①，或为阳性，后者代表地②，或为阴性。前者中每个字可以用六次，后者中每个字可以用五次。这些由两个字组成的复合词可以用来表示连续的六十年、六十个月、六十天及六十个时辰，这六十个名字无限循环轮转，它们对时间的分割有大有小。这些由两个字符构成的单元，据说每一个都与“五行”，即金、木、水、火、土中的一个有着某种神秘联系。

通过上述的初步观察，我们对“批命字”的操作方式就会有一些了解。一个人登门求助算命先生，通常会询问自己目前的人生是否吉利；而对生意的进展，住宅的变换，科举的前景等问题，则会特别关注。算命先生首先要求来人说出自己出生时的年、月、日、时，表示时间的这四种分类的字符组合就构成了“八字”，这是算命先生测算的基础。

---

① 译者注：即天干。

② 译者注：即地支。

本章中的许多信息来源于中国人的生辰八字，它可以充当一个典型范例。其中最为重要，或者起主导作用的，永远是表示出生日期的天干。试举一例，如果一个人的天干碰巧与五行中的木或树相关，就说明此人的一生与树有某种神秘联系。如果他出生在秋天的某个月份中，这一时节对于植物的生长和繁茂相当不利，因此如果没有一些特别的原因来改变，我们就可以得出结论，这个人势必永远柔弱无力。另外，如果代表月与时的干支与金相关，金可以克木，这样一来，此人的命运更加险恶！如果其他两个干支与土相关，土生金，这就使此人的状况越发的凄惨不堪！但另一方面来说，如果八字中有一个与水相关，水能促进树木的生长，这一幸事，加上其他不好解释的吉兆，在一定程度上就能够抵消不利因素。每次操作中，算命先生都致力于在正面与负面影响之间制造某种平衡，这样就能为自己的瞎编乱造留下余地。从事这一行的人，都是人性的机敏观察家。在每次算命中，询问者的境遇及相貌，以及算命先生通过一些微妙问题得到的信息，在很大程度上决定了其应对方式的本质。八字不仅作为基础，决定了一个人在算命前后的命运，甚至也能用来预测未来若干年的吉凶。据说一个人以后任意年份的命运，都决定于代表这一年的干支与此人八字中首字之间的关系，是吉还是不吉。因此，经常可以听到某些年头难过的说法。一部名为《子平渊海》的四卷本著作，详细记录了有关这类占卜术。

占卜同样可以通过推算星相来进行，这种方式更为复杂精密。据说，人生中的重大事件都要受二十八宿控制，因此每个星宿都是凡人的崇拜对象。用这种方式预测命运时，星命术士会为每位问卦者准备一张代表其星相的图纸。首先，术士会画出一张圆形的地图或图表，将其外围划分为有长有短的在分区，并将二十八宿分别安排在各个区域内。上文提到的生辰八字可以决定，当一个人出生时，他将受到哪个特定星宿支配。从这一点开始，据说人的一生就会以这种固定的周期循环，并以有规律的顺序，依次受到不同星宿的影响制约。任何一个特定星宿对人生影响时间的长短，可以根据中国节日计算确定。试图对这类占卜术进行详细解读是困难的，也没有用处。相比其他占卜术，占星术更能赢得中国人信任，或许是因为它更为神秘，或许是人类有将其命运与天体影响联系在一起的自然倾向。

一些人推测占星术和炼金术都起源于中国，随后由阿拉伯人引介到欧洲。这种说法不无道理，但让我们回归主题。星相术士通过参考不同的图表，并经过长时间推算，最终为问卦者完成了一张星相图表，并附上了或多或少的模棱两可、言辞精致的解释。这种占星术可以测出一年中的祸福，也能判断多年里的吉凶。它能大致描述出一年之内的命运起伏，或者每个月、甚至每一天的特定情况。当需要预测的时期越长，其推测就越详细，文字记录甚至能装订成册，有时，问卦者只需要支付几块银元就能得到。

有关中国人受到星相影响的迷信观念，可以通过宁波知府致英国领事馆的一封信来证明。这封信写于 1850 年 4 月 11 日，涉及的是外国人在本城购买一处宅基地的事宜。这块有争议的地点位于一片废墟之中，据说是一座宅院在大约 400 年前焚毁后的遗迹，当时一家人均不幸遇难。从那以后，由于担心有鬼魂隐藏在废墟中，一直没有人敢在此地建房。这位中国官员用阴森恐怖的的笔触，描绘了一处鬼怪经常出没的地域，在寂静的夜晚经常能听到阴森恐怖的尖叫与呻吟。这样的环境显然不适合居住。他进一步说道："另一方面，对星相图表的解读显示，给本地诸事有严重影响的灾星，将会与卯、寅两个星位对应，两者的意思是中心，或中央，因此显示在今年之内，中心地带的一切区域都会有灾祸。上述废墟几乎就在城市中心，下官担心在此处做任何重大变动，都会引发本地百姓的各种抗议。"

在宁波的街道上，总是能看到一群盲人预言家，他们由一个助手引导，通过在一种琵琶或三弦琴上演奏动听的乐曲，来宣示自己的到来。通过别人的口头传授，他们粗浅地学到了一点上述占卜术的常用技巧，此后就开始操练某些算命书籍上记录的最简单法术。这些人最喜欢说长道短，通过与别人相互打听，在开展业务的周边街区，他们对住户情况可以说了如指掌。盲人术士特别擅长通过间接发问来探听实情，而给出自己的预言时，却喜欢用含糊不清的语句。他们给出结果时喜欢唱出来，而且还会有乐器伴奏。这些人发现，女人最容易上当。这类服务每次得到的收入是十八到二十个铜板——还不到两美分。

与上述算命方式关有紧密联系的，是订立婚约时广泛采用的"对八字”。这个过程并不复杂，可以由前述的任何一类算命先生来完成。八字即表示一个人出生日期中年、月、日的干支。在男女双方家庭准备达成一项婚约时，女方的八字必须交到男方亲友处以便查证。这些人会对八字仔细审核，看是否吉利，特别是要看与男方的八字是相符还是抵触。在这些事情中经常会有欺诈，男方所收到的，也许更多是伪造或调包的八字，而非女性情况的如实反映。

除了这些众所周知，被视为最可信和最灵验的占卜方式之外，中国还有其他种类繁多、但通常并不受重视的方法，也值得在此一提。一种方法是让小鸟参与占卜，后者经过训练，可以叼出上面写有吉凶之兆的纸条。蛇和爬虫可以同样的方式使用，算命者根据它们头所指的方位，来挑选出相应的纸条。

有些人希望知道在前世与来生自己是谁，又会做些什么。一类算命先生就靠满足他们的好奇心而讨生活。进行测算要使用描述一个人三生的地图或图表。算命先生首先要求问卦者说出自己的姓名、出生日期、以及现世中为人所知的主要经历。然后就可以告诉此人，他的前生和来世的姓名、职业及住址。对于那些在当世中生活不幸的人来说，如果告诉他前世或来生既财源广进，又地位崇拜，这不啻为一种极大的安慰。这种透露过去与未来的方术，其好处在于结论是无法被反驳的。不过，与上述的其他占卜类型相同的是，如果事实与预测并不相符，算命者依旧坚持自己是正确的，事态本来应该按他们的预测自然发展下去，但占卜似乎失灵，一方面源于问卦者前世积下的太多罪孽需要在今生偿还，另一方面，他现世的功绩带来了意想不到的回报。总之，问卦者是福是祸，都是今生或前世的修为引起的。

召神问卜及通过巫术与亡灵对话的方式，在前一章已有描述，此处不再重复。

相面术是另一种能够了解人的性格与未来的独特方术，中国人已就这一主题创作了多部内涵丰富的著作。如今流行于中国的相面术，与西方的骨相学可以说大同小异。它关注的也是头部的大致轮廓，头盖骨的不同起伏，以及面色。各种相术图都非常详细地描述出了头颅的各个部分，以及它们固有的特质。与这门手艺相类似的还有手相术。男人需要测左手，女人则看右手。中国人认为，头颅的不同部位与“八卦”有着某种对应关系，一个人在其一生或一段时间内，要受其一部分或一种卦象影响与支配，而另一时期则由另一部分控制。与相面术关系紧密的是感知身体骨头的相骨术，据说通过揣骨可以判定一个人的性格及未来命运 。相面术师可以根据人的外在特征说明其未来福祸，也可以根据神佛雕像的形状与特点，来判断其未来命运。在雕像还没有离开工匠的店铺时，声称拥有这方面知识的术士们，就会来预测哪一尊能带来最大声望，并能吸引最大数量的信徒前来圣殿朝拜。

用鸟类和纸符来占卜的算命先生

中国人另一种确保办事顺利及未来前程的占卜术是选择吉日。其实每一天的不同特征都清楚地标注在皇历上，平时只需要看看它即可。不过，如遇到更为重要的事宜，就有必要进行一次更加特别的测算，一个人如果想在开启事业或创办商铺时鸿运当头，就需要前往专业择日先生的店铺求助。这类小店为数众多，而且从街上走过时，你常常会看到一些表情凝重的择日者，手里提着毛笔，被其遍及城乡的众多客户团团围住。中国人相信，每一天的特征都由支配这一天的星宿来决定。有时一天在几个不同星宿的联合支配下，就可能吉凶参半。这种情况下，就有必要测算哪一个的影响力占到上风，并分析不同星宿与特定目标和事宜之间的关系。在商铺开业、学校开学、房屋动工、婚期确定、或者从事任何重大活动时，吉日的选择都会被认为是绝不能忽略的要务。如果一所学校的开学日期属于灾星支配，据信学校就要流行疫病，威胁师生的健康。如果一个人在某些星宿支配的日子出门远行，他就很可能遭遇无法回乡的危险。在那些所谓的吉日里，再没有其他什么，能比迎亲的庞大花轿队伍更吸引旁观者的注意力。伴随新娘的还有众多随行人员，敲锣打鼓更是不必不可少。在中国各地的大街小巷，总能看支这样的队伍。

如果一个人出生在某个不吉利的日子，就会被认为一生都要受其不利影响。而择日先生无论采用什么方法，都无法回避这一现实。如果一个女孩的出生日期，正好被俗称“扫把星”的星宿控制，人们肯定会对她充满怀疑。普遍认为，哪个家庭娶了她做媳妇，家中的幸运就会被一扫而光。而在“咸池星”支配下出生的妇女，生小孩时会特别危险。排除这种灾祸的方式也极为特别。有些人将此星宿名的第一个字误以为是同音的另一个字，也就是“盐”，因此将“咸池”理解为“盐湖”，并对与之相关的凶兆产生了含糊不清的怀疑。有时在这位不幸的女士分娩之前，她的一位朋友会秘密地将一些盐撒入这家人的水缸中，而如果另一个人并不知道之前发生的事情，无意之中喝了水，并宣称水味太咸，咸池的魔咒就此解破。中国人在不同情况下，消除预期中的凶兆之法可谓是名目繁多，以上不过只是其中的一个范例。

一个人出生的特定年份，同样会影响其未来生活的进程。用来计算时间的十二地支都会与某种动物相对应。因此，据说一个人根据其出生年的地支，就有老鼠、公牛、老虎、兔子等不同属相。在某一特定地支或属相下出生的人，如果其出生年的地支与任何重要事宜或公共仪式举办日期的地支相冲突，就不得参与这些活动。例外情况是，如果某人亲戚的葬礼日期与其属相冲突，他还是允许参加的，否则就无法与亲人见最后一面了。适逢公共集会的日子，官府通常会在显要之处张贴文告，指出哪些属相的人参加集会是不吉利的，并要求他们当天待在家中。

本书忽略了其他类似迷信观念，但中国人借用梦境来寻找指导和启示的方式，值得在此特别一提。少数庙宇中敬奉的神佛，因能通过托梦给其信徒提供重要启示而显赫名声。在某些特殊日子，通常是一年中最后一个重要节日，这些庙中会涌来大批信徒，其中有些人是不远千里奔波到此。

大多数人的目的，是想请神佛指点迷津，以求在即将到来的新年里，事业能有所转机，境遇能有所改善。他们在天黑之前进入寺庙，焚香磕头，并在神佛面前说明自己的心愿。随后求助者就在庙里找个地方躺下来，往往不得不睡在冰冷的地板上，等候神仙的托梦。一些人幸运地做成了梦，遂按照自己的想象与偏好来解读一番；另一些人则将自己的胡思乱想也当作了梦境，他们当然会专注于自己最在意的那些事情；还有一些人既不轻信也缺乏想象力，他们做不了梦，也只能失望地打道回府。长途跋涉赶往遥远的寺庙是很不方便的，有时候一些人图省事，就在自家厨房里支张床，并期待灶神能给他托梦。

就其本质来看，上述迷信思想既轻佻无聊，又毫无道理，似乎根本不值得我们认真关注。这些观念之所以显得有趣并让我们重视，不在于它们是奇异的古老传统，而在于这就是当今中国的现实情况。此类迷信不是局限于少数人的神学探究，而是普遍流行的实际信念。它们禁锢了数千万人的思维，构成了妨害中国人接受基督教真理最为严重的障碍。这些信仰恰恰适合了中国人的渴望与恐惧本能，那些理性被其束缚与奴役之人，反而会顽固地抓住它不放。宿命论及千变万化的神仙鬼怪代替了全知全能、无所不在的上帝，因此想让中国人意识到其普遍权威与支配一切的天意，是相当困难的。

第十四章　中国的语言

着手写作中国语言的内容，对我来说既不大情愿，又有不少尴尬。因为要让那些从未对此做过专门研究的人理解这一主题是非常困难的。其原因在于：汉语和我们所熟悉的其他语言之间，完全没有一致性或相似性。这一事实为解释中华民族与世界上其他民族的完全隔绝，提供了一个有力的证据。

中国的书面语没有字母表，但每一个单字都有其独立的表示方法或字符，因此有多少单字，就有多少个字符。书面语最初形成的时期，距离现在必定非常遥远，当时的字符似乎都是表意的，而且数量非常稀少。例如，⊙代表太阳，　代表月亮，等等。这两个字符现在的写法是“日”和“月”。

要想为自然界每一种物体和思维中的每一种观念都创造出能够自然表达它们的符号，这几乎是不可能的，也就使得一些字符的使用难免会或多或少显得随意。例如，“人”指“man“，“不”指“not ”，“大”指“great”，“女”指“woman ”。有些字符书写起来像上述几个一样简单，但目前，更多的汉字是由简单字符组合而成的。例如，“洗”指“to wash”，“指”指“to point ”。“洗”是由左边的“水”即“water”和右边的“先”，即“before”组成的。“指”是由左边的“手”，即“hand”和右边的“旨”，即“meaning”或者“intention”构成。显而易见，在这个两字中，左边表意，右边表音，汉字中的很多组合就是这样简单地合成。例如，心这个单字，是许多其他代表思维能力和情感的汉字的组成部分。“人”与其他字符结合起来，表示人类的各种性情及不同关系。以此类推，汉字的不同组成部分都会为发现其意义提供一些暗示或者线索，也许同样能帮助了解其读音。当然，事实并非全都如此，因为一些组合似乎完全是随意的，例如“答”是“answer”或“respond”的意思，但却由“竹”，bamboo，以及“合”to unite组成。“儀”的意思是righteousness或uprightness，它由左边的“人”man ，以及右上方的“羊”sheep，及右下方的“我”I一起构成。

我特别提及汉字的构造，是为了纠正两种非常普遍的错误观念，它们都容易让人们产生这样的印象，即书面语更容易掌握，但事实并非如此。第一种错误观念是，现在用于书写的这种语言，被称作表意文字是恰当的。但事实恰恰相反，即使有少数字符起初似乎真的是这样，在它们今天的形式中，已经根本不能准确表示其指代的对象了。大多数的简单字都是，或者似乎是完全随意组成的；而合成字对其意义会有一些暗示，但也是非常模糊和不确定的。另一种错误观念是，认为汉语尽管没有字母表，其基本文字依然是按照一种由固定规则支配的体系来组织在一起的，和字母文字一样方便，至少也差不太多。但事实并非如此。不过，这种错误并非全无根据，只是一种认知程度上的误差。

六大卷的《康熙字典》中收录的全部字符数，大约是四万。不过，正如我们自己的大词典中所收纳的很多词汇一样，其中的大部分字符形式已经过时，或者很少得到使用。五千到七千个字符构成了所有日常使用的词汇。这些字符形式恒久不变，并且无论怎样都没有音调的变化。如果要区分数量和时态，则通过使用另外的字符来实现。

中国的语言文字，无论是书面语还是口语，都是严格的单音节。也就是说，每一个音节都单独成为一个单字。偶而两个或更多字符共同组成一个合成词，但后者依旧被视为明显的单音节词，如同我们的英语中的farm－house（农场）、foot－stool（脚蹬）等。

书面语，或称文言文的一个显著特点，是其不能如口语一般能被人理解。在这一点上，我想说的是它并非一种被淘汰不用的口头语，而是它不能充当一种口语交流的媒介，即使那些熟悉它的学者，也不能用它进行对话。它只适合于看，而不适合于听。将经典著作，或者其他一些书籍，甚或一封书信，读给一个并不熟悉其内容的人，即使此人对这种书面语极为熟悉，他也是几乎无法理解。对这一事实的最佳解释，可以归结于汉语的单音节特征。通过发音器官形成或能够用字母拼读的单音节词，其数量必定是有限的。在中国，在任何特定情况下使用的单字数目大约是五百，而人们日常使用的字符数目也就是五千多一些。这样一来，大约平均每十个不同单字，就会有同样的读音。许多不同的单字只听发音，并不能肯定地说出，它指的到底是哪个具体的单字。假设有人听《约翰福音》第一章，头一句是“Yun s yiu tao”①，听者头脑中很快浮现出这一问题，“Yun”到底说的是哪个字呢？其他字也有类似情况。当读书的人口中一个接一个地快速发出这些音时，听者的思维完全堕入了一种无所适从的茫然状态。在我们自己的语言中，也有这种类似情况：读音完全一样，却是完全不同的几个单词。例如 write 、rite、right 、wright；再比如，sound 可以是声音，可以是一片水域，也可以是测量之意。在前一组例子中，不同的单词虽然发音完全相同，但有不同写法，汉语中这种情况屡见不鲜；在后一组单词中，所有的单词描写和发音都完全相同。在我们的语言中，这类同音词寥寥无几，句子中的其他单词能够清楚地表明语意；对我们来说是例外的，对中国人来说却习以为常。

声调和送气发音的采用，使得单音节词识别起来的不确定性虽不能完全杜绝，但在很大程度上减少了。这样，四种拼写极为相似的单字，例如 chāng、cháng、chǎng、chàng，就可以分别属于它们的不同音调表达出来，在一个中国人听来，这种区别是相当清楚和很好理解的，就好像它们的拼写和发音完全不同。下面举例说明送气音：tien，加上一个送气音（在 t 和 i 之间 加一个轻微的 h ），就是“天”，意思是“heaven”；不加送气音，就是“点”，意思是“dot”。ting，加上一个送气音，就是“听”，意思是“to hear”；不加送气音，就是“钉”，意思是“nail”。这些重要特征既存在于书面语，也体现于口语表达之中。但是，正如之前所讲述的那样，它们并不足以使书面语被听者所理解。

① 译者注：即“元初有道”。

拿一个简单的矛盾来说（因为中国人似乎在一切领域都和我们对着干），我们读书时很少大声朗读，他们却几乎总是这么做，并不管是否能够听懂所读的内容。这一习惯，部分可能源于强迫，在学堂中一直是用这种方式读书的；或者是想通过出声读书来使注意力更加集中。但我认为，其主要原因还是在于，他们希望眼睛看到文字处的同时，耳朵也能捕捉到语句的节奏，这样阅读的快乐感觉就会得到提升。

但有读者可能会反对说："儒家经典不就是以中国书面语写出来的吗?""当然。""而且，我们不是经常听到中国人在谈话时引用这些经典语录吗?""是的。""当他们如此引述时，能够理解经典的内容吗?""当然理解"。"那这不就跟你刚才说的，文言文能够听到但无法理解不一致吗?"在英语中这似乎是一个矛盾，但汉语中并非如此。人们听到全新或不够熟悉的文言文章时，无法理解其内容；但如果听到一篇熟悉的文章，特别是能够背诵下来的，就立即会意识到，从而能确定每个单字或者发音，并在思维中呈现其所代表的字符。人们也许无法分辨某些单字或者它们重新组合后的发音，但熟悉旧的或熟悉的关联与组合。如果有人读前面例举的《约翰福音》第一章的第一句，每个读过圣经的中国基督教徒肯定能听出来，因为即便他从来没有听过这些字在其他文章中以同样顺序组合在一起的发音，也已经熟悉了这些读音及相关内容。那些根本没有阅读能力的中国文盲在引用这些经典时，同样能做到理解其内容。

想必有些读者会继续质疑道："如果像人们常说的，汉语书面语只适合看，为什么它不是表意文字?"这个问题的答案也许能对澄清上一问题有所帮助。举个很简单的例子："我希望你们去模仿史密斯、琼斯和布朗。"听到这个句子之后，各位头脑中不会浮现三个特别的形象，因为无数家庭都可能有叫这些名字的人，因此也就不会知道这三个模仿对象的特征。正如同听到三个单音节发音，并不能确定它们所代表的特定汉字一样。假如这三个人被带到了你面前，而你对他们完全陌生，仅仅通过看上几眼，你既不能准确地叫出他们三人的名字，也无从知道其性格特征。这三人的脸庞也许会像汉字一样表现出一些形象特征。你也许会认为，从一些想象中的家庭相似性可以猜出他们中一两个人的名字，或者从一个人的大致外貌上，你也能判断出他可能的性格及特质。但你所做的推断很难是正确的。不过，如果你非常熟悉这几个人，看上两眼就能让你想起自己所知道的他们的全部往事。汉字同样如此：对一个已经学习并熟识这些字符的人来说，它们传递到自己眼中的是大量信息；而对那些不认识汉字的人，看到这些字符几乎是任何意义也领会不到。

中国的口语五花八门，必须指出的是，它们都与上文提到的书面语差别巨大。不过，它们之间又非常相似。不仅大部分的单字，而且许多成语或语法结构，都完全一致。两者的主要差别在于，口语更为松散，经常要用两个字来代替书面语中的一个字。通过这种方式，那些意思模糊的书面语在讲述时就会变得清楚和明确。这无疑是个好办法。例如，“民”的意思是 people，一般人听到这个字很可能无法理解，但它在口语中的表示“百姓”，几乎不会有人不明白。再比如，“公”fair 或 just，“工”laborer，“攻”to attack，“功”，merit ，“恭”Respectful 和“供”to provide，以及其他一些单音节词，发音和音调全是 kung，不可能通过读音区分出其所代表的字符到底是哪个。但以下复合词“公道”、“工匠”“攻击”“功劳”“恭敬”“供应”等，人们一听到就马上能理解。前一个例子说明，口语中的一个复合词可以替代书面语中的一个单字，如百姓代替“民”；后一例子举出了同一词汇的两种不同形式，在书面语中使用单音节字，而在俗语中则与其他字符构成合成词。

书面语同口语的另一个不同点，是代词和小品词的区别（数量虽少，但却使用广泛），以及在语法结构、习惯用语和发音上的差异。

在许多方面，汉语书面语和口语之间存在的关系，类似于几百年前的拉丁语同欧洲各国口头语。拉丁语同这些口头语之间有许多相似之处，后者吸收了前者的一些内容以丰富自己。只有学者才能理解拉丁语，他们讲的是各国方言，但却用拉丁语作为交流媒介。而不识字者没有共同的交流媒介。在所有这些方面，这两种关系都存在类似性。

能理解和掌握中国书面语的学者不仅仅局限于帝国境内，还包括日本、琉球、韩国、满洲和印度支那。在这个世界上，汉语能传播得到并产生影响的人口比例，超过了其他任何一种语言。当不识字的人想要通过书信与在外地的朋友沟通时，他们会去求助有读写能力的熟人或者村里的学堂教师，并用当地方言向后者表述自己的愿望。这些学者则将前者的想法用一种新形式重新组织，然后用文言文写出书信。当书简送达目的地之后，收信人如果也不识字，就请能读懂信的人将其译为当地方言。通过这种方式，这些根本不能写字，或者不能用文字进行交流的人，一样可以相互沟通。

至于口头语的种类及各种方言间的相互关系，这显然有不同的说法。人们谈及中国口语时，经常会将之视为不同方言或同一种语言的不同变种。在一定程度上，这是正确的，但如果不加解释或限制，就很容易误导大多数读者，即认为它们能够以同样方式，被当作不同方言来讲述。在山东省，我和一位宁波人用宁波方言交谈，当地某位出色的学者，在专心地倾听了一段时间之后，无法辨识出哪怕一个熟悉的音节或发音，转而问我们讲的是否英语。来自南方和北方的中国人不能用各自的本地话互相交流，如同英国人无法同德国人或西班牙人沟通一样。在南方访问时，因为我习惯了宁波方言以及中国官话，在听当地人的长时间交流及用厦门方言布道时，起初我甚至不能确定一个句子或词汇。在广州时，我仅能识别很少词汇，却能了解布道的大致意思。

当然，要估计在中国有多少种不同的口语或方言，取决于一种语言与其他方言的差异大小或难懂程度，这也足以决定它能否被视为一种独立的语言。在多数情况下，各类方言间是以几乎觉察不到的细微渐变，逐步相互远离的。在中国南方旅行二十到三十英里，你可能会感觉到普通百姓语音的细微变化。如果行走八十至一百英里，这种改变就会更加显著，语言交流也变得困难起来。一次一百五十或者两百英里的旅程，无论朝哪个方向前进，都会将你带入自己的本地方言几乎没有任何用处的区域，除非你碰巧发现一个在这种地方话使用区生活过的人，而且他愿意充当你的翻译。

这些地方方言之间的差异，既在于不同的代词和小品词的使用，也体现在不同的词汇、表达、发音及语调上。如果有人快速讲出一种新的方言，乍一听来尽管似乎完全不懂，但稍加注意和探究，你就会分辨出以新形式表达出的熟悉词汇和语句。从一种方言向另一种过渡，相比第一次掌握它们中的任何一种都更加容易。经常可以看到，人们运用其学到的第一种方言，相比之后掌握的任何语言都更加精确和熟练，因为他们总倾向于将第一种方言的特性，带入以此为基础的其他语言之中。

在中国的有些区域，不同方言之间发生的变异要比其他地方来得更快，也更加广泛。北方省份与南方间的显著差异就能体现这一点。相比前者，后者的各种方言的变异程度要大得多。长江以南的方言种类繁多，而在长江以北，只有一种通用语言，或主要方言，其变异相对来说很不明显。拥有共同特性的方言可以归为一类或一种语族。那些使用人数众多的方言已被总结为书面语，并有自己单独的文献资料。其中需要特别提及的是广州话、福州话及北方话或官话。大多数方言并没有书写体，没有文献，而仅仅利用现有书面语中的字符，难以精确地书写它们。原因在于，这些方言中涉及的很多词汇都在书面语中不存在，没有可以表示它们的字符。

官话值得我们特别关注。正如前文所言，在中国北方几乎所有地区，虽然各地略有变化，但是讲的都是这种语言。清政府将它确定为一种常用口语，要求所有官员学习，并通用于整个帝国的所有衙门，因此得名为“官话”。外国人通常称其为“Mandarin”，这个词我个人认为是一个葡萄牙词汇，源于拉丁语“mando”，即命令“to command ”之意。汉语词汇是“官话”，也就是“官员的语言”。中国的大量文学作品用这种方言写就。因其作为一种书写语言的显著性与重要性，加之以官话创作的书籍，表现出的形式与以文言文写就的几无差异，有些人就认为官话与文言文是一回事情，这完全是个误解。官话不过是中国许多口语中的一种，它与文言或者文言图书的关系，和其他方言口语是完全相同的。官话的独特地位在于前面所述的三个事实，即它在帝国之中更大的区域得到了使用，它是整个帝国官员之间的沟通媒介，它还方便书写，并有大量的文献资料。

许多美国和英格兰人还有这样的印象：官话方言有别于普通百姓的语言，是一种由上流阶层和学者使用的的更加高贵和优雅的口头语。这同样是一种误解。在帝国的每一个区域，学者和上流阶层成员与普通民众一样，说的都是本地土语，而且他们一般也不会讲别地方言。当这些人前往京城参加科举时，通过经常听别人讲官话，就自然地越来越熟悉它。而当举子们在考试中脱颖而出并得到官员职位时，因为官话是处理国家公务的唯一通用媒介，他们自然必须要学习掌握它。帝国许多官员，因受其家乡土话或母语的侵蚀和妨碍，官话讲得非常不熟练。学者文人、有闲阶层及商旅人士，通常将官话作为一项专业技能或一种交流工具来学习。一个精通官话的人，在帝国几乎任何一处都能发现几位可以交流的知己；即便其他地方没有，衙门里也一定会有。

在过去三十多年里，一种非常独特的语言在中国沿海蓬勃发展，它被称为“洋泾浜英语”（Pigeon English）。它值得特别的关注，并非由于其字符或其普遍流行，而是因为在开放口岸，它几乎成了一种本地人与外地人之间交流的专用媒介。这种语言产生于两个民族生活环境的需要，它粗俗生硬，荒唐可笑，而唯一能够解释其存在合理性的，显然只能是极端必要性。不管是本国人还是外国人，哪一方都没有时间和机会去学习对方的语言，但他们又必须立即交流想法。这样通过相互妥协，一种主要由英语单词组成，掺杂葡萄牙语和汉语俗语的语言，就以修正或扭曲的方式构建出来。“洋泾浜英语”的“洋泾浜”，恰恰可以例证大量英语单词被改变或腐蚀的方式。这种新奇的语言主要用于开展贸易，因此在其中“business”（商务）是一个重要词汇。要让中国人读出这个词的发音，会发现后者完全无能为力，他的发音以任何精确度都无法理解或拼写，但与“pigeon”一词却有几分相似。因此善于变通的外国人，当发现中国人能够极为容易和精确地给出“pigeon”的发音时，就自作主张，将“pigeon”一词作为“business“的修正形式，因此，洋泾浜英语事实上就是“商务英语”（Business English）。我个人认为（在这一问题上我的观点并不权威），通过让“my”一词表示第一人称的任何数与格，而“you”和“he”分别在第二和第三人称中同样使用，我们随心所欲而又装腔作势的英语能够进一步简化。外国人对其母语还给予了哪些自由，这里就不再赘述。这种语言或者说土语，其词汇极度贫乏，也许总共就几百个单词。外国人只需要几周时间，就能够以他人可以理解的方式讲述，只要几个月就能相当流利地表达，并能用它来应对一些实际问题。想要与外国人打交道的本地人，通常会花一段时间，受教于宣称能教授“红毛话”的本国老师。而很多人以为，“红毛话”就是纯正的英语。另一些在外国机构任职，但只与本国同胞打交道的人，有机会也会学一点。在离开中国之前，我曾读到英国人用这种方言翻译的一段许多读书的孩子都相当熟悉的对话。“我叫诺弗尔，家父在格兰扁山区牧羊。”（My name is Norval ；on the Grampian Hills，my father feeds his flock”）等等。我试着举例说明，其开头的一些句子可以被翻译成如下：“我的名字属于诺弗尔，在克拉片山顶，我爹瞅着他的羊”。（My name b'long Norval. Top side Keh－lam－pain hill；my fader chow－chow he sheep.）下一句中，则几乎没有一个单词能在这种极度扭曲的语言中能找到对等词。原句是“一个勤俭的乡村青年，永远操心的是增加收入。”（A frugal swain，whose constant care is to increase his store.）而一个过于随意的翻译版本成了“我爹是个非常热心的人——他贪财如命。”（My fader very small heartee man—too much likee dat piecie dolla.）

在中国印刷艺术说上几句，也许会让许多读者感兴趣。中国人将一本书的每一页，每一个字符都雕刻在特别为其制作的木板上。换句话说，他们并不使用金属活字版。中国人将准备印刷的内容，以很优美的形式写于一张常用的透明宣纸上，这张纸与将要印刷的书籍同样大小。然后将写有字的一面朝下，粘在准备雕刻的木块或者木板上。雕刻工匠切掉文字内部及周围的所有空白区域，让这些字符在木板上凸现出来。当然，木块上留下的压痕和白纸上书写的内容完全一致。每一页书都有一块雕板，这些压痕并非印刷机或其他机械加工的，而是用手工操作。如果中国引进我们的印刷技术，似乎可以节省大量时间和成本。不过困难在于，印刷中文必需要准备四千到五千种汉字字模，而不像我们英语中，只需要二十多个。中国已经引进了一些性能良好的活字模和印刷机，但我们还不能就此推断，就总体而言，中国的印刷工艺在节省开支和提高档次方面已经取得了重大进步。

中国的书籍，是从每一页的右边向左边读，从上向下读，它采用竖排而不是横排。

本书所附的对照图选自卫三畏《中国总论》，显示的是中国字符手写和印刷时不同字体的应用。其对每一种字体的说明是："汉字有六种书写形式，分别被称为篆书、隶书、楷书、行书、草书和宋书。"我在此借用其中的解释与描述。

"汉字有六种不同的书写形式，这类似于英语有黑体、书写体、斜体、罗马体等一样。但前者各种字体的差异要更大一些。第一种字体是篆书，得名于其发明者的姓氏，但外国人通常称之为"印章字"。因为它最常用于印章及装饰性铭文。除象形文字之外，篆书是最古老的书写形式，在漫长的岁月里也经历了许多变化。研究篆书的主要是一些从事篆刻的人，还从未有一本书用这种字体来印刷。

"第二种字体是隶书，或称为官方字体，大致在耶稣纪元之时被采用，作为一种高雅字体，它被应用于书写正式文件。今天，我们可以在图书序言和正式铭文中见到这种字体，虽然使用并不多。它与接下来要介绍的楷书十分相似，因此不需要专门花时间去研究如何阅读它。

"第三种字体是楷书，或称标准字体。它是通过书写的逐步改进而形成的，是汉字的通用字体。一个人如果不能熟练和正确地运用这种写法，就没有资格在父老之中自称儒雅之士。有些书籍也是用它来印刷的。

"第四种字体是行书，或称连笔字，是书法纯熟之人的常用字体。它经常被用于序言、碑铭、卷轴和牌匾之中。有一些书籍使用平行的双栏，同时安排行书和楷书，以便学童同步学习这两种字体的书写。这两种字体差异很大，不经过专门学习，谁也不能读懂。如果熟悉书中内容，学习这种字体就不是特别困难，不过，想要对两种字体都能熟练掌握，也需要学童们抽出若干天甚至数月时间，来掌握书写同一汉字两种字体的技能。店铺门脸使用行书，有时，老板们更熟悉它们的连笔形式，而不是书中的完整字句。

"第五种字体是草书，或称草体字，这是一种比行书更加自由的连笔书写体，有大量的省略。书写之人凭借想像一笔接一笔，几乎是笔不离纸。草书比行书更难读懂，因为省略有时是相当随意的。各种写法之间差异较大，而根据书写者的兴趣不同，草书也就或多或少地接近行书。中国人追求“笔走龙蛇”，对于书法的典雅和飘逸相当推崇。他们会认为，相比读书识字，书写的风格及情趣同样重要，甚至更加重要。他们还追求尽可能减少笔画，这一切都有助于行书与草书两种字体的形成与风行。而所有这些多变的书写形式，在多大程度上令学习汉字知识更加困难，本书不再赘述。

“第六种字体是宋书，产生于十世纪的宋朝，即雕版印刷技术发明之后不久。直到今天，在印刷的图书中，它依旧是使用最多的字体。宋书与楷书的区别，仅仅在于某些笔画更为平直及棱角清楚，这也只有印书馆的抄写员才必须学习掌握。

“在所有六种字体中，仅有楷书和行书是无论如何都要学会的，不过许多人会认识一些篆书，而每个人所写出来的行书或多或少都接近于草书，特别是那些生意人。”

在书写时，中国人使用一种精致的软驼毛笔或画笔，笔是竖立握在手中的，大拇指几乎垂直向上，而其他手指则竖直向下，中指与无名指夹住笔的下端。他们使用的墨水是普通的“印度墨”（墨汁），是在一块石头（砚台）上研磨的。

我经常被问到一个问题：“学习汉语需要花费多长时间?”一位天资平凡之人，只要勤加练习并不断坚持，就能掌握一门方言，要想说得准确并让他人明白，大概需要一年时间，不过词汇量可能没有多少。如果坚持学习两到三年，他就可以掌握可观的词汇量，并能熟练地运用它们。而想要熟悉中国的书面语，那差不多得花费一生的工夫了。

外国人经常提出的另一个问题是：“有读写能力的中国人，在全部人口中能占到多大比例?”一些英语作家给出的估值过高，而另一些的估计又偏低。我们将要采用的正确答案，取决于如何定义中国人的阅读能力。有些人上过几年私塾，并学习了大部分最常用的汉字，但并不理解其涵义。他们也许能读几页书，或者认识其中的大部分单字。这就很像一个人能够读一页拉丁文，但对于这种语言却知之甚少，甚至全然不知。如果我们将这些人也归于有读写能力者之列，他们的数量将会相当可观；但显然这并不符合有读写能力的任何本意。再比如，一个药店的掌柜或伙计，也许对店中每一种商品上标注的字符相当熟悉，也知晓用于做账和书写商业信件的术语及表达方式。即使他可能对全部汉语掌握很少甚至完全不懂，在这个小圈子内，他也可以算是拥有准确及让人理解的读写能力。其他职业的情况大抵如此。如果我们将这一类人，以及前面讲到的那些能够阅读一般文献的人中排除出去，有读写能力之人的比例其实相当小。

中文与英语的学法差别很大。我们有一个字母表系统，可以通过它来讲我们自己的口头语；中国人必须学习一种全新的难懂语言，并且要分别一个一个地学会读出每个单字。在中国，几乎任何女性都不能接受教育。农夫和工匠在男性中占了很大比例，他们之中仅有极小一部分有读写能力，而店铺老板一般来说能识文断字的也寥寥无几。事实上，除了专业读书人或学者之外，能够理解普通文学作品的人数不多，这与我国民众的情况类似。因此我认为，从这点上来说，全部有读写能力的人，在总人口中所占比例不会超过百分之三。但我们必须记住，这百分之三的人口，在中国形成了一个一千二百万的集合体，他们被近乎均匀地分散到了整个国家，并影响着其他所有人。

中国文言文的首要特色或优势，在于其卓越非凡的紧凑性以及表现力。它的文字优美并富于变化，内涵丰富，表达方式微妙，这些都使它理所当然地受到推崇。下面的例子可以证明文言文在某些方面的完整性：我们英语中的一个单词“to carry”。在汉语中就有“给”，意为拿在手中；“抱”，意为揽在怀里；“夹”，意为置于腋下；“捧”，意为用伸开的双手举着；“顶”，意为放于头上；“背”，意为置于后背上；“挑”，即从一根放置于肩膀上的棍子末端悬吊下来；“抬”，既将重物悬吊在一只或多只杆子中间，两头搭在两人的肩膀上。

汉语采用单音节形式，没有时态与音调等的变化，因而被一些作家视为世界上最为原始和简单的语言。这种说法可能并不算错，但其目前的形式，从某种意义上来讲，称得上世界上最为复杂及精致的语言之一。用汉语作文的难度之大，可以同用高雅的古典希腊语创作相提并论。许多传教士经过两三年学习，能够熟练并精确地讲汉语，他们为出版社准备中国方言书稿时几乎不需要本地读书人的校对或其他帮助。但他们中却很少有人在学习了文言文十年、十五年、甚至二十年之后，就有把握在没有中国学者帮助的情况下，独立用书面语写作一部书籍。

当中国人引进了西方的科学与工艺之后，彻底掌握书面语的巨大困难，使对其进行一些改变或修订成为当务之急。当中国人将注意力转到更为重要的事宜时，他们对于语言学习的专注就必然会减少。由此产生的一个重要的后果，也许就是降低或者说简化了文言文的格调，并将使其变得与口语更为接近。

第十五章　中国的慈善机构

在一个异教国度中能看到许多慈善机构，对西方读者来说似乎相当奇怪。但事实却是，就数量与种类来讲，中国的这类机构不输西方国家。如将它们与西方的同类机构相比较，读者更会为两者在性质与目标上的相似而吃惊。在这里，我们既能发现孤儿院、寡妇救济会、老弱病残收养所、公共医院及免费学堂，还能看到其他更具中国本土特色的机构。善书也得到了大量发放。

罗马天主教派曾声称，将慈善组织引入中国是他们的功劳。但有证据表明，早在基督教传入中国之前，这类机构就已经存在了；它们是在中国人的风俗与制度基础上自然成长的，因而也就不必为其在海外寻找源头。无论在中国还是在基督教世界，这些组织都源于普天之下的人们，对于不幸者与伤病者本能的同情心，以及提供必要援助的本能愿望。但是在设计和实施广泛的慈善计划时，更需要一种坚定动机，而不仅仅只是出于暂时的情绪冲动。这种永恒动力，体现了基督教世界的慈善机构与异教国家同类组织的根本区别。在基督徒中，这种动力主要源于高尚的道德原则、社会义务与责任感。而在中国，慈善事业虽然因基督教更为高尚和高贵的动机得到巩固，其根本动机毫无疑问还是自利。中国一些伪宗教的典型特征，表现于为谋得个人私利而从事善行。在做一件良知所要求的正确与恰当之事时，中国人想的总是自己能得到的好处或回报。每个捐赠者在展示自己的慷慨时，都怀有一个或者更多不同程度的具体目标。其中最常见的有：生意兴隆、家庭繁荣、生活幸福，名望显著、仕途攀升、以及救赎罪过和来世能够享受至上福祉。通过上述开场白，我希望就中国目前现存的主要慈善组织的特色及运作，为读者呈现一个概述。

在中国，几乎每座城市都能发现孤儿院，而在乡村则更为常见。它们通常由富裕的个人出资，或者几人联合捐助，有时则由一项共同基金、或以救助为目的的地租收入所资助。被送到这些机构的婴儿，其父母大抵都因过于贫穷而无法养育他们。其中绝大部分是女孩。他们被交由奶妈照顾，后者通常会将孩子带回自家，并需要每隔半个月带孩子返回孤儿院接受检查，同时领取自己的定期补贴。当孩子长到大约两岁时，他们被再度送回孤儿院，由一名护士照看几名儿童。到了合适年龄，男孩就被送去当学徒学习经商，或送进免费学校；女孩则根据这个国家的风俗，被送到穷苦人家做童养媳。不过，无论男女，都会有好心人收养他们，并视其为亲生骨肉。一开始，这些孤儿院都希望充分履行职责，使孩子们得到相当好的照顾，后来，它们的运作就经常为某些只对自身利益感兴趣的人所控制，他们甚至将善款用于实现一己私利。这类孤儿院中大量孩子的夭折，充分证明了他们并没有受到本应有的照顾。

浙江省城杭州有各种类型的慈善机构，这里的一座老人院吸引了我。它让我极感兴趣，因此造访了多次。1859 年，它收养了大约五百位老人。此处的房间很大，老人们生活得非常舒服。如同我们国家的类似机构一样，这里与收养相关的一切事务都处理得井井有条。附有一间宽敞的餐厅、一间厨房及数间卧室，不同房间都提供了制作各种手工制品的方便设施，老人们可以自由选择一些自己擅长的工艺，想做多久都可以。如果他们希望通过这种方式赚点小钱，院方也会满足老人的要求。

在同一座城市，距老人院不远，还有一间我在其他地方从未见过甚至听过的慈善机构，它隶属于庞大和久负盛名的佛教寺院——玉瑞寺，或者更准确地说，它从前是这座寺院的一部分。这个机构既阐释了中国人渴望行善积德的心愿，同时又例证了灵魂转世说的实际影响力。我在此要特别介绍的是一家动物收容所，这是一座距寺很近的庞大建筑，动物王国中的几乎一切类别都能在这里发现，其中一些还数目庞大。据说这些动物，得益于这座名寺的精心哺育，几乎肯定会茁壮成长，并极有可能在下世转化成人。有些动物是家庭宠物，有证据表明它们在这里得到了最大程度的关爱。另有不少动物购自市场，是来寺上香的信徒从屠夫的刀下所拯救。这些施主既挽救了动物的生命，又帮助它们在来生有机会获得更高的生存状态，因此也得到了双倍功德。

为寡妇提供资金支持的慈善机构在中国相当普遍，其中有些独立存在，另一些则隶属于同时包含多个不同救济对象的慈善团体。当丈夫刚刚去世时，为帮助寡妇照顾幼小的孩子，需要向她提供比以后任何时期都要多的资助。这些补贴是逐步减少的。而当寡妇即将进入老年之时，其子女若没有赡养能力，有时就会将她们转入其他为老弱病残者提供救济的机构。当有一位受人尊敬、品德高尚的寡妇陷入困境，公共收容机构极为有限的资助名额又用完时，在这种特殊情况下，通常会由个别善人来提供资助。这类妇女之所以能受到特别关照，源于中国人普遍持有寡妇再婚丢人现眼的观念。在穷人之中，如果寡妇的余生没有孩子可以依靠，她们是允许再婚的，不过终生不嫁的寡妇则能得到较高评价，被视为品行高尚、节操完美。这种感觉可能源自对亡夫的缅怀与尊重。中国人不仅向处于前述处境的独身寡妇施以援手，而且进一步依照一些特殊规则，通过树立石制牌坊表彰寡妇，鼓励她们坚持这种贞操。有时，皇帝本人会直接出资修建贞节牌坊。这些牌坊从外形看就像一座大门楼，它们随处可见，构成了中国人文景观中的一个重要元素。牌坊通常立于道路两边的显著地域，靠近被称颂者的家庭住宅。它们大约有二十英尺高，用最精致的毛石砌成，其上有精心雕刻的各种装饰及铭文。有时，一位女儿一生致力于照顾自己的父母，永不出嫁；这样她能得到更高的评价，并会被授予一个更加精致的丰碑。不辞辛苦，不计费用，将这些女性的事迹汇报给皇上，以确保她们得到应有的广泛重视和尊重，这也是慈善机构工作的一部分。那些女性自己，是没有可能做到这些的。在帝国当前的条件下，想要获得财政拨款来修建牌坊相当困难，原有的老办法因此就被做了调整，比如将几位贞妇的名字雕刻在同一牌坊上。

中国到处都能看到免费学校。一些较大的城市会有好几所。每所学校的建立与维持，通常都得益于富裕绅士或家庭的善行。在这些慈善学校就读不会被视为非常体面的事情，里面的学生大部分是穷人子弟。一般来说，它们也不像其他学校教得那么好。而去外国人运营的这类地方上学就更加丢人，这几乎是不消说的事情。不仅因为依靠外国人接受教育让人反感，而且那里除了教授中国经典，还要传授外文。外资学校的招生途径，或者是依靠聘请优秀的教师，或者是向孩子们赠送礼物，再或者是将校址设在没有本地学校可与之竞争的地点。多年之前，镇海市曾有一所基督教免费学校，其办学努力促使当地人增开了多所自己的学校，以至于前者在本市内很难再招到学生。

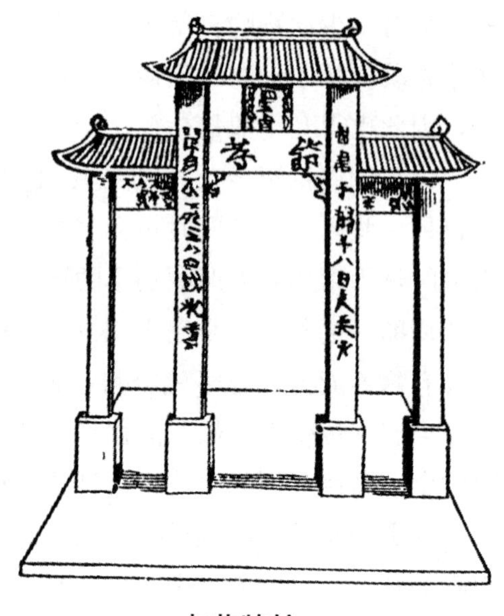

贞节牌坊

在中国一些地方还有专门为女孩开办的学校，其教师也为女性。不过在大多数情况下，女性鲜有机会读书识字，为她们服务的学校也闻所未闻。在开办女子学校时，外国人总是要提供小额资金或者一些食物以吸引学生就读，可想而知，若非如此这些学校就难以为继。

在中国，免费发放药品的善行相当普遍。特别是在夏季，民众可以从一些机构那里无偿获得最受欢迎的几种药物。不过这只是此类机构慈善活动的一部分。中国医生治病之时，最常见的方式就是吹嘘自己的慈善动机，不过其自利目的却无法掩饰。我们经常可以看到一些张贴于公共场所的海报，提醒公众注意部分杰出人才，他们有的在京城学艺归来，有的留学海外，有的跟随本国名医学到真谛，有的则得到了仙人指点，他们都热心于挽救陷入病痛折磨的凡人。这些医生希望有机会，可以运用自己的知识和技能为公众服务。除药品成本外，治疗是免费的。

在中国，在所有得到善报的途径中，最受欢迎的莫过于收集废旧的印字纸张。不仅慈善机构在操作，许多个人与家庭也大张旗鼓地参与进来。不少人受雇在街上四处走动，或者走进店铺和民宅，去收集能够看到的一切印刷品。文字在中国是极受重视并无上推崇的，因此保存书写文字，使之免于被践踏、与其他废品一起被丢弃、以及其他任何不敬的处理方式，据说都是功德无量的善事。中国人并不区分手写稿或印刷品，是经典著作或是市俗颂歌的一部分；是政府官员的文告还是学堂幼童的习字帖。在学堂、店铺、私人住所，有时在路边，用来回收这些印刷品的篮子或盒子都摆放在显要位置，其上还题写着“敬惜字纸”。当收集到大量纸品之后，人们就将其焚烧，并将纸灰带上船只，撒入大海。

挑筐收集字纸的人

我们在中国人中发放的基督教读物，之所以能得到郑重翻阅和精心收藏，其最重要的原因，就是中国人固有的上述习俗。同样值得指出的是，几乎没有什么事情比我们任意处理废弃印刷品的方式，更让中国人感到不满和受伤，或给他们留下一种相当不得体的印象。中国人常以此作为我们缺乏正确观点和原则的证据。中国基督徒受这些观念的影响并不比其同胞小，因此在中国的很多地方，教徒们会经常热心地劝告他们的外国导师在这一特殊问题上听从他们。一些传教士故意忽视中国人的这些成见，其理由是后者的这一行为源自对文字之神的崇拜，以及害怕得罪他的心理。另一些传教士则认为，这种迷信是过于天真的观念，而且即使在中国异教徒心目中，也只是因为对他们的文字过于崇敬才如此。中国人认为汉字源远流长、字形优美、寓意深远，可以为使用者带来诸多好处。本土基督徒已经彻底从偶像崇拜中解脱，在这一特殊问题上却依然支持自己的同胞，这一事实更印证了第二种看法的可行性。不管是认为我们的本土教友良知虚弱，还是担心上帝的福音被错误阐述，我们都不应该对这种很可能只是无知无害的偏见过于放纵和包容。

几年之前，一种新型的慈善组织发源于苏州，并被引介到了其他地域，它应当引起我们的特别关注。其明确目标是“查禁不良书籍”。这些机构也得到了官方的批准与配合，并已经做了大量工作，来阻止这类堕落之源的扩散。人们被强制要求将书籍带到这类机构的总部，并在此得到与书价几乎相同的货币。除了书籍，印刷它们所用的雕版，也会被不惜成本地收集，并在既定时间将它们统统付之一炬。从道德角度来看，几部水平得到公认的知名小说，同我国目前流行的一些文学作品可堪媲美。但它们现在都被这类组织查禁，不费很多周折或者很大代价就无法获得。在重重控制之下，继续销售这些不法书籍的书商已经成为政府当局的眼中钉，并遭至了名望与财富的巨大损失。

中国人将其很大一部分善款施舍给了乞丐，后者人数极为众多。照顾乞丐被认为是行善积德，而什么都不给就将他们打发走很不吉利。因此，人们都很害怕乞丐，并对后者的各种鲁莽和傲慢行为逆来顺受般地容忍。店铺中的乞丐如果连一枚破旧铜钱都得不到，是不会被赶走的（其价值还不到一美分的十分之一），不过他们有时要等候很长时间才能拿到这点钱。那些最为暴躁、给店主带来最多麻烦的，很快就能带着自己的回报离开，并去别的店铺继续招惹是非。当需要穿长衣时，乞丐们就尽可能地特意穿着最肮脏邋遢的服装，为的是使人们急于摆脱他们而尽快给钱。一些乞丐用喧闹刺耳的歌声介绍自己，另一些则用喋喋不休的唠叨来吸引注意；还有些为了吓唬那些不容易产生同情心的恩主，就携带一条经过训练能吐出舌芯的小蛇。有时还能看到一群大呼小叫的妇女带着孩子纠缠一位店老板。如果这个不幸的男人不愿意顺从她们的要求，或者试图将她们从自家门前赶走，就会遭到对方暴风骤雨一般的谩骂，并且经常放肆地猛敲柜台。这个可怜的受害者没有任何办法，尽管已经极度愤慨，但他却只能绝望地看着眼前的一幕，不敢表达出自己的愤怒，害怕她们叫来更多的泼妇并引发更大的混乱。就许多方面而言，乞丐是帝国中最独立的一个人群。但我们好奇地看到，人们在面对他们的侵扰时是如何顺从。不过，上述人群是最坏的一类，也可以称为职业乞丐。他们将讨要现金视为自己的权利，并不向恩主致谢作为回报。这些人往往有一个领袖，后者通常会因为自己的极度傲慢与无耻，在一帮乌合之众中脱颖而出。谁敢让乞丐头子不开心就会大祸临头，后者会带着自己的弟兄上门报复。在婚礼或者其他一些场合，人们最害怕这帮人的出现。此种情形之下要想不出乱子，主人就要给一位乞丐首领一大笔钱，请他在当天守在门口，后者或者用钱打发、或者用武力轰走其他乞丐。

有时，一类更让人尊敬的乞丐会同上述泼皮截然不同，这些人是真正的慈善对象。他们通常站在路边，用一种恳求的口吻行乞，并祝福恩主长命百岁，以作为其恩惠的答谢。行乞中使用的语句是“行行好”，暗示对方做了善行，解救了得到钱物的乞丐，并为自己得了福旨。在一些城市和城镇，人们可以花钱摆脱乞丐侵扰。每个店铺或者每户人家支付一份年度乞讨费，以期望一年之内不再给付，并让家人得以清静——至少他们不会破坏已经交过钱的街道。

在中国城市中还有政府出资修建的公共收容所，接纳了数量有限的病患和残疾穷人，它们得到的日常津贴无法维持开销，因此就要通过乞讨来筹集其余的费用。相比他处，这里的乞讨者要成功的多，因为他们有证据表明，自己身体残疾，非常不幸。其中一些人甚至积累了可观的财富。这些人同样有自己的头目或领袖，后者往往充当掮客和讨债人。他们有时会低价买下坏账，并带着一帮乞丐攻击负债者的住所，直到对方愿意付清债务以摆脱他们。

宁波有一家知名度最高，目前也是收入最多的慈善机构，开展的业务多种多样。它有专项基金，为穷人提供棺材，将被随意丢弃的棺材运送到合适地点安葬，以及将暴露在荒郊的尸体重新掩埋。它还在夏天发放药品、冬日提供棉衣、救济寡妇、收集古旧印刷品。它还拥有宁波唯一一处查禁不良书籍的机构。这家机构有一座庞大的建筑，并聘有足够数量的秘书和督办，以使其各项业务开展得有条不紊、快捷高效。

同样值得一提的是，在中国，绝大多数的道路和精致拱桥，以及公共建筑，都是靠自愿捐助修建的。这些公共工程附近经常树有石制牌楼，上面铭刻着捐赠者的姓名及捐款金额。

许多地段都供应茶水，并允许行人在路边客栈免费饮用。贫穷的学子在参加科举时，能得到一笔捐赠资金充当旅费。

宁波有一户非常闻名的家庭，在一年中的部分时间，会雇用一批石匠在乡间四处走动，修复那些因为陈旧而无法辨认埋葬者身份的坟墓。尽管坟墓中可能连棺木或尸骨的一点残余都没有留下，石匠们还是用新砖将原来放棺材的地方重新圈起来，并在上面铺上石板，堆上新土，使其看起来如同一座新坟。虽然里面什么都看不到，据说“尸骨依旧栖息于此”。这户人家的一位青年才俊最近成功地通过了省试，他的好运据说就源自这项善举积下的功德。最近又有传言，起初他的文章被一位主考官否定，但后来此官连续几个晚上都梦见了大群对年轻人赞不绝口的热忱民众，据说他们都属于被维修坟墓的感恩亡灵。

试图将中国人获取功德的所有方式尽数列举出来，既没有用处又相当乏味。上文提及的机构所做之事，是其中最核心及最重要的。而分发善书的行为将用单独一章专门介绍。在帝国不同地方，这些机构的名称和服务宗旨也不尽相同。

第十六章　中国的善书

中国的文学内容广泛，包含许多门类：古典文学，历史学、形而上学、论辩文章、诗歌、小说、医学、生物学及戏剧；也包括佛教和道教典籍，以及那些与不同门类的艺术、科学及专业技能相关的内容。

这些文学门类我在此只是提及一下，本章中我将重点讲述有关实用道德的书籍。这类作品独特及公开承认的目标，在于弘扬善行，净化时代，并提升道德水准。

在中国，此类善书长期免费分发，可人们几乎从不关注这一事实，而更感兴趣于善书本身的道德语气及说教特征。这些作品与三大教专属的相关书籍有着根本不同，后者会详细阐述各自的教义，因冗长难懂，其内容很少能引起一般读者的兴趣。而大部分善书则由受佛道两教强烈影响的儒者写就。这些学者在儒家的学校里得到培训，他们写出的作品也词句丰富，文采飞扬；而另外两种宗教，特别是佛教，为写作者提供了诸如高级和低级神明逝去的亡灵以及来世等观念，它们在中国人思维中留下了与生俱来的强烈印记，但有着共同的宗旨，即向人类传授一种或更多种值得尊敬的美德。一些书堪称宏篇巨制，包含了中国人所坚守的全部美德；另一些则言简意赅，只涉及某一方面的问题。

这些善书的篇幅与形式都各不相同，有些文风出色，被视为经典作品，在十八省家喻户晓；另一些的知名度只是有限和区域性的。前者通常包括不同神明就履行各种义务的著名训示，此为这类作品的基础，以及它们为监督人类行为而制订的严格规定，还有来世的因果报应等等。

在这些经典作品中，最为著名的包括《圣谕广训》《阴骘文》《感应篇》《求福指南》《功过格》《身世准绳》《暗灯室》等。这些作品的创作者，大多是地位重要，影响力大的名人，《圣谕广训》就是由当朝一位最著名的皇帝亲笔创作的。[①]

想要向一位不熟悉中国文化的人士准确讲述这类善书的特点，以及它们所包含的宗旨，最好的方法莫过于将《暗灯室》的目录翻译过来。这部作品的第一卷主要讲述的是神明最重要的启示，大部分是新增的注解与重大事件，目的在于昭示他们的真实性，以及由他们来掌控人间的好处。在第十二章中，笔者对这些公开的启示已有描述。这一卷还包括以下内容：《积福歌》《知足歌》《不知足歌》《戒溺女文》及最后的《释疑进一筹论》。第二卷中的内容，首先是《集鉴总论》（即历史事实，反映的是过去的教训）；接下来是《敬天鉴》《孝亲鉴》《劝孝歌》《八反鉴》《兄弟鉴》《夫妻鉴》《忠君鉴》《朋友鉴》《慈教鉴》，等等。接下来的其他章节涉及的主题有放荡、诉讼、欺骗、自私、告密、美德、卑微、自制、诽谤、师生之道以及不杀生等。除此之外，本书还有另外两章，其中一章包含了中国人常会提起的一些格言警句，另一章节是劝诫人们不要吸食鸦片，并列了八大理由。

这些书籍中的忠告，几乎都严格局限于“五伦”所规定的义务，而且大都既公正又令人钦佩；其中的许多论证清楚而有力。可见，上帝已经将善恶观变成了人类道德直觉的一部分。有些书籍几乎完全只包括道德义务的陈述，以及发人深思的格言警句，很少掺杂迷信观念与偶像崇拜方面的内容。不过，就大部分善书而言，多数作者的创作动机，还是致力于宣扬那些极度充满迷信色彩、琐碎无聊的观念。同一本书中，光明与黑暗、真理与谬误、前后不一致甚至自相矛盾的说法，让人费解又令人同情地混合在了一起，让读者几乎完全无法理解。为了敦促国人履行义务，有些善书中的相当一部分内容，讲述的是出身普通人的神仙，因其所作所为令人敬佩而羽化成仙，或者是某些人因其前生的罪孽而沦为牲畜的证明，再或者是天上的神仙鬼怪给世人的种种指点。根据中国人的道德标准，只要这些故弄玄虚、谎话连篇的内容用来吓唬小孩甚至大人，让他们循规蹈矩，那

① 译者注：指清圣祖康熙皇帝。

就是有情可原的。如此一来，这类书籍中随处可见的那些令人难以相信的故事，既有精确的发生时间，又有人物姓名和发生地点的详细记录，因而被当下的中国人当作事实。但这些作者起初很可能只是出于劝人向善的良好动机，才欺骗、诱哄和恐吓他们的。

促使中国人分发这些善书的动机基本上都是自私的，当然也可能有例外存在。这种事被视为一种功德，会给人带来极大好处。他们所追求的目标，首先是在遭遇特殊情况及困难时，能够获得神明的保佑与帮助，或者是免除一些能够预想的不幸，再或者是实现其他一些衷心向往的目标。最有可能印发善书的情形如下：某人自己，父母或近亲罹患重病，情形危急；没有儿子或继承人；以及期望发家致富，或金榜题名——多数情况下，这些动机都与现世生活相关。

从上文中可以推断出，中国的印刷作坊与西方类似机构之间，几乎没有共同之处。在中国，人们在首次印刷一部书稿时，通常会在扉页上说明此书的雕版置于何处，如此一来，其他人日后想复制更多的册数，需要花费的仅仅是纸钱及印刷费用。这些善书都是无偿发放的，或者按勉强能支付印刷费用的价格售出。有时，印书者会雇人挨家挨户地发放，有时则将它们放于书店内，供需要之人取阅。还有时会分发给参加科举的考生。最后一个方法有两大优点，第一，这些接收者来自全国各地，善书的流传范围就更广泛；第二，善书实际上是交到了阅读能力最出色，阅读意愿也最强烈的人手中。

中国善书的特征可以归结为有趣和重要，它提供了一幅本国民众宗教与迷信思想的正确图景，还例证了多少知识可以源于人性之光，以及接受一种更高天启的必要性。

在中国，善书所揭示的一个重要事实，就是对罪恶及个人责任的意识，这构成了他们偶像崇拜的根基与源头。这种罪孽意识及对来世报应的恐惧让中国人寝食不安，他们渴求一些能够摆脱罪孽及其后果的方式。而人们所能设想出的所有办法，都承认行善积德是补偿恶行的最佳途径。善恶有报的观念不仅深入人心，而且由于广泛灌输，人们普遍相信，所有人一生的行为均被详细记录，来世将据此做严格公正的检查及奖惩。中国人对这种观念深信不疑，以至于行将就木之时，常常会痛改前非，并且极为真诚地坚持运用上述书籍中系统总结的方式，来补偿自己过去的罪孽。浙江镇海城有一位知名学者，大半生致力于创作和印发有不道德倾向的诗歌。到了晚年他相当后悔，害怕过去的所作所为会带来麻烦，遭到阴司惩罚，于是在生命的最后岁月里，他将自己的聪明才智都用在了创作善书上。

这类善书的一个突出理念，就是世间一切事物，皆有空虚和令人不满意的属性。这种观点也构成了一些作品的主旨。上文提到的《暗灯室》中有一篇文章《万空颂》，说明了这种观点的普遍性："虚空的虚空，万事皆为虚空。"

万空歌

南来北往走西东，看得浮生总是空。
天亦空，地亦空，人身渺渺在其中。
日亦空，月亦空，东升西坠为谁动。
田亦空，土亦空，换了多少主人翁。
妻亦空，子亦空，黄泉路上不相逢。
金亦空，银亦空，死后何会在手中。
房亦空，星亦空，转眼荒郊土一封。
官亦空，职亦空，数尽孽随恨无穷。
车亦空，马亦空，物存人去影无踪。
世上万般快意事，移时兴过总是空。
看来只有一事实，为善点点在躬行。

另外一篇关于不满的文章，出自同一部作品：

不知足歌

终日茫茫只为饥，才得饱来又思衣。
衣食两般俱丰足，房中又少美貌妻。
娶下娇妻并美妾，出门无轿少马骑。

骡马成群轿已备，田地不广用难支。
买得良田千万顷，又无官职被人欺。
七品五品犹嫌小，四品三品仍嫌低。
一品当朝为宰相，又想君王做一时。
心满意足为天子，更望万世无死期。
种种妄想无止息，一棺长盖抱恨归。

我们从这些善书中可以看出，自上天获取启示的必要性是不言而喻的，而人类思想发展的必然趋势，就是接受和领悟这些观念。中国人认为，只有上天的光芒，方能驱逐笼罩在其周遭的黑暗与疑虑，如此一来，他们就对向自己灌输的各种虚假启示欣然接受，似乎得不到它们就无法心满意足。一些充斥着迷信思想的书籍，原本是别有用心之人为取悦民众而编纂的。随着时间的推移，它们居然被当作了真实的典籍。这样一来，书中的模糊断言就得到了神喻真理般的神圣地位，并得到了官方的权威认可。通常一种或多种此类伪启示，就能构成一本大部头善书的基础。其中一些因为其文辞优美，以及所阐述内容的重要性，而赢得了广泛赞誉，甚至被列入中文经典。中国人最为熟悉的一部善书，可能非记录道教创始人和主神训谕的作品莫属。整部作品都值得精读，但因本章篇幅的限制，只允许我从书中不同部分摘录几段，以作为全书的适当范例。

太上感应篇

太上曰：福祸无门，唯人自召。善恶之报，如影随形。是以天地有司过之神，依人所犯轻重，以夺人算。算减则贫耗，多逢忧患；人皆恶之，刑祸随之，吉庆避之，恶星灾之，算尽则死。又有三台北斗神君，在人头上，录人罪恶，夺其纪算。

是道则进，非道则退。不履邪径，不欺暗室。积德累功，慈心于物。忠孝友悌，正己化人，矜孤恤寡，犹老怀幼。昆虫草木，犹不可伤。宜悯人之凶，乐人之善，济人之急，救人之危。见人之得，如己之得。见人之失，如己之失。不彰人短，不炫己长。遏恶扬善，推多取少。受辱不怨，受宠若惊。施恩不求报，与人不追悔。

所谓善人，人皆敬之，天道佑之，福禄随之，众邪远之，神灵卫之，所做必成，神仙可冀。夫欲求天仙者，当立一千三百善。欲求地仙者，当立三百善。

越井越灶，跳食跳人。损子堕胎，行多隐僻。晦腊歌舞，朔旦号怒。对北涕唾及溺，对灶吟咏及哭。又以灶火烧香，秽柴作食。夜起裸露，八节行刑。唾流星，指霓虹。辄指三光，久视日月，春月燎腊，对北恶骂。无故杀龟打蛇，如是等罪，司命随其轻重，夺其纪算。算尽则死，死有余责，乃殃及子孙。又诸横取人财者，乃计其妻子家口以当之，渐至死丧。若不死丧，则有水火盗贼，遗亡器物，疾病口舌诸事，以当妄取之直。又枉杀人者，是易兵刀而相杀也。取非义之财者，譬如漏脯救饥，鸩酒止渴，非不暂饱，死亦及之。夫心起于善，善虽未为，而吉神已经随之。或心起于恶，恶虽未为，而凶神已随之。其有曾行恶事者，后自改悔，诸恶莫作，众善奉行。久久必获吉庆，所谓转祸为福也。

在另一部著名的善书中，其附录的如下文字，对《太上感应篇》的作用及可能从使用中得到的好处做了总结："一日诵读一次，将能去罪除孽；一月之内以此为训，福运自会降临。两年之内一直照此修行自省，家族先祖立可得道升天；一生恪守训谕，定当无限长寿，终会位列仙班，天神亦将尊崇。"

有一个奇特的事实与上述话题相关，即中国人将这类善书作为礼物，不仅送给凡人，还要赠与天上的神明。更加令人不可思议的是，中国人认为，只要将善书烧掉，就能将其交到神仙的手中！这也显示了神仙在中国人心目中的地位何等之低，他们居然会假设，神仙还需要这些凡人作品的指导，而且只有依靠后者，才能拥有这些读物。很多事例指出，有些人身患重病却能立即康复，另一些人得到非凡福报，均是利益于他们将善书赠与了这些神明。

说到中国善书的影响，毫无疑问的是，如果没有更好的读物出现，它们通过突出强调来世回报与惩罚的方式，对人们的恶行起到有效的约束和抑制作用。善书大多利用阴间律令来提倡善行，它们受到了读者的衷心欢迎，所谓神仙所认可的推崇与敬畏，给了这些作品额外的力量。同时，善书中所关注的许多内容，实际上相当空洞琐碎，但特别适合中国人的迷信观念。

对善书有所认识之后，我们就能更好地意识到，已经被全人类所欣赏与接纳的基督教著作，无疑就像黑暗中的明灯。

发放道德或宗教书籍的做法已广为中国人所熟悉，而其赞助者，则会迅速赢得很高程度的尊敬与信任。不过，如果想要中国人接受我们的基督教义与宗旨，就必须使他们克服诸多的错误观念与偏见。我们也许会被视为好人，但同样会被认为误入了歧途。我们所致力于介绍的基督，在他们眼中不过是另一位新神。他们在审读了我们的书籍，并与自己的经典做出对比之后，就会失望地发现，西方著作中鲜有强调“五伦”重要性的内容。书中陈述的理念对中国人来说是陌生的，许多作品并不能像本民族经典所包含的内容那样，能让自己产生心灵震撼。相对来说，大部分基督教读物的文采也是有限的，而中国人却对遣词造句十分看重。当讲到天地间仅有一位至尊神明，他的精神实质，他的无上权威，以及天意训诫等等，会让中国人觉得相当怪异，而难以理解。中国人会欣然承认基督教的许多论据，但在他们心目中，没有一种奇迹能比自己已经熟悉的那些胡编乱造更精彩，也没有一种实践或预言比自己已经熟悉的奇谈怪论更了不起。同样，没有一种有关未来幸福或灾祸的理念，能比人们头脑中那些用来自娱自乐的观点更引人注目，或让人乐于接受；没有一种挣脱来世惩罚的方式，能比基于自以为是的伪善更容易被他们所欣然认可。

写作基督教小册子的另一困难在于汉语本身。中国人起初创造出这种语言，只是为了充当传递异教与偶像崇拜观念的工具，在使用它时，想不带出那些随处与之相关的旧联想是很困难的。汉语中有丰富的宗教术语，许多词汇表面上与我们想要表达的意思似乎十分接近。不过，几乎在一切场合它们都有不同含义。现在的问题是，我们是否需要创造全新的词汇，还是使用已有的旧术语？我们希望在这里发现一种现成的、而且非常有效的工具，能打开通向中国人心灵的大门，并得到很大程度的便利。但我们发现在很大程度上，这扇通向目标的大门是封闭的，而传播福音的各种方式都不起作用。

第十七章　社会风俗

在中国，家庭纽带相当牢固，人们以宗族来划分。他们很少变换居住地，大多数人都生活在他们的祖先世代居住的地方。人们经常可以看到，一个小村庄的大多数人有同样的姓氏，这样该村庄就以此家族的姓来命名，如张家村，得名于张姓家族，谢家村，则源于谢氏家族。

有关孝道的书籍以及家庭伦理，都劝导男性后代在婚后不要离开他们的父母，而是亲密和谐地生活在一起，成为一个大家庭。尽管我们会发现，每一对有属于自己住宅的夫妻，都会更有满足感。这一点和别国夫妻类似。但是现实生活中，大家庭的理论得到了大多数人的贯彻。

中国人在分配家产时，长子的权益会得到某些特别的考虑，但几个儿子分到的份额几乎是相同的。而且就算包含房产及贵重物品，长子所分到的不过是稍多一点。

不同程度的血亲之间存在着细微差别，各种亲属关系的称谓也几乎数之不尽。不仅男人们用与称呼自己父母所不同的称谓来尊称妻子的父母，而且亲兄弟之子的称谓，也让他们相比姐妹们的孩子，取得了一种非常不同及更加亲近的联系。

女性在中国的地位，介于基督教国家同伊斯兰及其他异教国家之间。她们看待自身命运的习俗，可以从前面一章所讲述的事实中推断出来。这一事实是：女性最诚挚的愿望及最衷心的祈求，就是自己在来世可以成为男人。许多家庭甚至不给女孩单独取名，仅仅称呼他们老大、老二、老三和老四，依次类推。女孩子结婚之后，就是某某先生的妻子，而当她有了儿子之后，又成了某某男孩的母亲。她们的生活在很大程度上与外界隔绝，通常不参加社交活动，而当一位陌生人或者来自家族之外的男性熟人登门拜访时，她们被要求回避。在住所狭小的穷苦人家，如果又不得不依靠女性成员来操持家业，完全实施这些隔离措施就不可能，两性之间的分隔也就不那么显著。就这一点而言，不同地域的人，严格程度也不一样。我听说在山东省，一个外地人因为在街上冒昧地向一位女性询问通向邻镇的道路，就被一群村民赶出了村子。

一个人对父母兄弟的感情被要求胜过对妻子的家。一部讲述家庭关系及责任的著名的中国经典对这一信条所给出的理由是，失去一个兄弟是不能挽回的，而失去一个妻子还能再娶！随着年岁增长，女性能得到更多的尊敬和关心，人们认为母亲有极大爱心，极尽钟爱孩子；而祖母有时几乎被视为权威。

中国夫妻在互相选择方面无所作为，甚至在婚前互不见面，但公正地说，他们之间经常会萌生一种强烈的依恋之情。需要进一步指出的是，中国人意识到，女性低人一等的理论，在现实生活中很难贯彻。“更弱”的性别群体之所以被排除在教育之外，其中的一个原因，也许正是不这样做的话，想令她们安于现状就会非常困难。全世界的习俗与观念多种多样，但人类的本性及女性的本质都是相同的。尽管得不到社会承认，中国女性同样有自己的“女权”观念。在许多家庭中，女性成员的意愿与权威得到了充分体现，不过我最想说的是，相比美国和欧洲，中国的“妻管严”丈夫恐怕没有那么多。

在中国，制约社会生活的规则与惯例极为详细和呆板。礼貌是一种科学，而举止优雅是一门学问，一种训练。许多特殊礼节似乎总是过于做作。一位访客告辞时，也许要从客厅经过两三个院落。在此期间，他要一直态度优雅地坚持让主人留步，而且不能背对后者，因此只能一边后退，一边鞠躬，还要不时侧身观察旁边的路。他一再诚挚地请求主人无须如此辛苦地送到门口，而对方却一再声明，他的感激与崇敬之情，使得自己必须这么做。如果有人第一次见到如此场景，定然被逗得乐不可支。如果两位官员在外面相遇，按照常礼，他们就得彼此鞠躬、相互恭维和道贺，这些繁文缛节让人难于承受，因此有时在街上不期而遇时，他们会故意装作没有认出，因为没有恰当的交流媒介，也不知道应使用何种礼节，不如相互视而不见。当一群中国人走在一起时，只要看他们很自然、或者说下意识排出的位置，你就不难推断出这些人年龄的大小、级别的高低，或者地位的尊卑。

中国人的礼节过度，既展示于其行为上，还表现在其语言中。要询问一个人家居何处，即使你知道他是穷人，住的房子想必也简陋，但你必须使用这样的表达方式："请问府上何处?"或者"贵府在哪里?"而他则应对说，自己的"寒舍"或"草屋"在某某地方。即使是一位住在精致豪华大宅子的富有阶层，也同样用上述的方式回答。我们经常可以听到的类似表达方式有："请问贵庚?""在下虚度"或"空长四十五岁"。"请问贵夫人近来可好?""贱内尚安"。"令郎的学业必定很好?""犬子只些许识了几个字。""您真是太客气。礼数太周到了!""实在不敢当"。在文人墨客的通信中，大量充斥着这类高雅及精妙的恭维词句，以表达对收信人的尊敬，相对应的则是对自己大量的贬抑。这类表达方式从其字面意思上来看，与我们英语中"您最谦卑的仆人"等说法如出一辙。

中国人对于别人的过错通常会宽容大度，他们在这方面总想表现出风度，也经常导致自己完全得不偿失。

不过，在遭受不公和侮辱时人们也会大受刺激，并在家中或街头产生激烈争吵。女性采用的方式一般是咒骂与吵闹，其暴力强度与极端性，与激起她们愤怒的事情在心里压抑的时间成正比。男人会以一种相当可怕的方式来恐吓或威胁不谙于此道之人，但很少诉诸武力。如果受辱方产生了强烈憎恨，通常会采用一种极具特色的复仇方式。他并非要杀死自己的仇恨对象，反而是决定自杀。通过这种方式，他就能令仇家背上谋杀的污名，人们通常也会认为后者是这场灾祸的起因，并应为其负责。这种情形之下，受害者有时采用的自杀手段，是在自家房梁上吊，但更为常见的方式是吞食鸦片，随后让苦力将自己抬到仇人家门外慢慢死去。自杀的另一个动机，也许希望作为一个无形无踪的鬼怪，相比以肉身存活，对仇人进行伤害和报复就会有更多方便。至少，自杀者对预期中将对仇人施行的可怕报复相当欣慰。

在中国，无论男女，服装都是宽松和随意的。相比我们的服装，中式服装款式上的变化很小，大同小异。大多数民众的衣物，用的都是自家的棉织布。比较富裕的阶层穿着丝绸、锦缎、薄纱、皮草，以及其他更昂贵的面料制作的服饰。中国人的夏季着装非常轻薄，而到了冬天，他们会穿上多层各式衣物，这样就无须使用壁炉或火炉了。

在中国，官员的等级与地位，可以通过服装上的纽扣、羽毛装饰、官帽和刺绣徽章的颜色及特征来区分。官场上对这些差异非常看重。在会见一群外国人时，他们总是仔细观察，试图通过外在的勋章和标志来判断对方的级别，并热衷于通过观察他们所戴的不同款式的帽子或礼帽，如有可能，也会通过观察这些人是否使用手杖，或是否使用一种特殊类型？来做出自己的判断。

在中国，男人要剃净头部前面的头发，保留顶部一小部分及后部的让其生长，并将之盘成辫子。这并不是中国人的传统习惯，确切地说是鞑靼人的做法。中国人被强加这种发型，作为臣服于当朝的一种象征。如今，辫子已经成为男人装束中必不可少的部分，并得到了悉心照料。为了令其显得更大更长，人们会在其中加入马鬃或生丝，有时也会在尾端扎一条黑丝带来增加长度，以至于它长得几乎能拖到地面。女性梳头时，将头发由前额和两端笔直上梳，将其设计得非常精致和优雅，有时会插上各种金银饰品，以及各类或真或假的花朵。女性的服装总体来说风格相近，但在帝国的不同省份，事实上在一省之内，也会有明显的不同。

在中国，女孩缠足的习惯普遍存在。广州和福州有一部分女性是天足，但她们不过是罕见的例外。在我走访过的帝国各个省份，各个阶层的妇女，都没有差别地遵守这种令人讨厌的习俗，而根本没人知道有大脚的女性。例外的是我前面提到的来自那两个地区的个别女性，以及满城中的妇女，她们并不遵守这种中国本土的习惯。不过，脚要缠到什么程度，各地存在着显著区别。农村妇女和贫困阶层的女性，其脚大约是正常大小的一半，而那些上流社会或时髦阶层女子的脚大约只有三英寸长。

女孩子通常到了五岁，已经完全能够自由行走，腿部骨肉也发育完全，就可以开始给她们缠足了。缠足用的是一条两三英寸宽的棉布绷带，

福州的天足女子

从不同方向紧紧地裹在脚上，就上等阶层的女孩而言，据说从这时候起，脚就停止生长了。缠过的小脚形状像一个锐角三角形，大拇指即为锐角，其他脚指头被折到脚下，甚至完全消失或被吸收。这些女性走路时，都努力用脚跟着地，不让脚趾接触地面。这样使得她们的行走姿势极为相同。也许读者会感到吃惊的是，脚比平均尺寸还小的缠足女性，为了去佛寺烧香礼拜，一天可以步行十到十五英里，甚至更长。这种习俗导致了真正的畸形，以及一种非常痛苦、蹒跚的步法，即使是外国人，也和中国人一样，将女性的高雅与良好教养，与她们的脚部大小本能地联系在一起。

缠足这一习俗已经存在了很长时间，中国人也不能令人满意地解释清楚它的源头。它也许发端于一次女性之间为谁拥有一双最小的脚，就最出类拔萃而进行的争斗中。爱女心切的母亲们就在女儿双脚还未长大时为其缠足。而开始缠脚的时间逐渐变得越来越早。中国人坚持认为，这一习俗既不属于恶劣品位，对健康也没有多大伤害，就如同西方女性束腰一样。在西方，一位女性不遵守流行时尚，就几乎等于是令自己被社会遗弃，中国同样如此。

中国人的房屋内通常会有椅子、桌子、支架或茶几，以及床架等。桌子的样式几乎千篇一律，其四边各摆放一把单人坐椅。当需要招待大量客人时，就会再加若干张桌子，因此一次宴请需要多少张桌子，就能看出其邀请客人的数量多少。男女要在不同房间就餐。在决定每张桌子由谁坐首位，以及给其他客人安排适当位置时，又会有没完没了的劝说与谦让。如果是平常吃饭，一家人不用讲究那些礼节，无论男女都可以坐在一起。

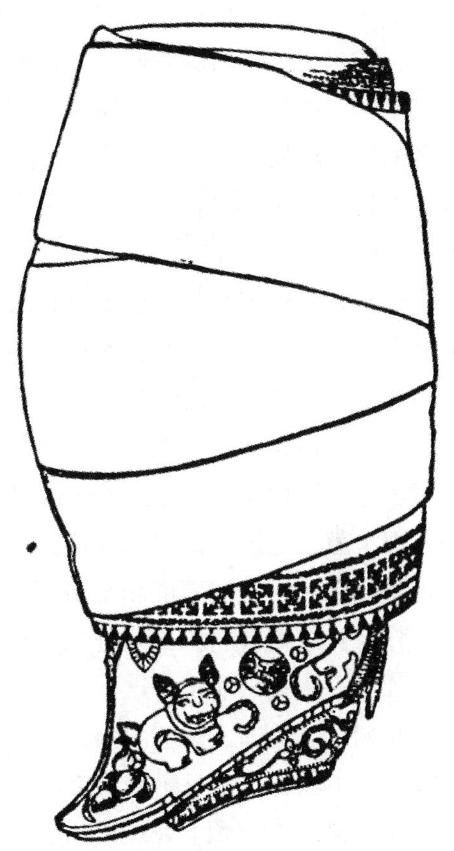

小脚女性鞋上装饰图案

在南方，无论贫富，不管早中晚，各家的餐桌上总会永远不变地摆上一桶白米饭，很少有例外情况。在北方则会用小米代替。相比穷人，富人在食物质量与花费上的差异，主要在于跟大米或小米一起吃的“副食”种类上。穷人通常只能有一盘咸菜，偶而会有鲜鱼或咸鱼，或两三种此类菜品。食物作为一家人依赖的生活必需品，其花销必然要得到控制。富人家的餐桌上，则准备了用各种方式烹饪出来的猪肉、家禽、鸡蛋、鱼类及野味。每张椅子前都会摆上一只空碗和两只筷子，而餐桌中间则堆放着盛有鸡鱼肉菜的盘盘碗碗。菜品都要切成小块。筷子一般有八英寸长，与一只普通的钢笔笔杆有几分相似。它是由竹子、木料或象牙制成的。当一家人在桌前就坐后，就有一个仆人，或者家中的某位女性，为每个人碗里盛上热腾腾的米饭。跟随着坐在首席的家长的指引，每个人分别用右手拿住他的筷子，并将之夹在大拇指与其他手指中间，筷子底部要合在一起，就像握着一付钳子或夹子那样，然后就从桌子中央的盘子中夹上一口或者更多的菜。接着用左手将碗端在嘴唇边，随后用右手中的筷子将其送入口中。中国人用餐时，可以用前面讲到的方式，交替地从桌子中间夹菜和从碗中扒饭。当招待客人时，就要用许多盘子盛上数道菜肴，米饭直到最后才上。

中国人发现，使用刀叉时遇到的困难和感到的尴尬，如同我们使用筷子时一样。他们认为后者使用起来更加舒适和方便。而且非常细小的食物用筷子可以抄起并夹牢，而用叉子则会从齿间滑落。他们认为，使用筷子体现的是一种先进文明；反之，使用刀叉一类的野蛮餐具，并从餐盘里的骨头上切割或撕扯肉食，而不在厨房中将食物充分准备好，是一种落后文化的证明。

外国人对中国有个普遍流行、人尽皆知的印象，那就是中国人普遍食用“鼠、猫和狗”。这个知名例证，说明了一个地域性的、个别的习俗，被当作了全国性和普遍性的做法，并在所有西方人的思维中，制造了关于一个民族的错误观念。在中国，我从未听说过人们会吃老鼠、猫和宠物，不过我想乞丐偶而会如此。我已经听说，广州人有时会吃狗肉。毫无疑问，那里就是上述谣传的起源地。一些来到中国的访客，为寻求轰动性新闻，将广东人的这桩事情介绍到了国内。当时我国对中国人几乎一无所知，作者对这则有趣的新闻进行了充分利用，并在其介绍中国的游记中，特别加入了相关的绘画。这本二三十年前出版的游记中所表达的观点，构成了我们许多美国人了解中国，或者认为自己了解该国的一个重要内容。

中国市场上从来见不到牛肉的售卖。牛是用来耕地的。即使个别人想宰几头，他们也会私下处理，几乎是偷偷摸摸地进行。在中国，对食用牛肉的忌讳强烈而又普遍，而一些善书也强烈抨击了这样的行为。此种偏见所出的原因，通常是公牛和母牛都为耕作我们的土地付出了辛劳，人类应当深深感激。在十八省之内，几乎无人饮用牛奶；而在一些地方，人们对我们饮用牛奶并用来烹饪的做法极为鄙视。在所有开放口岸，牛肉和牛奶仅提供给外国人食用。

茶在南方是通用饮料，在北方更受到珍视；不过在那些不产茶的省份——因为这个原因价格更高——穷人几乎消费不起它。中国人泡的茶味道通常很淡，一般将其放在一个茶壶中，但招待客人最有礼貌的方式（没有一个参观者或访客进入一户人家却喝不上茶）是让仆人在每个茶杯中都放入少许茶叶，接着从茶壶向杯中倒入沸水，并为他们盖上杯盖。

在中国有一种极为常见的饮料，当地人称之为“老酒”，外国人叫它中国酒，不过它与西方被称为酒的饮品几无共同之处。老酒由某种稻米或小米酿造而成，我并不了解其制作工序。它通常被加热饮用，其让人兴奋甚至喝醉的作用，大致类似甚至还要超过低度葡萄酒。很多人习惯于边吃饭边喝此酒。在婚宴和其他庆典场合，都会招待来宾们喝个尽兴。老人们被特别提倡饮用此酒以帮助消化。人们还从老酒中蒸馏出一种烈性酒，叫作“烧酒”，它的酒劲大，很容易让人喝醉。相比西方国家，醉酒在中国相当少见。

在中国，部分女人和几乎所有男人都吸烟，但通常抽得不凶。他们没有达到外国人那种咀嚼烟叶的程度，而且也没有模仿的兴趣。相比庞大的总人口，吸食鸦片者的比例并不大。

缺乏卫生习惯，是中国人生活与性格中最不值得称道的特点之一。他们的房子通常都是缺少清洁之处，即使富人之家也不例外。中国人不经常更换内衣，不知道经常换洗床上用品。寄生虫太过普遍，以至于已经不那么让人丢脸了。他们从小就熟悉了这样令人讨厌的景象与气味，对虫子并不像我们一样过于敏感。

在中国，婚礼的举办极富繁文缛节，花销也称得上昂贵奢华。中国人通常在很小的时候就订立了婚约。他们从来不会与同宗族的人定亲，即使这种亲属关系已经相当遥远。订婚姻的主动权通常总是掌握在一群被称为“媒婆”或媒人的女性手中。这类人在婚丧嫁娶时来监督梳洗打扮，以及做些类似仆人的事宜。她们走东家串西家地四处流动，因此就熟悉了街坊中的每一个人，并向那些需要寻找儿媳妇的家庭推荐合适对象给他们的儿子。她们成为了两个家庭间交流信息的媒介。没有这类传统的“中间人”或其他类似角色介入，任何一方的父母要求会见另一方，或者父母们自行安排相关事宜，都将被视为不合适或不文雅的。至于这些男孩或年轻男人，社会要求他们对所有事情一概不闻不问，至于表达爱慕、寄送情书等，根据中国人的礼节观念，都是让所有正人君子分外吃惊的行为。双方交换礼物，并将一封正式文件或协议交给新郎父母，订婚就算完成了。夫妻关系因此得以确立，他们的婚约被视为神圣而有约束力，几乎如同婚礼已经举办过一样。有些中国女性的丈夫非常年轻时就去世了，她们则终生

迎亲队伍局部

守寡。在许多情况下，这些终生不嫁的寡妇与其亡夫的父母一起生活，并终生伺候和照料他们。

如果详细解释与婚姻相关的程序、礼节、仪式和迷信，那几乎能写一本书。在大喜之日以前，新娘要拨掉自己的眉毛，这样从此之后她就被认为是已婚女性。在为婚礼所选择的“良辰吉日”一早，新娘会坐上一顶精心装饰的美丽花轿，从自家被抬到未来丈夫的住处。这一庆典的宗教成分体现在新娘与新郎一起祭拜后者祖先的牌位。当小两口坐在婚床上，新郎揭开新娘的盖头之时，两人才第一次看到彼此的面容。他们还要喝交杯酒。这一天要举办婚宴，来宾要祝贺新人，赞美新娘，往往还会闹洞房。

在山东省，婚礼在夜晚举行。这很快让我想起了《马太福音》第二十五章少女预言中讲到的犹太人婚俗。房间里满是贵客，洞房的布置和装饰非常漂亮，万事俱备，只等新娘的出现，而新郎应当与她一同现身。我们等了很长时间，所有人都已经不耐烦，一些人甚至瞌睡了，还有人不时打着灯笼出去看是否有新郎回家的迹象。将近午夜时分，突然听到了喊叫声：“新郎回来了，出去接他！”

新郎新娘祭拜夫家死去列祖的牌位

一夫多妻在中国并不普遍，只有在特殊情况下，再娶才被允许，或者被视为荣耀。哲学家孟子的著作中有句名言："不孝有三，无后为大。"每个家庭都应该有一个儿子，这被视为头等大事，不仅是为了延续家族姓氏，而且更特别的，是为了祭祀或供奉祖先的亡灵。因此，如果一个男人在四十岁时还没有儿子，他就可以再娶一位妻子。长妻维持她在家中的原有地位；如果孩子是第二个妻子所生，他们同样将长妻视为自己的母亲，后者对孩子负主要的照料与监护责任。

在帝国某些地区，杀婴现象不同程度地存在着，而且几乎只限于女婴。不少善书谴责杀婴并警告人们勿要如此，也充分证明了这种行为相当普遍，以及被广泛视作错误和不道德的现状。在一些地方，例如福州，杀婴现象确实非常普遍，但在帝国其他区域，你很少能发现此类事情的确证案例。在儿女众多的贫困家庭中，婴儿因为缺少足够照顾和哺育而频繁死亡，父母们却并没有多少悔意，但如将这些事例包括进通常所说的杀婴，也是完全不合适的。

中国许多地方都能见到大量被丢弃的婴儿尸体，这通常被视为杀婴在这个国家流行的证据。这也许有失公道，但确实能看到他们的尸体被包裹在垫子中，有的被扔进河中，有的被放在城墙根下，有的被高挂在树枝上，以防止被狗吃掉。还有一种常见的情况，是将其投进称为"婴儿房"的建筑之中。这是个一边有小洞的小房子，由好心人专门为这种特殊用途而修建。

中国人拒不埋葬死婴的习俗据说是源于下述迷信：当婴儿死时，他们的尸体就会被一个已故债主的魂魄附身。至少在许多地方正是如此。在孩子患病期间，大人们会以最饱满的柔情来呵护，在求医问药方面不惜血本，而孩子一旦离世，父母之爱立即转变为憎恨与仇视。这样的孩子被称作“短命鬼”或“恶魔”，并被视为家庭的敌人与破坏者。他已经让全家负债累累，心力交瘁，并引发了极大的焦虑、麻烦及花销，对这个孩子，除了失望，再也没有别的感情。这个无人关心也无法入殓的小尸体就被随意抛弃，扔至门外，之后家里就清理干净了。大人们还要点燃爆竹、敲响锣鼓来吓唬孩子的魂魄，让它不敢再度跨进家门。如此一来，这种异教的迷信观念，就使亲情的甘泉走向枯竭。

在杀婴现象普遍的地区，男性人口实在太多，以至于许多父母难以为儿子讨到媳妇。他们往往与有女婴的家庭订立婚约，照料其生活并将让她与自己的儿子结亲。这样一来，女孩子在很小的时候，就成为了其未婚夫家庭中的一员。中低收入家庭的女儿要等到结婚时才离开娘家，父母觉得将其抚养成人的花销与辛劳实在太大，认为自己有资格向夫家索要一笔彩礼。出于这个原因，当一个女孩订婚时，如果夫家希望她依旧待在自己家中，娘家的父母就会希望将来能得到一笔可观收入。如此一来。双方的婚约就与一桩买卖交易非常相似。许多男人因为收入过低，没有能力娶到媳妇并供养，注定要打一辈子光棍。

在中国还能见到一种不算严重的奴隶制度。但无论在哪里，奴婢都是劳动阶层中最无足轻重的一类人。丈夫对妻子、父母对孩子都有绝对权利，这种权利大到如果觉得需要，就可以将妻子或孩子出售的程度。我曾听说过一个鸦片吸食者的例子，他为满足对毒品贪得无厌的渴望；就卖掉了自己的妻子来换取银两；随后为筹措往宁波治疗这种可怕恶习的路费，又卖掉了自己的独生子。

中国人对待死去的婴儿既冷漠又忽视，但对成年人，特别是父母双亲的葬礼，却以繁琐的仪式、夸张的悲情表达及过于大方的花费而引人瞩目。当有成员去世之时，通常整个家庭充斥着哭泣与哀号，以及无休无止的期盼亡灵复活。遗体前面摆放着蜡烛、香炷及供奉的食物。有时一群和尚或道士会应邀为亡灵诵经。大量衣物与遗体一同放入棺材之中。在死后数天内，有各种名目繁多的祭奠仪式和活动。每一个连续的七天都要祭奠，一直到“七七”才会结束。以七天为周期的祭奠，几乎是我所知的中国与犹太或西方丧葬习俗中唯一明显的相似之处。

当棺材被抬出准备安葬时，男人们就会排成长队，有时女人也会加入进来。所有人都穿着白色的粗布丧服，在中国，此种颜色用来表示哀悼。男人们会在辫子末稍绑上白色绳结，并在以后几个月中一直保留，作为一种悼念的标志。在我走访过的大部分地区，送葬队伍中负责哭丧哀悼的基本上都是女性。不过，在山东省的黄县，我见到了一支由清一色男性组成的送葬队伍，当他们庄严地穿过街道时，每走一步就发出一声深深的叹息或呜咽，给路人留下了一种奇怪的印象，让人无法忘记。

中国人准备棺材时要反复考虑。他们通常会在棺材店购买，在那里他们能够用手掂量棺木的质量。但棺材的未来使用者也会在自己家中，直接监督工匠们制作一口。中国人选择的棺材，用料上乘，经久耐用，棺板很厚，钉得结实，胶合严密。其表面用一种非常坚固持久的清漆刷过多遍。棺身很重，需要一边一个强壮的男人方能抬起。当装有尸体的棺材被送往坟地时，通常需要十二到二十个男人一起抬它。我们西方人的习俗，是用棺板不越过一英寸厚的薄棺来埋葬至亲，中国人得知此事后非常震惊。

中国人不像我们那样讨厌棺材，以及由此产生的各种联想。他们经常将身体的这一最后栖息之所，堂而皇之地暴露在家门口附近，或者其他显眼位置，以便来客和造访者审视和评价。有时盛有死者遗体的棺材会在屋内摆放相当一段时间，因为家人在此期间要安排下葬地点，或者忙于其他准备事宜。棺材制作精良，棺盖也胶合得密不透风。我和妻子在中国境内旅行时，曾在一些土著家留宿。有时我们就寝的房间就放着几口棺材，但我们从来不去打听，里面是否装有尸体。

中国人通常将棺材埋得很浅，在墓穴上方再堆起一座圆椎形的坟头。棺木通常放置在水泥地面上，上面再用砖和水泥砌一道弧形墓顶。墓穴经过多年依然可以保存完好，但有时却会遭到人为挖掘破坏。

我并没有意识到，中国人曾经将某些小块土地规划并建设成公共墓地。但随着时间流逝，一些地点逐渐演变成了大型坟场。这些乡间的土地相对荒芜，因此地价也便宜，特别是山坡之上通常有所谓风水宝地的美誉，堆满了贫困阶层的坟墓。在城市郊区，一些坟场的规模很大。我在汉阳（也可能是汉口，这是外国租界的叫法）就曾见到一处，据说有大约十英里长，一英里宽。这块地方似乎堆满了坟茔，分布密密麻麻，已经几乎找不到空地。在这片巨大的亡灵聚居区内，也许有将近两千万人[①]已经找到了自己最后的休息场所。而这里不过是中国一座城市中的一座坟场。如此之多的凡人，对创造他们的上帝和曾拯救他们的耶稣一无所知，而最后只能被抛弃在充斥着偶像崇拜的坟堆之中，每想到这些，我就非常悲伤。

看重红白喜事是这个国家的传统，随之而来的大量花费也无法避免，特别是为死者准备棺木及墓地的开销，几乎让人无法承受。这些花费经常是毫无意义的，由此产生的自然后果，是许多家庭一代代地债台高筑。为了死者的风光体面，苟活于世的后人就要为短短几天之内的大肆铺张、无畏炫耀投入血本，并终生窘迫狼狈、贫困悲惨。

---

① 译者注：原书如此，疑为印刷错误，可能是 2 万人。

第十八章　节日、风俗及娱乐

中国人极为重视时令的划分，并根据大自然所固有的确定原理来仔细编制时节。一年由十二个阴历月组成，每月都始于新月出现之时；在每个月的相应日子里，月相都会一模一样。每天的数字反映的是月相变化的阶段，反之亦然。在汉语中，同一个词既用于"月亮"（moon），也用于"月份"（month）。当太阳进入宝瓶宫，即1月21日到2月19日之间的一段时间之后，[①] 新月的首次出现，即标志着新年的到来。这个时节似乎相当固定，因为它记录了首次昭示春回大地的时间。阴历年的四季划分同我们没有区别。但其月份是阴历的，十二个月加起来不足一年，因此当需要时，就会增加一个闰月，使得随后一年的开始时间，大约比上年晚二十天左右。这个闰月通常被置于六月之后，并被称为闰六月。每个月都有二十九或三十天，并相应地称为大月或小月。一天被划分为十二个时辰，每个时辰相当于我们的两小时。

除了四季之外，一年还被分成八个部分，称为"节"，意为"联结"或"分隔"。八个节又被再分为十六部分，称为"气"，也就是"呼吸"或"生命之源"。这二十四重划分，其中大部分或多或少都有想象成分，与大自然的不同变化，以及谷物与植物的发芽、生长及成熟相关。二十四节气可以被视为节日，而每一节气都有其合适的仪式与惯例。

与节气相关的节日可以被称为自然纪念日，但在阴历年的设置中，这些节日并不能放在每一年的同一天。除了它们之外，还有繁多的其他纪念

① 原书注：卫三畏所著《中国总论》。

日，如纪念伟人的生日，重大的历史事件，等等。

几年之前，应笔者之邀，一位来自南京的学者写了一篇关于中国节日的文章，描述了在这里最为重要及普遍庆祝的那些节日的特色与惯例。其数量总计为四十个。这些节日的间隔没有什么规律，因此也根本不像我们的安息日，能够定期回归休息或娱乐之中。此类节庆起源及仪式，有不少是可以说明和解释的，而另一些则保留了古代的惯例，没人能够说清它们起源于何地何时，或者庆祝它们的目的何在。

那些渴望对中国的国家及社会风俗有更多了解的读者，能在卢公明的《中国的社会生活》，以及卫三畏的《中国总论》中发现有关这一主题的更多信息。在本章中，我将仅仅介绍几个最有特色的节日。

迎接春天的的典礼，一直被认为与中国的国家崇拜活动联系紧密。其举行的那一天，在日历中被称为“立春”，即“春天的开始”，立春可以在除夕之前或之后，相隔时间很短。

为春节做准备

就重要性和持续时间，以及得到民众遵守的普遍性和热情程度而言，春节胜过所有其他节日。在整整一年之中，国人都兴致盎然地盼望春节的各种仪式，并为此做出精心准备。中国人充满感情地将它们统称为“过年”——“度过一年”，或“从一年跨入另一年”，“贺岁”，“辞旧”，“拜年”，等等。“过年”礼仪与新旧两年都有联系，这两者都几乎被人格化，成为偶像崇拜的对象。

当春节临近之时，中国人为预期的祭祀采购大量物品，比较贫困的家庭，平时很少吃荤，这时也要把自家所养的少量家禽杀掉。根据一种权威的流行习俗，所有账目必须在此时结清。除夕这天，中国各个城镇的街道上，都呈现出一幅兴隆繁忙、生机勃勃的图景。无数钱财在短时间内转手。人们大量采购食品、服装及礼物。一是因为他们需要为新年做准备，二是由于正月的最初几天，所有店铺都会打烊。某些用其他任何方式都无法偿还债务的家庭，被迫处理家中的祖传遗物，或者稀奇和贵重的装饰品；这些物品在市场上只能低价处理，那些既有资本又喜欢这些物件的人，则会密切关注它们的动向。

有些人往往以为所有债务于新年之前都能结清，这种说法并不正确。很大一部分中国人年复一年地继续欠债；但年关之时，必须有令债主满意的举措。店铺老板的债务必须特别留意，在来年要多买他们的物品。因红白喜事的开销，或者治病所需向亲戚朋友借钱而产生的债务，很可能要拖到新年，并且常常是永远还不清。但对于满街都是的当铺来说，这却是它们的繁忙时分，许多当铺赚了个盆满钵满。有时，债务人试图躲避甚至欺骗他的债主，这种情况下，后者有权采取非常措施——闯进债务人家中，抓住任何他能放在手上的东西，也许不分青红皂白地打碎和毁坏它们，并恐吓和威胁屋里的人，特别是其中的女性。这种方式是中国习俗所许可的。考虑到此举对债务人的污辱，以及迷信观念中，对于新年开始如此不吉利的恐惧，再没有什么能比它更让人害怕了。有时在大年初一一早，有人就被债主上门追债。如果后者随身提着灯笼，以这种方式显示他依旧在追讨昨天晚上没有追到的债务，也没人会觉得不妥。当债务人忙于招待和宴请其新年访客之时，这样一个不速之客幽灵般地出现，目的在于刺激对方的羞愧与窘迫之情，而后者的尴尬用语句难以形容出来。

临近除夕夜之时，一家老小聚在一起正式行祭拜之礼。需要呈送祭品的有灶神，已故祖先、其他被视为家族崇拜对象的神明，以及即将过去的旧年。作为礼拜的最后一个程序，一家之主要代表其他所有成员来下跪答谢，感激过去的一年。礼毕之后有时还要饮酒，称为“隔年酒”。随后旧的一年被送走，新的一年取而代之，带着感恩之心和喜悦之情，家家户户灯火通明，室外爆竹声此起彼伏。

大年初一早上，中国人的祭祀活动与前面描述的相似。不过除夕是感怀过去，而初一是展望未来。家家户户依次把感恩与祝福献给灶王爷，亡故的先祖，以及天与地。对这些崇敬对象的宗教祭拜与供奉结束之后，在世的先辈分别就座，而小辈们则向他们行礼——与早先祭神祀祖时的祝福语句类似，采用的形式也几乎相同。随后，家庭成员相互送出新年祝福。仆人进来向他们的雇主表示敬意，并能得到盼望已久的新年礼物。

许多人在向家中之神表达敬意之后，还要赶赴一些庙宇。本书第十章讲述的城隍庙是这时人们最喜欢去的地方。大年初一早上，城隍庙里几乎挤满了祭拜者，而且几乎全部是男性。只要能在主要神像前面发现一个空地，他们就立即跪倒并将头磕向地板，随后起身，将自己购买的香柱插在神像前的大香炉中，从这里冒出的清烟连绵不绝，充斥着整个庙宇。

祭拜完神仙之后，人们还要向至亲好友表达敬意与祝福。只要你穿行在大街上，就会发现与昨天截然不同的景象。所有的店铺都已经打烊。除了孩子们的欢呼声与爆竹的爆炸声，一切都非常宁静。可以看到很多人在街道上走来走去，但每个人的穿着和举止都很有教养。他们都穿着丝绸、缎子或皮草制成的新衣，并戴着一顶礼帽。那些没有精美服装的人，就按天或时辰租上一套，并有权让自己一年至少有一次机会，表现得像个绅士。街道呈现出一幅更新与进步的景象。在夜里，人们把崭新的、代表“门神”或者“守护者”的大幅画像粘贴在大门上，把旧画像取下来。还要在门上张贴全新的大红对联，其上是一些表示阖家欢乐或吉祥如意的语句。一些家庭还会贴单个的“福”字，其意为“欢乐“，这是中国所有地域的人们，都共同渴望与追求的伟大理想与目标。

人们一家接一家地登门拜访。互相拜年之后，主人通常会用茶水和点心招待客人，还有可能盛情邀请他们留下享用午餐或晚餐，当然后者通常会礼貌地谢绝。此类的拜年活动一直会持续到十五，但规模会一天天地减小。在大年初三或初四，店铺就开始营业，各个阶层的人士逐渐恢复其正常业务。

福字

在春节期间，还经常能看到一群高举模拟巨龙的男孩子。龙的框架由竹片制成，其上用布料包裹。他们举着龙挨家挨户串门，并有权要求户主迎龙入户，以驱逐妖魔，并确保来年好运连连。这帮男孩子既能享受到此项活动的巨大乐趣，还能让自己的口袋装个满满当当。这些现银都是他们光顾过的家庭送出的。

舞龙

正月的第十五天就是“花灯节”（Feast of Lanterns）。早在几天之前，各大店铺就开始展销数量庞大、种类繁多的各式花灯。它们由竹篾做框架，再覆以透明纸张制成。花灯可以设计成各种飞禽走兽，也可以加工成人们感兴趣的其他样式。有些还装有轮子，从而能够旋转。另一些设计得更加巧妙，由蜡烛燃烧产生的空气流，带动着内部轮子和机构装置运转，并使得各种图案能够如活物般运动。此类让中国人不分老幼都喜爱的玩物，显示了这个民族是多么的心灵手巧。花灯的销量很大。各家各户都为整个城市或乡村的灯火通明做出了贡献，大街之上的游客多得难以形容，他们直到深夜才陆续散去。

"清明"——"清新与明亮"是中国最有趣的节日之一。时春季，人们在这天要祭墓地，因此它也经常被称为"扫墓节"。在这个充满活力的时节，万物生机盎然，空气中溢满春花盛开的香气，游人遍布大小山岗，各家各户都在找寻自己熟悉的墓穴。人们向亡灵进献食物和纸钱，并下拜行礼，打扫墓地，也许会给坟头上添几块新土，并在上面插一根系有纸条的棍子，以向过路人证明，在世的亲属从来没有忘记过这块坟地。上山扫墓并非一定要在同一天，也可以在清明之前或之后。

九月是放风筝的好日子。在《中国人的社会生活》一书中，卢公明讲述了在福州郊外的一座山上，"如果当天天气不错的话，大约三到四万人来到此山放风筝。"他接着描述道："天上到处是风筝。有一些呈现出某种景致，另一些表现的是某种鱼，还有些像一条鳗鱼，或其他类似的动物，长度从十到三十英尺[①]不等，大小比例都很合适。另一些就像各种各样的飞鸟，或者小虫、蝴蝶和四足动物。还有一些就像是在空气中游动的人。"他还写道："在这一时节，一个外国居民或游客经过这条街时，经常能隐隐约约地看到巨大的飞鸟翱翔于天际，能近距离观察这种奇观异景，他心里自然满是惊喜，但随后这只大鸟几乎固定不变的姿态和机械呆板的运动提醒了他，意识到自己看见的不过是一只纸糊的风筝。"

带有偶像崇拜意味的游行活动在中国民间习俗中屡见不鲜，这也是一种重要的大众娱乐和休闲方式。举办这些活动的目的是纪念不同的神佛，在一年之中会频繁进行，而且每一次游行都是场面宏大，参与者服饰艳丽，同时，花费也是没有底线的。在游行中，走在队伍最前面的通常是一尊或几尊神像，后面跟着成年男人或者男孩。他们往往会高举一些能吸引旁观者眼球的物件，以增加活动的趣味与新奇。那些能够捐出一些庆典用品的家庭或者商家，就足以使自己占据队伍前面的突出位置，并以此显示他们的慷慨大方与公益精神。

有时游行队伍中还会有彩船一类的道具，它们装饰得标新立异、充满想象力。人们对甲板上的船舱不惜工本地进行封闭和装饰，彩船里面坐满

① 译者注：原书如此，疑为英寸。

了乐师歌女，由一些男人扛在肩上前进。有时人群中还随处可以见到纸糊的大象、驼骆和长颈鹿形象，制作得都极为逼真。它们用很轻的竹蔑做框架，上面覆以纸张，并描画得与所代表的动物形象十分相似。通常会有两人将上半身藏于其中，一个人充当前腿，另一个则为后腿。两人都经过培训，能保持步调一致，以模仿这些动物原本的步伐或移动方式。

在宁波市区及周边的游行活动中，还有一种更加有趣的展示活动，为整个游行增加趣味。几个男人抬着一块木板，其上站立着一位模样俊俏、衣服华丽的娇好女子（不消说，她不会来自非常受人尊敬的阶层）。她的一只手高高举起，手上还托着另一位美貌女子，后者用脚尖站立在掌心上。从远处看，她就像耸立于半空中，极为惹人注意。人们纷纷拍手叫好并说个不停。对于不了解内情的陌生人来说，这两位姑娘如何支撑身体，无疑是个不可思议的奇迹。其实，秘密在就于两个女子配备了坚固的铁架子，它们被设计得非常精致，既能给身体提供有效支撑，又能隐藏在衣服下面，不让人一眼看穿。孩子们打扮得花枝招展，骑在马上，由打扮成新郎的人牵着马，跟随队伍前进。人群中还有旗帜、横幅及彩带四处飘扬。

游行彩船

游行队伍中，偶而还可以看到有人化装成罪犯，戴着手铐脚链或枷锁。这是一种木制刑具，套在犯人的脖子上，上面还会写明此人所犯下的罪行。人们一眼就能认出，这些都是遇到麻烦或遭遇危机的人。他们对此次公开游行所祭拜的神明起誓，为了得到他的恩惠与帮助，就承诺在游行当天如此打扮以充当此类角色。

这类游行队伍有的长达四分之一到半英里。他们根据预先安排，要走过多条街巷。而沿途那些已经预知游行队伍到来的居民，都会穿上节日盛装拥向街头，将所有空旷的广场填得满满当当，或站在自家门口和二楼窗

戴上木枷以示感恩

户边，准备欢迎流行队伍的到来，并奉上自己的喝彩。

促使官方定期举办这类游行活动的动机，是希望民众遵从古老的中国传统，不过这也是一种受人欢迎的消遣娱乐方式。人们还希望能够慰劳和取悦各路神明，并从后者那里获取回报。

中国各处都有戏剧表演。但无论角色还是舞台道具，它们都和西方国家大相径庭。中国人公开承认的演戏首要目的，是崇敬或讨好一些神仙妖怪，因此在演出前，人们会将代表祭拜对象的雕像、牌位或画像，安放在戏台下面最突出的尊贵位置上，并总是要在其前方摆放一张桌子，上面呈放着各种礼物或祭品。如此一来，这些看不见的神明在眼睛和耳朵得到享受时，也可一饱口福。

在中国，并没有专门为戏曲表演修建的永久性大型剧院。因此戏曲表演只能在寺院、私人住宅、街道路边来进行。各类寺庙可以在神像前搭建一座舞台或者平台，专门用于戏曲表演。而大家富户在自家院子里，就能置办起一处临时舞台。有时一户人家，或者几户联合起来，在靠近住所的空地上搭建戏台。在商业街区，某些店铺门口经常会搭设戏台，为的是招揽生意，在这种情况下戏台会建在对面的街道。舞台的地基会修得足够高，来往的行人可以从其下穿过。

这些演出的费用由承办的寺庙、商家，以及单个或者几个家庭来承担。他们会向亲朋好友发出特别邀请，为后者预留座位，演出结束后还要设宴招待。任何愿意挤在人群中看戏的都可以前来，而且外来观众越多，提供此项娱乐的主人越开心。

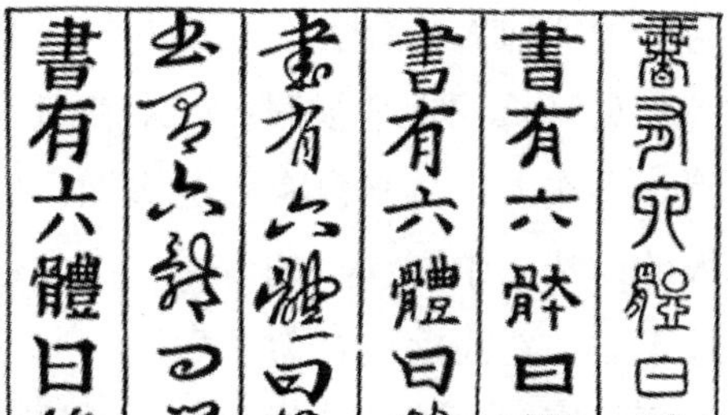

这些表演的时机或理由可以说五花八门。某位神佛的生日时，在供奉此神的寺院往往会有戏曲表演，当然这是由周围街区或乡村的信徒出资赞助的。在许多节日，祖庙中也会搭台唱戏。父母双亲无论是否健在，儿孙们在其生日时照样会以此类表演来庆祝或纪念。很多人还因为在神佛前起誓而请戏班。如家中遇到大火，住宅却安然无恙，这家人就会跪伏于地感谢火神，并承诺唱次大戏以表敬意。这类表演称为“谢火戏”，即感谢火神的戏曲表演。在平静安宁时期，一户人家或者几个邻里，为避免未来可能的灾祸，经常会请人唱“保安戏”，即保证安宁的戏曲。上一章描述过的，讨好饥饿之鬼的喧嚣仪式，通常会以一台大戏收场，称为“安神戏”，即令鬼神安宁的戏曲，其用意是，人们在本地鬼怪管辖的地盘制造了太多喧闹，故以此作为一种道歉形式。每逢当朝皇帝的寿辰，衙门或官府都会大办几天戏曲表演以示庆祝。当然戏曲表演的由头还有其他一些，但以上所述足以使读者对唱戏的理由有一个全面理解。

汉字的六种字体

中国戏剧让外国人相当吃惊，他们认为，这些表演既异想天开又荒唐可笑。不过，考虑到各国欣赏品味及文化水平的不同，两者之间表演形式的差异，并没有通常想象的那么显著。无论在中国还是在西方，都会有部分表现前朝事件和人物的历史剧，另有部分则完全虚构。有一些是前人的作品，另一些则是当代的新作。剧中角色会符合观众所期待的褒奖或惩罚，因此都被视为高尚生活的辅助手段。不过，中国演员身着的各色戏服与今天普通人的穿着完全不同，往往过于古怪异常，滑稽可笑。演员的唱腔又高又长，听来很假，如果在日常对话中采用此种方式，当然就很不自然，事实上也从来没有人这么做。但在戏剧表演中，这种音调却符合中国人的口味。中国演员的台风也以大量的过度动作为特征：表演者持续不停地走运，忽而前进，忽而后退，一会儿鞠个躬，一会儿打手势，扭腰和转圈更是家常便饭。他们常常还大声争吵，指手画脚，甚至进行模拟对打。而且，不光每部戏或者每一幕的终了，有时甚至是每个唱段甚至每句话说完，就会用喧闹的锣鼓声及其他乐器演奏来表示。大部分时候，这些戏剧的创作和表演，采用的都是简洁的中国文言文或官话方言[①]，即便有学问的人也难以理解。观众要领会剧情，就主要借助看明白，而不是依靠听清楚。演员偶尔用白话方言讲两句，或者听众中有老戏迷做些额外解释，观众就能得到更多理解。

在中国，被雇用来娱乐并服务于大众的演员，被视为一个下等群体。在宁波，这一职业被专门贬为贱民阶层，他们中的很多人都出自于开罪了皇帝的家族。一般来讲，女子是不能登台献艺的，不过由男人反串的女性角色，无论声音还是日常表情都能模仿得惟妙惟肖。有志于这一职业的孩子，从很小年纪就得到了认真教导，观察一切相关唱腔和台风，这被认为对他们的职业极为重要，并要求准确无误地记住大量台词。精通这门表演艺术的佼佼者，有的成为师傅，有的则当上了戏班班主。孩子们与这些师傅签有契约，上面清楚地规定，如果孩子被后者打死，不能要求对方负责。之所以要规定这个条款，据说在这一行业的培养中，没有严厉惩罚，学生就无法出类拔萃。可怜的孩子，命中注定要在几乎得不到任何同情的虐待中长大，他们的遭遇被认为是成长环境的必须，因而必须适应这些折磨。不过当他们得知，自己所承受的一切不过都是师傅之前早已经历过的，也就心安理得了。有些富裕人家往往会包下一个戏班整年的演出，并提供所需行头，并会雇用一个总管，其任务是安排表演日程，并为演出筹集费用。这类戏班的人数从十人到六十人不等，演出一部剧的收入在三到

① 译者注：即北京话。

戏剧表演中男扮女装

二十美元之间。同一个戏班在同一天内，可能会连演好几个不同剧目，而且很可能要在同一个地方连演几天。有时一位有钱人会在一段确定的时间内，为他自己、亲朋好友，以及本人所信奉的神佛，专门雇一个戏班子。在中国，这些演员被其同胞鄙视，几乎得不到任何尊重，就道德地位而言，他们连社会中的平庸之辈都不如。

这些戏剧表演在中国如此普遍和流行，并如此适合国民口味，因而民众既没有时间，也没有意向去经常寻求其他活动了。聚集在一起倾听公开演讲和高谈阔论，在中国几乎是鲜为人知。

中国的木偶戏，鉴于其表演方式的精妙以及在民间受欢迎的程度，值得在这里特别提及。通常来说，此种表演需要两个人相互配合，一人现场表演，另一人充当助手，做些敲锣、收钱等工作。有时一个人也会单独出来表演，并将其所有表演道具背在自己身上。他穿行于街巷之中，边走边敲锣，以说明如有任何人想雇佣并邀请他在自家门前表演，自己会欣然接受。他也可以选择一处方便的地方，以吸引街道上的人群。表演开始时，艺人站在一把椅子上，椅子上绑的棍子或杆子支撑着一只匣子，这就是他的演出场地或者说迷你剧场。他将上半身完全钻入匣子中，而从里面垂下的幕布可以将整个人完全挡住。匣子前部是开放的，并有一个小舞台，木偶就在这里表演。戏中所塑造的角色，通常是在家中争执不休的一对夫妻。他们一边互相指责一边打手势相威胁，而当这些招数都用尽时，就改用拳头和扫把进行攻击。幕后的演员利用绳索和拉线，以娴熟的技艺操纵着木偶的运动，并近乎完美地模仿两口子的声音和语言。通常情况下，原本自以为很有尊严与权威的丈夫，被灰溜溜地赶下台。观众响亮的掌声，证明了他们对表演的欣赏。我在中国和英国都看过类似表演，让本人吃惊的是，两国木偶戏的内容几乎如出一辙，而且中国艺人的表演才华似乎更加出色。

在中国赌博非常普遍，具体方式也是五花八门。中国人广泛意识到它的不道德和恶劣影响。官方也出台了禁止赌博的法规，但这些律令形同虚设。

在适当时节，中国人还会遵守一种非常有趣的全民斋戒习俗。遇到干旱或其他灾情，或者为避免一些可怕的公共灾难，市政长官就常常会在短期内下令禁止屠杀牲畜及在市场上销售荤腥食物。他们的目的是希望得到上天的同情，并通过为百姓祈福来确保自己官位亨通。

中国人可能还有其他一些值得提及的特性与爱好，但以上所列举的，我个人认为是这个民族最重要也最有特色的风俗。

第十九章
对中国人性格及文明的总体评估

我意识到，在本章将要提出的许多观点上，本人将不得不走向许多通常会得到公认的观点之对立面。“中国人”几乎已经成为了愚蠢的同义词，他们的习惯与特质为我们开玩笑和挖苦他人提供了丰富的素材。我们对中国人的印象如此根深蒂固，深入人心，报纸杂志的记者编辑们，如果希望自己关于中国和中国人的文章既好懂又有趣，通常就乐于捕捉和夸大任何能够体现他们奇风异俗与荒唐可笑的事情。在谈及这个民族，他们的猪尾辫，剃净的前额，厚重的鞋底，自以为是的无尽尊荣和无上权威，以及对我们许多耳熟能详事物的严重无知，都构成了报刊作者们经常会攫取的、经久不衰的素材。一些宗教报刊甚至也随波逐流。几周之前，一份宗教报纸上相对温和的文章，将中国人概括为“地球上现存的最庞大、最古老以及最荒唐的社会组织”。

如果说中国人拿西方人取乐的方式与我们的上述观点惊人地相似，很多人都会不以为然。但他们同样会通过贬低我们来得到很多乐趣。依据中国人的联想及思维习惯，我们的几乎一切都不可避免地只能被视为荒唐可笑。我们的头发剪得太短，衣服绷得太紧，看起来既不优雅也不舒适；男人们穿着细跟皮靴，戴着高又硬的帽子，西方女性则腰肢纤细，身套裙箍，看起来就像黄蜂一般，大夏天还戴着手套。我们的举止不够优雅，我们对常规礼仪明显忽视，男人和他的妻子甚至还有在大街上手拉手行进的奇怪习惯！这些看法关注的是细枝末节的事情，我们大可一笑了之，但中国人认为自己有充分证据可以确定，西方人在智力水平、文明程度、文化修养，特别在道德品质方面，都远远落后于他们。

很显然，我们两方之间有某一方犯了严重错误，一个自然而又合理的假设是，双方都过于高估自己，以至有了这个错误观念。这是人类本性中的普遍倾向。

正确看待这些问题，我们不能完全站在中国人或者西方人的立场上，也不能仅仅考虑那些相对并不重要或是例外的细枝末节，而要着眼于基本的、有更普遍影响的事实，并尽量公正宽容地分析它们。

首先，在接受那些在华的外国人社区中形成的、由那些并不熟悉汉语之人持有的，有关中国人性格及文明的一些普通观念时，应当非常慎重。有必要在此陈述几条原因。

在开放口岸中，大量的外国商会蓬勃涌现，大批中国人也从内陆云集于此。他们中的许多人甚至大多数都是冒险家，摆脱家庭和社会的影响制约来到这里，就是为了攫取财富。就外国人而言，对待本地侍者和雇员傲慢无礼、专横跋扈和不可一世，都是再正常不过的事情。一些有独立和自尊意识的中国人，通常更喜欢为本国雇主做事，因此，这类人在口岸也并不多。此外，在这些外国社区中，异国观念和风俗非常流行，本国人不管来自哪里，就渐渐或多或少地失去了本国特征，并成为了这个种族中的变异群体。外国人和中国人几乎完全讲述第十四章所描述的那种浅陋和可鄙的“洋泾浜英语”，这种语言无法表达深思熟虑的观点，过多使用只会使双方的交流产生一种粗鲁和荒唐的气氛。中国人日常所接触到的西方人，都是些常常喝醉的水手、喜欢谩骂的船长以及寡廉鲜耻的商人。前者经常可以从后者那里学到新东西，这些口岸也成为了传授口是心非与伤风败俗的学校。中国人的结论是，外国人来到本国，与自己做交易不过是为了获利，因此尽可能多地从他们那里赚钱也是公道合理的。因此，正是与外国社区的交往并受其影响，导致了部分中国人的堕落和沦丧。这一类人并非中华民族中的合格类型，口岸中的外国人只与他们发生接触，交流的媒介仅有“洋泾浜英语”，因此仅凭个人经验和观察，就对中国人的性格、道德及观念得出一个总体评价，显然是不够资格的。就这一问题，我曾有过深入思考，因为我们在国内获得的许多关于中国人的印象，都来源于返乡的商人和船员，以及短期游客。这些人的观察范围都相当有限，他们所得到的绝大部分信息，无论是道听途说还是听人传言，都是以上述的不完全方式获得的。

相比欧洲各国人，中国人属于一个冷漠迟钝、消极被动的民族，身体缺乏锻炼也没有活力。男孩们不喜欢体育项目和剧烈运动，却偏爱弹球、放风筝及一些安静的球类游戏、抽陀螺等。人们做个简单散步就算娱乐，几乎从不为锻炼身体而快跑，也很少因着急或兴奋而快速前行。羞怯和温顺同样是他们的典型特征。常有人断言，一支一两万人的欧洲军队，就能从帝国一头杀到另一头，根本遇不到激烈反抗。事实很可能就是如此。不过，这种极为显著的差距主要归因于我们掌握的现代军事科学知识，以及所拥有的更为先进的军事装备。如果中国士兵训练有素，既忠诚于领袖又能相互信任，并配备现代火器，由他们所组成的军队，在对抗一支人数明显比自己少的军队时，就不会那样缩手缩脚了。不过我依然坚信，就算有同样的操练和装备，作为士兵，他们依然表现得不如欧洲人。

诚然，中国人缺少活力与胆量，但他们并非一味消极抵抗。对于痛苦和死亡，中国人相当超脱。他们的身体耐力非常强劲，并且不乏韧劲与固执。一般来说，在一天之中，一位中国裁缝在其工作台上耗费的时间，或者一位中国学者在其书桌上忙碌的时光，都要远远长于他们的美国同行。

在帝国的不同区域，人们的身体发育状况、体质和寿命各有不同。在广州及周边地区，我们获得了对中国的大部分认识。这里及南方大部分地区，人们的身材比较矮小；但是在北方的山东省，男人的身高普遍有五英尺八英寸到六英尺，而且有些人非常高，事实上几乎是巨人身材了。在这里我听说许多超过七十岁的人还要劳作，每天照看他们的生意，还听说有人能活到九十岁甚至更大岁数也不算新鲜。

许多明显的重大事实，都确证了中国人是充满智慧的民族。如果智商不高、信息不畅的普通人要对此质疑的话，那真让人费解。当然在这一点上，最好是陈述事实而非个人观点。我们面前的这个国家，其政府体系和法律制度完全能够与欧洲各国相媲美，并且得到了本国大多数有才华、可信赖的作者的大力推崇。以下事实，可以证明这套体制的创建人的务实智慧及深谋远虑：它经历了时代的考验；其存在时间超过了世界历史上其他任何一种人为设计的制度；它用一套共同的规则将世界上绝无仅有的庞大人口整合在一起，并为后者带来了的繁荣与富庶，足以让我们惊奇不已。尽管这个民族的历史中一再出现叛乱和政治动荡，但受益于其性格，以及意识形态中所孕育的活力及恢复性能量，这些灾难对帝国的持续增长和长久发展不过只起到了暂时的阻碍作用。正是其智慧思想，让中国在东方领袖群伦，并令基督教世界刮目相看。中国可以充满自豪地向世界表明，她的真实历史，可以向前回溯三千年以上；她的文学包罗万象，包含许多货真价实、经久不衰的伟大作品；她的语言极为精致，拥有非凡的表达魅力；她的学者众多，建树丰富。如果这些还不能做为中国人聪明睿智的证据，就很难说能在哪里发现类似迹象，或者根据什么基础，来说明我们自己的智慧优越。

不过，中国一直傲慢和夸张地设想自己的无与伦比。也许正是这个原因，让我们一直不愿意承认她本来完全具备的地位。应当记住的是，直到最近，她对西方依然完全不知，正如过去西方对她那样。她仅仅将自己与周边国家相比。这种过分自大的部分原因或者借口也许在于，中国仅仅认同那些熟悉她的国家评价她的方式。长久以来，中国都是东亚光明与文明的伟大中心，她将自己的文化和宗教传授给了三千万或四千万日本人，同样教会了朝鲜半岛和满洲的居民，并被这些地域以及其他一些更小的国家尊为公认的老师。在美国，许多人认为日本人比中国人更优秀，但日本人自己并不推崇这种观点。日本并没有产生过足够伟大的导师或者哲人，有资格与中国的此类伟人相提并论。他们承认中国的文学比自己的优越，其最显著的证据就是，日本的学校使用中国经典作为教材，如同我们国家使用希腊和罗马经典一样。具有较高文学水准的日本书籍，如果作者能够掌握中国的语言和文字创作，就一定用其创作完成，而并不使用日语。在一些机械工艺上，日本能够胜过中国。但很显然，无论智力还是道德方面，日本都要落后不少。也许两个民族最根本的区别在于：日本长期以来习惯于向中国和荷兰学习，自然而然地采取了学生的立场，也正是这个原因，在学习西方国家的现代艺术和科学知识方面，他们能够胜过中国。中国却一直过于自负而不愿意学习，他们看重的一个观念是，任何“中央帝国”

之外值得学习的事情，不过是先祖智慧的反映，或是对之的诋毁，因此宁愿继续保持无知，也不愿意怀抱感恩之心接受他人的知识。

但有人也许会问："中国人曾经做过哪些？他们都知道什么？他们对科学有过任何贡献吗？他们不是对一切现代艺术和科学完全一无所知时？"中国人对现代艺术与科学几乎完全不懂，他们的语言中也没有与此相关的词汇，这些都是事实。但是，在二百年前，我们的祖先对于化学、地质学、哲学、解剖学，以及其他门类的科学，能知道多少呢？五十年之前，我们对蒸汽船、铁路和电报又能了解些什么呢？难道几十年前相对的知识匮乏，以及更早时候我们祖先的茫然无知，能够作为我们这个民族人种和智力低下的证据吗？如果追溯到几百年前，也许我们就可以用这个一些人非常推崇的尺度，来确立中国人是优秀民族这一断言了。在文明艺术中首屈一指的印刷术，就是由中国人发明的。几百年前，在西方人对其仅能略有所知进，中国人已经就使用它了。在指南针、火药、丝绸、瓷器和陶器的制造与应用方面，他们同样一马当先。

智力的表现形式有多个方面，在同一个人身上，既会有令人瞩目的能量，也会有相当显著的缺点。因为不管是精神还是肉体，其特殊才能的培育，经常要以牺牲其他方面为代价。中国教育几乎不重视推理能力的提高，该国学者也缺乏逻辑分析的敏锐，在这方面甚至远远落后于印度同行。但是，在开发和储存记忆方面，他们没有对手。再比如，中国的教育体系有效地制约和妨碍了思维的自由与创造力，不过其所具有的优势，又培养了对方法和秩序的热爱，对权威的习惯性服从，以及性格与理念上惊人的一致性。这在一定程度上又弥补了前述不足。中国已经将如此庞大的学者队伍融合成一个同质的的整体，也许采用其他方式，就不可能达到这样的效果。我相信从天性上来说，中国人并不缺乏独创性和创造力，因此只要这些特征能得到鼓励，这个民族将展现出聪慧的大脑，这几乎是不用怀疑的。

中国一直苦于另一个严重的不利条件制约，即与其他民族几乎完全隔绝，因而对后者及其观念全然不知。美国则一直拥有欧洲和西亚各国几个世纪以来的全部知识储备，如果没有这个有利条件，不能从源于其他国家，特别是基督教世界的知识中获得激励与教益，我们今天的状况会是如何，的确无法想象。

很少有机会能将中国人的智力水平与我们自己做一比较。那些曾经踏上美国海岸的中国人，除了极少数之外，都不是其中等劳动阶层的合适代表。这一蒙古人种只有很少一部分曾在我国的高等院校中接受过教育，但他们个个表现优秀，令人尊重。几年之前在耶鲁大学，一位中国学生在班上取得了英语作文竞赛的一等奖，他的好几个同学都告诉我，这个奖项的取得并非出自老师的偏袒，而是源自那位同学努力的成果。无论何地，只要中国人有了与我们在同一平台、以同等条件竞争的机会，他们的表现就会说明，华人与我们在智力上的差别微乎其微。如果这种差别真的存在，也不值得我们过多讨论。

中国人的道德水准，为我们提出了另一个广泛争议的话题。将他们定性为一个“小偷和骗子的民族”的说法非常普遍，谁要是不打算接纳或认可这种或者类似的刻板表达，就很可能有被视为无知或偏袒的危险。不久以前，一位非常受人尊敬和聪明睿智的绅士向我提问。此君在非洲人身上发现了很多值得喜欢和羡慕的品行，因此问我中国人的性格中，是否可以发现任何一点点能够激发人们尊敬和喜爱之情的特征？对于此类喜欢思考的人来说，这是一个值得深思熟虑的问题。他们依据什么理论，才能够解释一个伟大、繁荣和稳固的政权，却由这样完全没有价值的元素所组成？

如果我们暂时回头看看中国人对我们普遍的道德评价及其原因，也许会既有趣味又有价值。中国人都熟悉以下事实：外国人不顾中国政府真诚和坚决的规劝，执意向中国输入鸦片；因鸦片贸易产生的争执引发了第一次中英战争；当信奉基督教的英国代表劝说中国政府将鸦片贸易合法化，并将其作为税收来源时，中国皇帝答复道，他决不会采用一种给自己臣民带来痛苦与不幸的税收方式。

在中国代表我们美利坚民族的，很大一部分都是海员。他们中的某些人只要一上岸，就喝个一醉方休，并沉迷于各种邪恶与暴力行为之中。不过在胡作非为之时，他们口中还总是念叨着最令人讨厌、最没有教养以及最胆大包天的诅咒，以亵渎上帝之名。多年以来，这些外国败类还控制着中国沿海的多艘海盗船，来自海外的小偷和强盗还时常洗劫中国的内陆河流及运河。在与来自西方的陌生人做生意时，中国人发现并不仅仅是他们的同胞，才会口是心非、欺诈成性。而且，他们发现某些为数不少的本国女性，出现在众所周知属于外国人的租界内。这些女性冒失和放肆地招摇过市，其行为在中国绝大多数城市被视为绝对的有伤风化，让人无法容忍。从西方大量进口的“西洋景”，将我们能够想象得到的最丑陋、最猥亵的画面呈现在了中国人面前，而这些图景展示的正是我们自己民族羞于提及的下流与罪恶。几年之前，一个中国人没花多少钱，就在内地一座城市长达六百英里[①]的街巷中放映这种西洋景，每天的参观人数高达数百，因此他也发了一笔横财。我得知此事之后可以说是出奇愤怒。如果美国只能用这些乌七八糟的东西吸引中国人的注意力，后者因此认为我们是一个野心勃勃、寡廉鲜耻、暴力成性、贪婪放荡的民族，也就一点也不奇怪了。

非常遗憾的是，我的看法被认为是针对在华某个阶层整体的道德批判。这种指责根本背离了我们本意。不用说，在政府职员、海军军官中，在商人、舰长和水手中，都不乏品行崇高、信仰虔诚的基督徒，他们的所作所为无可指责。同样让人悲哀的是，另外一些人拥有与上述同胞完全不同的性格，而正是这些没有原则和底线的人，即使只占很小比例，也令自己的国家和民族蒙受指责，承担耻辱。这也是事实。我及其他许多志趣相投之人所指出的这些事实，相信凡是在中国生活了数月以上的人，都相当熟悉。

但有人会说，中国人对美国人的印象，源于他们所认识的极少数外国人，这些人远离了家乡，也摆脱了它的制约。而我们对他们的印象，则是通过站在对方的土地上，观察中国社会所得出的。那么让我们假设，一位对美国没有好感的中国人，踏上了这片土地，是如何从亲眼所见中，来感受我国人普遍的道德观念。

一上岸，马车司机就要求中国人支付在他看来过高的车费。当被带到

① 译者注：原文如此，似乎有夸大之嫌。

我们的某家一流旅馆看房间时，他发现里面有一张打印的告示："为安全起见，贵重物品请锁在铁柜中；客人离开时如将外衣丢在房间，后果自负；放于门外的靴子，业主概不负责。"只要拿起每天的报纸，只会发现大量的版面被抢劫、夜盗、谋杀、投毒、自杀、诈骗、挪用公款、离婚、潜逃等报道所占据。从每日新闻翻到广告版面，他发现这些被各家各户视为值得信任并能方便得到的报纸，却用严谨的措辞和易于理解的方式，来向公众推销一些毁掉其子孙胚胎期生命的新方法，这些方法却为大众所接受。[①] 在政治要闻版，他看到的是对贪污腐败、背信弃义、公权私用、结党营私等行为大张旗鼓的批判。对这个华人来说，他进入美国的第一天，在当地所收集到的充足证据，是诠释美国人道德水准何等重要的材料啊！

当这位追寻可靠信息的东方游客，在参观了我国几乎遍布大街小巷的酒吧，大城市中随处的赌场，更不用说还有其他恣意放纵之所以后，他对我国民众的道德水准，或者说，他对美国人道德低下的第一印象，很可能不会再有所改观。

或者，我们也可以想象这个中国人在我国西海岸登陆之后，从已经先期移民至此的同胞那里得到的第一印象。他们告诉他的事实是，自己一到加州就遭到了敲诈和抢劫，本来已经支付了在美国矿山工作的许可证费用，当地官员及冒充官员的骗子，还会伪造各种理由来勒索。如果他们中有谁运气不错，能够在矿山中发现一处回报丰厚的矿井，其下场就是立即被赶走。一个中国人挖到金子的事情如被传开，他一定会面临金子被人抢走的巨大风险，如果能保住性命都算是幸运的，因为在这一行当内，臭名昭著的杀手屡见不鲜。尽管有这样的压迫和不公，这些不愿惹事、勤劳踏实却又饱受虐待的华人，却没有反抗的办法。美国法庭不允许华人出庭作证，他们自己也几乎找不到愿意为其充当证人的土著。这位爱打听消息的中国旅客，因此很快就会得出让人无法否认的结论，这片以自由和法律自诩的土地，对华人来说既不会有正义，也不可能有任何补偿。

这位中国旅客也许会发现，其在加州的同胞所陈述之事实，已经得到

① 译者注：此处可能指医院的堕胎广告或商家的堕胎药品广告。

了我们自己民族的一些独立证词所确认。例如以下来自布鲁克林一位著名牧师的陈述："我们把自己伪装成一座受压迫者的收容所，一所地球上无知者的学校，但对于勤劳和不知情的中国人来说，他们除了出卖苦力之外，得不到任何提升的机会；我们不能为他们提供适当的援助，甚至连法律保护都没有。这种情形再真实不过。最近刚造访美国的中国使团，其第一桩公务就是致力于调查在加州那些忍气吞声的蒙古人中的民事残疾，以及当地人对他们的粗暴态度，这几乎是不需要任何怀疑的。还应当注意的是，中国人在这里的处境，对一个基督教国家，特别是对一个宣扬基督教的特殊自治原则，以及法律面前人人平等的国家来说，无疑是骇人听闻的事情。

"去年冬天，加州议会提出了一项议案，允许中国人在某些刑事和民事案件中出庭作证，但立法会议最终否决了这项提案，这事实上等于给所有恶棍及强盗颁发了自由许可，只要他们是白人，就可以对可怜的蒙古人恣意作恶，而不担心法律惩处。

"总的来说，在加州的五万华人，如果不是最为聪明、最有教养以及最富有，一定是全州都能看到的最富有耐心、最安静平和，最遵纪守法、最勤劳肯干、最热爱和平，以及最诚实可靠的群体。与所有其他种族相比，其犯罪和违法者所占比例小得惊人。而且他们显然具备了优秀公民的品质，州政府应当在各方面保护华人，鼓励他们努力工作，培养其良好品性，并为自己在将来某一时间成为美国社会的正式成员而做好准备。"

那么，那位中国人可能收集到的所有证明欧洲人和美国人既不道德又不公正的证据，说明了什么呢？它们显示了，通过一系列偏颇事实形成先入为主的错误判断是何等容易，同时也说明，在那些我们指责他人的事端中，自己也远非无可挑剔。

还有其他一些事实，可以让我们对中国人做出更正面的判断，而不似以往那样取笑他们。外国人通常会宣称，中国的劳动阶层会成为优秀的仆人。但有些人会反对这样的观点，一些人认为华人既没有效率，又不值得依赖。上述情况很可能是雇主运气不好，在选择或管理其仆人时出了差子。我们夫妻俩在中国生活了十年，在此期间没有解雇过哪怕一个仆人；

几乎每次换了新仆人，主仆之间都会产生一种强烈的亲密关系，而且就我自己而言，本人不止一次对中国仆人的服务和关照非常感激，这不是靠理智就能够获得的，而是对方发自内心的真情流露，因而更让我心满意足。我记得的唯一一次财物被盗，是一只旧钟被一个鸦片瘾君子偷走，但后来只过了几天就被发现。我们一直就没担心过小偷，因此家中的门和抽屉也经常不上锁，仆人们和众多来访者可以自由进入家中任何一个房间。我意识到其他人，无论是传教士还是商人，都会有不同的经历。我还清楚在租界中，正如在纽约和费城那样，将外套和雨伞放在未上锁的门厅内是很危险的。我在中国内陆已经游历了数百英里，到过了这个国家的很多省份，几乎每年都会远足传道。有时我完全是孤身上路，彻底把自己交由完全的陌生人支配，他们知道我随身带着钱财及其他有价值的行李。但我总能感觉到和在家中几乎同样强大的安全感。虽然经常因过高的要价和无用的迟延而不胜烦恼，但也几乎不曾被无礼对待或遭遇暴力。有一位著名商人，在中国和加州与华人都有大量的贸易，他提及中国商人时，说他们在商业往来中反应敏捷，诚信可靠。以下事实可以看出外商对中国代理人的信任：他们被派往内陆购买丝茶时，随身携带大量的现金，雇主并不要求抵押或者担保，可见对其个人品德何等相信。在中国，我曾听说过真正的“一口价店铺”，在这里，你保证可以用公道价格买到称心的商品。当然也有假的不二价商行，但只要看看招牌，就知道它们不值得信任。

进一步说，在中国，我确实遇到了一些有生以来有关友爱、忠诚及感恩图报的事例。我很荣幸地结识了不少中国人，因为他们自然可亲的性情，正直诚恳的人品，以及完全可与基督徒相媲美的做事原则与献身精神，我对他们这些中国人既有不同寻常的欣赏，更有发自内心的尊重。

就中国人普遍道德水准这一主题而言，特别是他们的道德教化问题，我为能引用两位英国杰出作家的观点而感到开心。他们作为英国政府官员长期居住在中国，对中国人及其文化非常熟悉，因此理所当然地能够胜任见证者的角色。以下内容是麦都思（Thomas Taylor Meadows）经戴维斯爵士（Sir John Davis）许可，从其著作中摘录的段落：“他们（中国人）道德体系最值得称道的特色，就是在下层民众中普及基础道德教育。中国人重视道德培养胜于物质层面的教育，我们甚至也可以明智地从中国经典中抽出一页，为改革我们这个过于机械的时代做些事情。”麦都思先生就这一问题进一步表述：“从古至今，还没有一个民族如中国一样，拥有如此高雅的文学，它完全避免了放纵淫秽的描写，也没有任何令人讨厌的表达。他们全部的经典著作及其注解中，即使逐字逐句译成英文，其中也找不出哪怕一个句子，不适合在英国任何一个家庭公开朗读。”

必须承认的是，不仅在其文学中，而且在绘画和雕塑里，中国人都证明了他们一丝不苟地避免所有不得体及不道德的联想与暗示。上一章中我已经提到，在中华帝国不计其数的偶像和雕塑中，几乎找不到一尊是用裸体人物来表现的。我很容易想到，当中国使团成员来到美国，在我们的画廊中看到一些绘画与雕塑作品之后，必定会大惊失色。我国这种公开展示裸体形象的风俗，继承自盛行偶像崇拜的古希腊和罗马，而无论他们的民众还是神明，道德水准显然都低于中国。西方人声称自己欣赏“高贵人体”之美，不过是为这种风俗找个苍白无力的借口。在美国的时尚与服饰中，我们所采用的是一种极不自然的风格。但盲目传承这种风潮的艺术家，必然会受到广泛指责，名誉扫地。

在论及中国人观念与风俗的上述特征时，我谈论的当然不是这个民族的私人生活与习性，而是他们的礼节标准，以及大众品味所要求的，无论男女老少都熟悉并称道的民风礼俗。也许可以说，以下这句话适合于西方人，同样适合中国人：“他们暗中所行的，就是提起来也是可耻的。”

那么，我所探讨的上述所有问题，其结论是什么呢？简单说来，如果我们乐于观察，就不难发现无论是中国还是西方，都存在着各种邪恶与不道德行为。而另一方面，两国民众都展示出了本性中更为善良的一些成分。也许不出我们所料，中国人的道德标准与惯例几乎肯定要落后于基督教世界，但我心中的疑惑是，尽管我们占有优势，但差别并不悬殊。这两种文化之间并不能形成一种显著差别。因此当我们指出中国人特有的，或作为其特质的任何一种或一类恶习时，务必谦虚和谨慎。我相信，考虑到西方人在宗教和精神层面的特惠与素质，无论作为个人还是作为整个国家，我们所达到的道德标准并不能明显高于中国人。

我同样相信，与中国人或者其他任何民族更加接近与熟悉，就使我们意识到，所有人类都有共同的起源与本性，而且这种体会将越发深刻。与人交往时，我们首先注意的是外在的相貌、衣着与举止特征，这些都是肤浅的、随意的，因而也并不重要。但是逐渐地，我们几乎不再关注这些外在差异，而是更加留意能够凸显本能与渴望、疑虑与担心、欢乐与痛苦、美德与恶行的各种表现。无论观察哪个民族，我们看到的都是同样迹象：一个高贵庄严的群体在一场可怕的灾难或衰退中饱受折磨，被矛盾的趋势与冲动所操纵，根本不能发现能够休憩与平静的方舟。无论西半球还是东半球，“水中照脸，彼此相符；人与人，心也相对”。

有些人很可能会认为，我们提出的上述观点会对基督教及其传教士的利益产生一些不利影响。事实上一些虔诚可敬的人士曾劝诫过我，他们说如果我将中国的总体情况描述得如此富裕美好，而其民众在许多方面也堪称“一个极为优秀的民族”，基督徒们就不再愿意为他们做任何事情。世界历史的每个时期，都出现过一些民族，其智力水平、社会发展甚至道德修养都达到很高程度，但同时却在精神层面极度无知，在物质领域极度贫困，这似乎令很多人难以想象或无法相信。似乎令人匪夷所思、无法解释的是，像中国人这样善于思考、充满智慧的民族，居然对上帝一无所知，并集体崇拜偶像。这就如同一个名义上的基督教国家，大部分人都承认接受了上帝的启示，但对其教义却完全无视。一套道德体系相比一种偶像崇拜，可以同样有效地充当使灵魂远离上帝的工具，而且在某些情况下更加有效。自满于其智慧及伪哲学体系，很可能会产生同样趋势。在中国，撒旦已经充分运用了所有这些工具。

一些人习惯于将对上帝的无知与最大程度的道德滑坡及目无法纪联系起来，他们希望从传教士那里，可以听到来自这些异教世界的大量野蛮场景与诸多可怕故事。多年之前，我曾聆听过一位从东方回国的传教士的演讲，至今仍印象深刻。他介绍了自己了解到的中国社会特征，以及该国女性的地位，特别是嫁到夫家的媳妇们的不幸遭遇。他说：“有五个姐妹，结婚多年之后，才得以在父亲家中第一次相聚。在各自回忆了来自婆婆与丈夫的家暴与虐待之后，她们对这样一种生活彻底失去了希望，对悲惨的命运实在无法忍受。五姐妹于是手牵手来到附近的河边，葬身于水底。”这个故事在我的记忆中停留了三十多年，也许它会让“悲惨中国人”的特征与身份在许多人心中深深铭刻。收集足够多的上述事例以便在一晚上的演讲中尽情讲述并不困难，它能激起听众的兴趣，也许还能制造轰动效应，但听众得到的印象非常片面和不完整，当然也是完全错误的。生活中的大部分场景都有阳光与阴暗的两个方面，我努力全面展示它，将中国人的环境与特点如实呈现。我相信，自己对事实的陈述不会损害基督徒和科学的正当性。在耶稣世纪刚刚开始时，罗马和雅典的居民都是聪明睿智、值得尊重的公民，他们的生活与环境也绝对没有达到需要深重同情的地步，但上述事实似乎并没有制约圣保罗的布道热情，或者使他向他们传递福音的努力松懈下来。当为数众多的、对上帝与救赎之路一无所知的异教徒根本不在乎自身的精神状况，对耶稣向各国传递福音的庄严训令相当冷漠之时，当发现没有强有力的动机来扩大救世主的精神胜利，并在地球上建立他的永恒王国和荣光时，我们的基督教似乎就变得虚弱苍白，不能有效启迪，因此，传教士们只能通过讲述一些悲惨故事来唤起国内教徒的行动。

第二十章 西方国家与中国的交往

有关中国的一个最引人注目的事实，是其与地球上其他国家在三千年中的相对隔绝状态。这种隔绝在一些时候过于彻底，以至于其他国家对这个“中央王国”几乎一无所知，似乎后者属于另外一个星球。西方国家与中亚诸国之间一直存在许多明显的联系，这可以从他们的历史、语言、传统和宗教中得到反映。但西方与中国的交往却非如此。后者似乎一直是个与外部隔绝的世界，既不受外来观念影响，也不因其他国家的动乱而困扰，拥有一种完全属于自己的文明和政权机制。中国人与其他民族的唯一相似之处，也许只是她同样是由拥有共同特质的民众所组成的实体。

造成中华帝国与外部世界隔绝的原因，是其地理位置位于东亚最边缘，长久以来，从海上到达中国都有重重困难，而翻越喜马拉雅山的陆上之旅，更是成为几乎不可能完成的任务。

我无意探讨中国何时起源这一令人困惑及众说纷纭的话题，也不想试图确定其传说年代与信史时期之间的界限，更不会关注她长久以来的朝代更替以及与改朝换代相关的事件。不过，鉴于中国的悠久历史确实是一个让人非常感兴趣的话题，我在这里将给出几位我们西方当代最可信赖的作家就此问题所持有的观点和得出的结论。

在那些将离我们生活的时代最近的中国可靠史料做过年代考证的研究者中，有一位是戴维斯博士（Sir John Davis），其观点是：“中国的真实历史可以追溯到孔夫子本人所生活的周民族统治时期；因为尽管将这之前的所有时期都视为完全的传说，可能是做得过火，但那段时期仍旧混杂着太多的神话，几乎不能够将其称为历史。”周民族开始其统治的时间，大约比耶稣时代早一千年。戴维斯博士对先前的史料无法相信，其主要证据在于这样一些说法中："禹身高达到九尺；天上连降三天金雨。"在回答这些质疑时，卫三畏公正地评价说："禹的身高比巴珊王噩（Og of Bashan）高不了多少；而如果'金'（这里称为黄金），指的是金属（本来理应如此），那可能指的是一场持续时间特别长的流星雨。"

以下是卫三畏的观点："中国神话时代的历史结束于伏羲的出现，中国人的编年史从来没有记述过这位君主之前的大约四万五千到五万年的这段漫长岁月，他们自己也并不相信有这段时期。不过，参照印度人所称的'劫'，其鼎盛时期被称为'难以言表也无法形容'的年代，需要在一个代表它的单位后面加上 4456448 个零来表示。"

"在中国的编年史中，伏羲的即位时间在公元前 2825 年。"根据厄舍尔的年表，这会比《圣经》中的大洪水早 508 年；而如果根据黑尔斯的推算，此事则发生在大洪水之后 303 年。

在致力于找寻中国与其他国家在历史上的接触点时，人们通常会将诺亚时代的大洪水与中国编年中记载的与大禹相关的一场著名洪灾等同起来，如果我们信得过中国历史，那么后者发生于公元前 2293 年。根据厄舍尔的估算，这与大洪水在同一时代，两者只相差 55 年。不过，一般认为中国史书的记录，指的是一次不同寻常的黄河大泛滥。而且《圣经》与中国早期史书之间的这一巧合，并没有充分的证据可以支持。

麦都思在其所著《中国人及其叛乱者》中做了以下陈述："体现伦理与政治信条的可靠历史，虽然没有完整记录，可以上溯到公元前 2357 年，或孔夫子出生前 1800 年，不过，中国哲学起源于伏羲，根据传说，他生活于有精确编年史出现的年份之前 23 代，这一年指的是公元前 2673 年，当时确定了 60 年一个干支周期的开始。如果一个世代按 30 年计算，伏羲生活的年代早于公元前 3327 年。"

我们可以看出，曾研究过这一主题的作者之结论大相径庭，但他们中没有一个人认为，中国信史距今的最短时间间隔还不到三千年。

在希腊和罗马历史学家的作品中，特别是生活于公元二世纪的托勒密和阿里乌的著作中，可以看到对今天普遍认为是中国的国家有所提及，但其特征不明确，描述不够详尽。托勒密声称，他的信息源于马其顿商人的代理商。这些人也许属于中亚的一些鞑靼部落，他们在从东土耳其斯坦[①]首府向正东偏南行进了七个月之后，向他讲述了这次旅程。他们还描述了这个位于亚洲最东端、名为“赛里斯”的国度，并声称在这个王国的边境上，他们遇到了该国居民，即赛里斯人，并与其进行交易。

希罗多德曾讲述过伊萨多瑞斯人，并认为后者是生活在亚洲东北尽头的民族。托勒密同样提及了这个部落，认为他们是赛里西人的一个组成部分，并接受后者的统治。

阿米安・马赛里奴斯，一位四世纪的罗马历史学家，在谈及赛里斯的领土时，认为其是一个被连绵高墙环绕的国家。而在当时，中国北部的长城已经修建了大约六百年。

维吉尔、普林尼、塔西陀和尤维纳利斯等人都提到过赛里斯，并指出赛里斯人的服装似乎是由精美的丝绸或者薄纱制成。这种服饰在罗马为富裕及讲究排场之人所追求，至迟到公元二世纪，据说其价值已经等于同等重量的黄金。

从刚刚提到的商人的旅行路线长度和方向，以及他们对沿途山脉与河流，进行交易的当地人的特征以及交易物品的描述，现在证据似乎足够充分了：这个被希腊和罗马人称为赛里斯的国度，就是我们已经了解的中国。

将丝绸带到欧洲的篷车商队访问过的那些风情独特之国，可能就是中国在西部的附属国或领地，或者是位于中国本土西北尽头的一些城市。这些商人对汉语一无所知，他们所传递的信息不可避免地带有不完整之处和局限性，而通过他们所产生的交流，无论是对中国还是西方国家，影响都相当有限，甚至根本不存在。除了知道有这样一个民族存在，他们的一种产品丝织物，无论精致还是美观程度都远远胜过已知世界的任何服饰，西方对这个赛里斯国几乎一无所知。这种织物被罗马人描述为野蛮民族的奢侈品；而在中国人那里，来自马其顿和罗马的商人，毫无疑问地被视为来

① 译者注：即中国的新疆地区，当时的首府是伊犁。

自西方的野蛮人，他们被“中央华美之国”遥遥领先的文化所吸引，并期望将能证明中国繁荣与高雅的种种证据带回自己的国度。

直到最近，河南省开封府还保留着一座犹太教堂，这说明了犹太教已经被引进到了中国。教堂内还有一些希伯来文手稿和少量犹太教徒。这些人依然保守着部分教规，但对犹太教的真正特质及精神知之甚少。在中国，他们被称为“挑筋教”。毫无疑问，这些犹太教徒已经在当地生活了好几个世纪，但很难确定他们是何时到达中国的。犹太教堂遗留下来的建筑和木料最近被拍卖，因此这片已经保存了很长时间，即便微不足道，也足以证明犹太人和犹太教已经到达东方最远端的遗址，也许很快将不复存在。

在公元七世纪之前的某段时间，景教传教士就已经到达了中国。他们遗留在西安府的“大秦景教流行中国碑”，是记录其传教成就的最重要文物。这块纪念碑记录了景教从公元 630 年到 781 年的历史，以及这一基督教派的教义。景教传教士遗留下来的布道记录，或作为旅行者的游记都非常少。他们所建立的教堂，似乎一直存留在不久前才消失。十四世纪初，当罗马天主教传教士开始进入中国时，发现自己不仅在民间，而且在朝廷都拥有相当好的影响。他们最初试图传播其教义时，几乎没有遇到任何抵制。景教在中国传播了将近八百年，我们自然期望在此期间，大量帝国民众能够熟悉其教义甚至心存感激，因为它源自基督。这种想法当然合情合理，但显然随着时间的流逝，景教教义与基督福音的真实与纯真越来越远。蒙古帝国灭亡之后，景教与西方世界的联系被切断，没有足够的生命力来抵制异教教义的不利影响，其信众要么逐渐堕落成为偶像崇拜者，要么慢慢转变成了天主教徒。

马可·波罗是第一个向西方人全面详尽介绍中国的作家，其作品赢得了广泛声誉。1274 年，波罗跟随他的父亲和叔叔来到中国，此二人都是威尼斯贵族。当时，中亚各独立的游牧部落在成吉思汗继承人的控制下，已经听命于同一个政府，因此穿过蒙古帝国到达东亚就有了可行性。波罗在中国停留了二十四年，并似乎得到了友好和热情的款待。可见，在刚刚过去的几百年间，中国人对西方国家表现出来的怀疑及不信任，并非源于他们的本性，或者是其哲人的教诲，而是由于在与西方人交往时的不幸及受害经历。

马可·波罗回国之后，在一场与热那亚的战事中被俘。在坐牢期间他写下了一部在中国的旅游见闻。波罗笔下的中国，领土广阔，人口众多，城市生机勃勃，居民文明高雅，社会风俗奇特。对他的同胞来说，波罗的作品更像是对梦幻仙境的虚构编造，而不是冷静和真实的陈述。据说在波罗临终前，有人要求他否认这些描述并承认它们是造假，但他拒绝这么做。最近越来越多的发现和信息有助于确认波罗描述的真实性，并使他确立了人类历史上最伟大旅行家之一的地位。

蒙古帝国时代，其疆域东到中国，西到地中海。亚洲大部分区域都在其统治之下。这激起了罗马天主教会令这个强大国家皈依基督教的强烈愿望。当时派往中国的传教士中，最早也是最为出名的是蒙特·科维诺，他于1293年到达大都，后来升任大主教。此后不时有主教和神父被派出以强化这项使命，但他们取得的成果都不显著。而当蒙古人被赶出中国之后，在当地推广天主教的行动也完全失败并被放弃。蒙古帝国解体之后，欧洲与东亚在陆路上的直接联系被中断，此后大约二百年中，中国再度与西方世界几乎完全隔绝。

指南针的应用及航海技术的进步，开启了一个与东方交流的新时代。据说从欧洲到中国的第一次远洋航行，是由一支葡萄牙船队于1516年完成的。从这一时期开始，西方与这一帝国的贸易往来越来越频繁，欧洲各国也向中国朝廷派出了许多使节。不幸的是，与西方国家的日益熟悉，并没有提高中国对他们的尊敬与信任。这部分源于来到北京的大部分使节都奴性十足，但更主要的原因，无疑是来自西方的大多数商人，既缺乏诚信，又不懂法纪。其后果是中国开始热心于限制对外交往，并尽可能地对这些麻烦不断的造访者施以严格监督。

欧洲与远东的海上联系建立不久，罗马教会在中国又一次发动了宣传其信仰的努力，并有了很大进展。1552年，弗兰西斯·泽维尔在尝试进入中国的途中，病逝于沿海的一座小岛之上。马特奥·里奇，即利玛窦，被视作罗马教会派往中国的十二使徒式伟人。1581年，他穿着佛教的袈裟出现在广州。利玛窦拥有多方面的智慧天赋，学识渊博，而且有永不服输的精神，热情周到，坚持不懈、深谋远虑。1601年，利玛窦又着文人服饰进入北京。他赢得了广泛赞赏，并在学者圈和统治阶层中拥有了很大影响力。在他和同伴的努力之下，许多人皈依了天主教，帝国的多处地方也建起了教堂。在此后的一百五十年间，跟随他的脚步来到中国的后续者们，又成功地在这片土地上建立了若干教区，并将信徒人数扩展到了数十万。不过就在这一时期，耶稣会和多明我会之间产生了争执与纠纷，再加上其他一些原因，导致了中国统治者对天主教的疑心，以至于1723年，中国官方颁布了一道禁止这一宗教在中国继续传播的法令。从这时起，罗马天主教徒经常会受到制裁，有时甚至是暴力伤害，间或有相对宽容的时期。面对巨大的困难与严重的考验，他们一直坚守自己的立场，而自从与中国最新签订的几个条约生效以来，其皈依者已经迅速增多。

在现代，中国与西方国家交往中最重要的事件，就是其与英国和法国的战争，以及这些战争导致的条约。中国与英国的第一次战争，有时被称为鸦片战争，导致了1842年条约的签订。其中规定向外商开放五个港口，并将香港这座小岛割让给英国。在几年之后，美国及其他几国政府也为自己取得了英国在条约中享有的特权。本书无意讨论首次与中国战争的功过得失。无论正义与否，它都是上帝提供的恩典，开启了我们与这个伟大帝国交流的一个新纪元。不过到目前为止，外商依然只有通过官方允许才能开展贸易，还要受制于许多工作限制和干扰。外国人不被允许在沿海永久居住，甚至被视为野蛮的低等民族和臣属。

以往曾有少数新教传教士沿着中国海岸在一些华人定居点开始传教，但这个伟大的中央帝国依旧对他们关闭大门。莫里森作为东印度公司一名职员得以进入广州城，并开展了一些与传教间接相关的活动，但公开宣扬福音则被视为不谨慎的行为。

中英条约签订之后，中国人被迫更多地依照公平原则评价和对待外国人；中外贸易注入了新的推动力，新教和天主教的传教士在条约的保护下进入了五个通商口岸。他们修建房屋和教室，开办学校，并公开开展布道活动。

中外交流已经有了很大进展，但促使中国开放的工作依然远未完成。中国人在与欧洲人的交往中，依然一如既往尽最大可能地保持他们的高傲和权威腔调，并总是倾向于将外国人在条约中得到的特权降到最小。外国人被严格限制在条约规定的口岸之中，如果被发现擅自进入限制区域之外的地方，就会被逮捕并送交其领事。在广州，这种对抗和抵制情绪十分强烈，人们坚持不让外国人进入城墙以内，并且成功地迫使后者定居郊外，并将活动区域局限于此。

这种情况长时间地持续，不产生另一场冲突是不可能的。1857 年，中英当局在广州产生了一系列纠纷。1858 年 5 月，来自中国北方，在广州担任美国使馆翻译的丁随良牧师如此写道："这场争端源于一个微不足道的事件，却被一系列非人力所能控制，或者说人类视野无法预见的因素所激化，导致了目前这种局面。它呈现了人类历史中一起并不罕见的突出事例，即通过允许人们追求他们琐碎、自私，甚至不合道理的企图，上帝借以达到自己伟大而明智的目的。这一次，他的伟大目标似乎是打开中国的大门，使神圣的福音可以在这里自由传布。为在这块目前未松动的岩石上打下第一道裂缝，他运用的第一道楔子就是不公正地输入鸦片；现在，他又向悬挂英国国旗的中国船只提供保护。这个行为本身并不合道理，但却为消除余下的障碍提供了契机。"

冲突源于中国当局审问了一艘悬挂英国国旗的本国船只（中国人声称，该船没有权利这么做），并立即进行了处理。英国人认为他们的国旗受到了不敬，要求中方让步并道歉。中国人不愿意这么做。作为对方拒绝道歉的后果，英国人挑起了冲突。他们占据了珠江上的一些要塞，并在 1857 年 12 月 29 日，炮击并占领了广州城。

英国人当时要求，清政府从北京派遣有权威的钦差大臣调解这场中英之间的纠纷，并签订一份新条约。作为英国的同盟，法国人在声明中也被邀请加入，他们指定上海为会谈地点。中国人依据他们传统的尽量使外国人远离都城的原则，坚持将其钦差大臣与英法两强代表的会谈安排在广州，一如既往。

英法两国公使决定不再屈服于这个武断并不合情理的要求。他们北上

英法联军占领白河口

到达了北京的外港白河口，坚持在那里举行会谈。这时，新的困境出现了。双方都认为自己高人一等，并对对方发号施令、颐指气使。这样一来，就不能指望谈判在和谐氛围下有所进展。英法公使表达了自己对中国钦差大臣权限的不满并拒绝与后者谈判，他们还传话给中国皇帝，如果不从京城派遣更高权威的官员，联军将炮击并占领白河口的要塞。皇帝对此声明不予理睬，5 月 20 日攻势开始。经过两个多小时的战斗，英法军队占领了要塞，双方都有不小损失。控制要塞之后，联军快速向天津进发，俄国和美国公使与之同行。“两国本来已经基本上完成了条约的修订，但中国与英法谈判的破裂，使得他们与中国的谈判也被中断。”外国使节带领军队到达天津的消息，在北京引起了极大的震动和恐慌，朝廷派出两位级别很高并有特别授权的官员去会见外国使节，并调节可能产生的纠纷。埃尔金爵士（Lord Elgin）的私人秘书奥利芬特（Oliphant）对这两位大臣有以下描述：

高级官员桂良是一位德高望重的人，外表温和慈祥，由于年事已高，眼神有几分暗淡，手臂有时会哆嗦，但给人的印象是非常睿智。他的举止优雅，神态庄重，堪称一位十足的绅士。桂良是满洲人，在官场经过长期服务才提升到现在的显赫地位。在签订条约时他列出了自己的全部头衔，其职位如下所示："桂良，军机大臣，东阁大学士，八旗军正白旗统领，大理寺正卿"。他的同僚花沙纳，也是一位级别相同的满洲[①]官员。花纳沙要年轻得多，四方脸，高鼻梁，从大致外貌来看，他让我深深地回想起了奥立佛·克伦威尔的画像。花沙纳面庞下方的皱纹，让他显现得坚定果断。他称呼自己为皇帝陛下的一位翰林学士，理藩院尚书，八旗军镶蓝旗统领，同文馆专管大臣。

首席钦差大臣桂良

中方全权代表试图避免英国人提出的割地要求，但经过各种拖延和无效努力之后，条约最终得以通过。埃尔金爵士在谈判全程中展现了一种非常坚决和权威的姿态，最终成功争取到了自己所坚持的每一个条件。据说"英法代表略微暗示出向北京进军的意思，就足以让最有争议的条款顺利通过外交考验。"

现在和平得以恢复，中国和西方列强之间建立了更为信任的关系，商人和传教士也在华取得了重要的新便利条件。完成这些条约所遗留下来的全部事宜，就是将其文本送到欧洲和美国，交由列强政府认可与批准。随后它们将被送到北京，由中国皇帝正式批准生效。

1859年夏天，"条约四强国"，即英国、法国、美国及俄国的代表，携条约来到白河口，期望得到最终承认。中外代表一致相信，这一事件将

① 译者注：应为蒙古族。

很快圆满解决。尽管几个月来一直有传言说，中国已经在白河口设置了障碍，以阻止外国军舰进入；他们还做了大量的军事准备，以抵抗和驱逐外方使节。我相信中国人无意失信于列强。但他们发现，要自己接受现实地位，毫无怨言地服从一个对他们来说似是如此屈辱的条约，并被强求放弃之前多年一直采取的傲慢姿态及对其优越感的自大假设，真是极为困难。他们觉得，不能将自己从远古时代就已经声明拥有的卓越地位，拱手让与“蛮夷”。中国的两位全权大臣以满腔的诚挚热情，及一种不自然的假装出来的尊严和权威，通知外国公使说自己希望在北京会面，但白河口已经完全关闭，因此必须改由另一条线路进入京城。他们向公使保证，中国政府意欲给外国代表提供一切应得的照顾与尊重。他们希望公使们将军舰停靠在河口，随后带少数随从，在皇宫侍卫照顾和引导之下进京，后者将为公使提供合适的交通工具以及必要的装备。对中国人来说，这样的提议无疑显得自然并合情合理，但英国人却将其视为一种将外国使节看作下等民族，并企图使他们因为小麻烦而屈服的固执决心。有些人甚至认为，中国人是想通过将外国公使与其舰队和军队分隔，将后者置于他们能够完全掌控的情势之下。有鉴于此，英法公使表达式了他们的坚定立场，要通过正常和直接的线路，经白河口到达北京，并且还要带领一支由自己确定人数的外国军队。正如上年如出一辙，另一场冲突又清晰地凸显出来。任何一方都不愿从其立场上退缩，诉诸武力再度成为必然。

第二钦差大臣花沙纳

中国人已经为每一种可能出现的紧急状况做好了应对措施，并成功做出了坚决有效的抵抗，这大大出乎外方的预料。联军好几艘军舰被要塞的火力摧毁，其强击队也无法实现目标，在遭受人员和船只的的严重损失之后，联军被迫撤退，放弃了完全失败的攻击行动。在英法两国军队悄然离开之际，并未卷入冲突的美国和俄国公使却如政府所愿到达了北京，并与中方交换了条约。

局势再次得到恢复，并持续了至少好几个月。“伟大的中央帝国”已取得了一场决定性胜利，因此中国人也欢欣鼓舞——一些地方的官员和民众几乎可说是得意忘形。但所有人都深感这样的平静不过是个错觉。政治的天空依然没有放晴，另一场更可怕的暴风骤雨令人担忧。这个帝国暂时可以摆脱外来侵略者的干扰，但依然能听到英国雄狮的咆哮自远方传来，能看到法国刺刀的刺眼光芒。

1860 年初夏，联军不出所料地又出现在了白河口。这一次他们决心将战火燃到北京城下，并迫使中国人承认西方列强的权威。侵略军由英法两国能派出的最精良部队组成，包括骑兵和步兵，人数大约在两万左右。所有的损失都不可饶恕。这次远征极为重要，不能承受任何失败的风险。中国政府派出了一支数量庞大的军队，由著名将领僧格林沁指挥，去抵抗侵略者。他们展示出了让人吃惊的决心与勇气，但因为中国一直过于自负，不肯向外国人学习战争技术，他们保卫天子之都免于野蛮人亵渎的全部努力被证明是无效的。当征服者逼近北京之时，皇帝匆忙逃往鞑靼地区。[①] 随着外国枪炮架在中国首都的城墙之上，西方公使强迫清政府批准了其条约，并增加了令中国人更加难堪的条款和条件。中国方面每一种新的抵制措施，都为外国人要求新特权和好处提供了契机。

为方便外国人经商和定居，这些条约新开放了台湾的两个港口[②]、中国南部海岸的汕头、北方的烟台和天津，满洲的一座城市[③]以及长江沿岸的三个口岸[④]。条约承认持有护照的外国人在十八省旅行的权利，并包含一个特殊条款，对外国人和本国人在宣传和接受基督教的行为予以保护。

---

① 译者注：1860 年夏天，咸丰皇帝逃往直隶省的承德，并非鞑靼地区。

② 译者注：即台南和淡水。

③ 译者注：即营口。

④ 译者注：应当是四个口岸，分别是汉口、九江、南京和镇江。

另外强加的条件规定，中国必须支付联军在战争中的开销。

这场战争在道德层面的影响是前所未有的。西方国家的无上权威，至少在战争艺术上，从此不再需要质疑。不过，胜利者留下的更令人赞许的印象，并非他们的军事能力，而是其温制、宽大及仁慈。

《天津条约》的签订

当侵略者由沿海向内陆进军时，中国民众以为他们除了大规模的屠杀和抢劫之外不做别的，因此在联军到达之前纷纷仓皇出逃，不少人甚至选择了自杀。不过人们很快发现，英国人对待没有武器的平民相当友善，并为自己意欲获得的任何物品都会付出公道价格。农村居民为联军提供了一切日用品。我曾听一位英国官员说起，他从来没有遇到过一个市场，比从沿海到北京，全程跟随他们行军路线的中国人办得更好。他们甚至能以极低的价格买到驮骡和马匹。法国人采取的对华政策不尽友好，其自然和应得的后果，就是被迫找英国人购买生活用品，并不得不服从对方给他们制订的规章制度。另外值得一提的是，法国军队烧毁了圆明园中一座皇家藏书阁的暴行，使得其声誉被进一步玷污。

自从 1860 年最新条约被批准以来，所有这些新开放口岸的贸易都呈现蓬勃发展的态势。来往于沿海和汉口市之间的数十艘大型汽船，也将进步与变化的观念不断灌输给内陆数以千万计的民众。汉口距离入海口约六百英里，拥有将近二百万居民。[①]

五口之一的上海，已经从一个小小定居点，发展为有五千外国定居者的城市，在这里停泊的轮船，经常一次就能运载将近五千名商人和水手。新教传教士进入了几乎所有新开放的口岸，它们中的大部分已有了为数不少的本土基督徒，以及秩序井然的本地教会。

① 译者注：原书如此。第一章的最后，讲到汉口不少于三十万人。

第二十一章　在中国的传教生涯

对传教士将要终身从事的职业来说，海上远航在许多方面都是很好的准备。阔别了父母之邦，又离开了朝思暮想的家园，独自一人漂泊在无边的波涛骇浪之中。这段时间适合深思默想，审视自己的动机，正确评估生活及其追求的品质与价值，并为未来的责任积聚能量，积攒勇气。人在海上，与繁华世界完全切断了一切联系，却发现自己置身的小小世界有其自身的特性。在这里，他能与同伴们更密切地接触，在新层面上了解人类天性，并可以找到大量的机会和场合，来锻炼与培养自己的耐心、宽容、同情心与自控力。在这里，不管是船主与乘客之间，还是在乘客内部，都能滋生最强烈的依恋，也能导致最致命的敌视。

对许多人来说，船上生活的单调和乏味，几乎都能由踏上异国土地的快乐所补偿。在汹涌的海水中折腾了几个月之后，无论哪里的陆地都让人倍感亲切，特别是在那些一草一木都能让人感到新鲜、好奇、印象深刻的地方。当一位传教士首次踏入自己所选择的国度时，当然有新的理由高兴。他登陆上岸，并不仅仅是为了欣赏景致的美丽，满足自己的好奇心，或者搜集有趣及有用的信息。这片土地将是他未来的家园。在这里他将倾注满腔的热情，寄予浓浓的期待。当他第一次看到这些新的人类族群时，既特别好奇，又非常感兴趣，他已经准备好尝试去爱他们。他来到这里，就是为了和这些异教徒共事，并为他们服务，同时也是为基督服务。

如果传教士的目的地是一处已经建立的传教站，他就会因同事们的迎接和招待而得到额外的快乐；而且这种相聚的快乐情绪，还因其完全的互惠性质而加深。当地传教士对新成员的到来无比兴奋，这显示了他们被家乡人民挂念和关心，也证明了自己一遍遍请求上帝派遣人手来收获传教成果的祷告，有了直接的回应。这些平日里挣扎于负担与压力之下的传教士，面颊涨得通红，眼光中充斥着光芒，感觉到了新的力量与希望。但是，新来者很可能完全是陌生人，不能给他们带来任何有关其各自家人和家庭的信息；然而所有人可以谈起同一个祖国，能够缅怀同一位导师，同一座学院，选择钟爱的同一座教堂，以及他们将为之奋斗终生的、遵从于上帝召唤的这份传教事业。

但是，传教工作的新鲜感觉很快就会消失，安定下来之后，他就要专心投入各种单调、琐碎和辛苦的日常工作之中。他感觉自己离开了国内的组织及娱乐设施，日常所接触到的积极的繁忙世界所带给自己的刺激和兴奋感也不存在了。他也许会发现，自己的合作对象并不像在故乡一样，能以意气相投为基础，建立热情温暖、深信不疑的亲密依恋关系。他会发现，语言也许很令人头疼，与土著的交往也令人烦恼和痛苦。在这些情况下，唯有一种强劲动机，才能让自己有坚持目标不动摇的信念。商人也许可以离开母国若干年头，但他们有获取财富的强烈愿望。在一段时间内，如果业务进展顺利，环境得以熟悉，并期望能很快返回故乡享受舒心和富足的生活，这一切也会让他们有所慰藉。而对传教士来说，唯一能令他们满意并对其有所帮助的动机，就是对这份布道工作的诚挚热爱，以及对服务对象的深刻同情。个别离开家乡从事这项工作的传教士，对其真实角色没有正确的概念，而且没有顾及到其成本——其影响部分源于对冒险或是浪漫情趣的热爱，再或是被一时的热情所驱使，不过他们通常意识不到。这些人很快就会流露出失望和沮丧情绪，继续工作只是出于责任感。有些人甚至在远洋航行还未结束之际，就认为自己犯下了错误。接下来无论发生什么，他们都将履行自己的职责视为一种苦差。这些人为自己成为传教士悔恨不已，工作的时候也是半心半意，无论从学习语言知识还是增加在土著中的影响力来说，他们都表现得毫无进展，并急切盼望返乡。对于这样的人，越早让其归国越好，他们离开得越晚，对传教事业造成的遗憾就越多。

不过，我可以很高兴地宣布，就本人的经验和观察来讲，上述这些情况在中国非常少见。即使在最困难、最让人泄气和最不健康的环境下，传教士们在工作中获得的快乐通常也是不断增加的。有些人驻留中国的时间过长，从而伤害到了自己的健康和长远利益，这时其教友就会催促他们回国治疗，有时甚至强迫这些人离开。

刚到中国时，传教士通常会住在当地人家中。这时我们会依照自己想要的舒适和方便程度，对房间做不同程度的改动和调整，比如会用玻璃窗取代纸窗，并在个别房间内用木地板替换原来的水泥或者砖面。只要切实可行，我们就尽量依照自己的建筑风格来修造永久住宅。

传教士的生活方式与在本国时非常相似。中国人几乎能提供所有我们在自己国家能找到的食材。不过，本地人加工和烹饪食物的方式同美国人差别很大，而且在许多方面，不能满足我们的口味和习惯。许多传教士在家里都置办了一台美式烹饪炉，并教授仆人们根据美国方式加工食物，如此一来，摆上餐桌的食物就非常接近我们在家乡早已习惯的口味。

有些地方大量传言，生活在东方的传教士过着奢侈放纵的生活，居住在“宫殿一般的豪宅，雇佣大量的仆人，并骑在当地人肩上，前去给他们宣读福音”。这类言辞相当流行，因此谁要是将之当作真事宣扬，也不需有什么歉意。

在中国，传教士的住房津贴一般是每间一千二百到两千美金。这些钱只够我们建造一座普通住宅，无论风格还是舒适度，甚至都赶不上本国的大部分乡间寓所。

说到仆人，中国没有印度那样的种姓制度。一户人家雇佣六到十个不同人手几乎是必不可缺的。但我们通常认为，请三个仆人就很好了，有的只请两个，还有的甚至想办法只留一个仆人在身边。读者应当理解的是，传教士在中国的生活环境与国内完全不同。这里没有可以将饮用水直接送到厨房的管道，也不提供方便使用的抽水井泵。我们的仆人往往不得不从外面拉水来满足洗衣做饭等需要，其距离从几杆①到四分之一英里，甚至更长。这里不能每天方便地将售货马车叫到门口，厨师经常被迫步行一两

---

① 长度单位，一杆相当于五码半或十六英尺半。

英里，去买他需要的肉食、蔬菜和其他杂物。中国的城市没有能让传教士在每个街角接收信件的设备，我们要想寄的信，也不是在任何地方都能发出的。如果想与这个城市其他街区或者这个国家其他地方的友人通信，传教士们就不得不要么浪费时间亲自跑到邮局，要么派个信使专门跑一回。在各个城区来回穿梭时，如果当地有出租马车，我们也非常乐意乘坐，但因其花销太高而不得不放弃。有时即使在路上看到了马车，我们也不认为自己能负担得起车费。通常传教士都偏爱步行，除非由于疲劳或生病不能这样走；他们会和当地人一样，不管有钱没钱都得雇轿子，费用通常是二十美分每小时，或者一美元每天。轿夫们都很乐意为外国人服务。我习惯于大量的户外锻炼，这是身体需要，因此几乎已经很少乘坐轿子了。但如果所有传教士都以我为榜样，个人认为是极端不明智的，也容易受伤。

美国不同的差会给传教士的年薪从八百到一千二百美金不等。这笔钱并非作为工资固定发放，也不是传教士工作付出的对等交换，只够这些人勉强维持生活，使他们可以继续为自己承担的工作付出劳动，奉献自我。在华传教士及其妻子的薪水，相比许多刚到中国头一年的年轻未婚牧师，都要低不少。

但有人也许会问，这些传教士们就不能进一步节省开支，靠更低的收入生活吗？这不是不可能，但问题是，这样做合适吗？这能推进我们来中国传教的目的吗？确实有很多传教士主张靠更低的收入为生，但至少在某些时候，我们恐怕难以为继。美国的许多工匠和散工生存并养活一家的费用大约是每年二三百美金；在中国生活成本会更低，传教士也许可以靠更少的费用生活。不过，我们恐怕不能代表所有派驻中国的教友，而且我担心，这样的结果会证明，在华传教士都过着入不敷出的窘迫生活。

如果国内教会真的无法提供目前这么点津贴，我依然相信如今在中国为上帝工作的男女教士们，将不会放弃自己的事业。只要能得到维持生存的必须最低收入，他们仍旧会坚守岗位，尽职尽责。但事实上，现在即使连这样的必需品都难以保证。很少人会否认，差会仅仅拿出了它能够轻易提供，并应当支付资金的一小部分。如果它能改变一下支付习惯，对自身也是大有益处的。

或者进一步说，如果传教士的生活更加节省，薪水进一步缩减，就能提高自己在中国人中的影响力并推进我们最终的传教效果，我们当然应当这么做。但我相信，从这样一种目的出发，其结果不会更好，只会更差。中国人习惯于将贫穷归结于无能，认为不缺钱花之人必定慷慨大方。在很大程度上，他们会直观地通过一个人的服饰、举止和生活方式，来判断后者的性格及社会地位。许多本土基督教徒，既聪明睿智又热心诚恳。这些人即使非常贫困，也不希望我们采取他们的生活方式。我也知道当向本地教友传递福音的外国导师衣着褴褛、举止寒酸时，他们出于提高基督教会影响力和传教效果的考虑，就会反复向导师们强调穿着更好，以及生活的方方面面更加得体的重要性。

一位传教士也许会尝试亲自去购物，他的妻子也可以把大量时间花费在厨房中，这样就能节省下雇佣一个甚至两个仆人的开销；但是，他们为了自己的伟大使命，已经付出了多年的准备，其成本不可说不巨大。浪费很大精力、每天消耗很大一部分时间，去从事花五美元就能雇一个中国人做好的事情，而忽视了基督所召唤他们完成的特殊使命，这样的节约何等令人心酸！更不用说，这样还会带来仆人的不满和抱怨，在街坊邻里中引发负面评价，并让自己戴上一项吝啬和心胸狭窄的帽子，这样丝毫不值得让人称道或令人羡慕。在中国，劳动力非常便宜，仆人也分为多个种类。想要让这样一个人口众多、富有智慧的民族去改变其习惯与立场，无疑是再困难不过的事情。最好的方式，莫过在那些无关紧要、无伤大局的事情上，遵从当地人的习惯。

不久之前，我听说了一位来自印度的传教士在我们差会所属教堂中演讲，并给所有人带来极大震动的事情。这位传教士在那里布道二十八年，既充满热情，又不乏效率。但因为雇佣的仆人太少，自己忙得简直心力交瘁，结果他差一点就决定放弃这份事业。我非常清楚，这位传教士在其传播福音的过程中，正是因为仆人太少，才给自己造成了诸多不便、困扰，事业的中断，甚至眼看就要毁掉他的影响力，断送他的努力成果。事实上，我已经注意到，那些反对和嘲讽传教士雇佣仆人的家伙，他们自己对于海外传教事业贡献甚少，或者什么都没做过，我个人就是这样解释他们的选择。

类似的神经过敏，体现在一些自诩为基督徒的观点和感觉中。他们看到一些传教士回到国内来恢复健康，因此就认为传教事业“浪费了太多时间，糟蹋了太多钱财”。我也听说过返回祖国的传教士，因“对本国教会造成的不良影响”而受到轻视。我听说过有人曾写信给在国外、健康严重恶化的传教士朋友，说如果他还想继续从事传教工作，那就不大可能活着回来了。现在我坚信，如果必要时，传教士们愿意为基督的使命，为异邦的福旨献出自己的生命，但他们没有必要因为那些自诩的基督徒们不切实际、不合情理、空想臆造的观点和理论，而牺牲生命及对未来成就的期望。正因为使异教国家接受基督教是对所有教会的要求，每一位具体成员同样也责无旁贷，因此那些将传教工作的特征及基督徒的奉献标准拔得过高，并乐于鼓吹此类高调的绅士们，最好先考虑一下自己能不能成为传教士，或者能否将自己的理念付诸实施。或者说，不管出于什么原因选择留在美国，这些先生们依旧可以有最充足的条件，来实践他们向传教士所推荐的那些自我克制的生活方式中的至少一种，也就是节衣缩食；也可以立即身体力行地用最低限度的生活必需品来维持生存。显然，充满活力的健康体魄及工作技能对美国本土居民来说，并不像在海外的传教士那样不可或缺。

至于我们整体上的薪资与生活方式，我可以毫不犹豫地说，就本人看来，至少在中国的美国传教士，都错在赞成一种虚假和有害的节俭方式。在某些情况下，这种方式已经严重损害了他们的身体健康、社会影响，以及工作成效。我们没有理由去抱怨，一般来说，决定薪金额的正是传教士自己。我想说的是，传教士这种节衣缩食之举不但很自然，而且有很大的普遍性，其目的无非是希望有更多资金可以应用于其他方面。

在这一点上，简要分析一下女性传教士的工作机会可能是有益的。有一种相当流行的观点，即传教士的夫人们由于必须要将大量精力用于家务，因此想要她们为在异教徒中传播福音做出直接贡献是不大可能的，即使只在同性中开展工作也无能为力。我相信，这种对传教士夫人们少有期待的事实，在很多情况下，会阻碍她们尝试和实现更多本来有能力也有意愿完成的事情。就指导中国女性教徒而言，传教士夫人们可以在一个重要领域发挥其独特作用。经验表明，即使要照顾一个大家庭，只要利用好仆人的必要帮助，她们在不必疏忽任何家务劳动的情况下，还能同时完成大量工作。包括去土著妇女家中拜访，监督学校授课及女性助手的工作，召集妇女参加工艺课或圣经课，并为学校、咨询者、教会成员及其他人编纂教材等等。不管传教士夫人们能否依照其自身趣味和倾向，完全自由地直接参与传教工作，只要这些人有工作能力和意愿，至少都应当真诚地鼓励她们去分享传教的基本权利。个人的兴趣与工作态度，以及引导无知的偶像崇拜者走向基督，都是治疗思乡病最快和最佳的良药，并且是最纯粹的幸福之源。

基督教妇女在东方有重要工作可做，同时还有一个令人关注并鼓舞人心的事实，那就是大量未婚女性自愿向我们差会提供服务。从这一事实中，难道大家不能看出上帝一种特别的深谋远虑，以及如此安排和调整我们的工作计划，便于传教士充分借助上帝为教会特意培养的这支重要力量的必要性吗?

我们经常会遇到的一个实际问题，是相对来说，已婚和未婚女性在传教事务中谁更有优势?我假想，如果一个传教站成员全部是未婚男性，那将是很大的不幸。不过我认为，如果想当然地以为未婚男性不能有很好的传教成果，那也是错误的。不管是否结婚，这两类教友都必不可少。没有家庭约束的传教士，可以更方便地流动工作，在不同地方自由迁移是他们的独特优势。同时，基督教女性对传教团队本身的影响也不容忽视，更不用说基督家庭对异教徒的影响，以及传教士夫人们可以在同性中开展的工作。那些提倡未婚年轻男性从事海外传教工作的人，有时候会声称传教士的妻子在异国会很容易失去健康，因而会让她们的丈夫陪同回国。但夫妻同行反而能令他们在异邦生活长久，并大大提高了在当地的工作效率。这同样也是事实。①

下面我们回到刚来中国的传教士如何开展活动的问题。无论此人以后选择的工作如何特殊，都需要彻底攻克语言关，这是一切工作的必要准备。想要完成此项任务，必须有坚定不移的决心，系统有效的方法，刻苦勤奋的练习，以及持之以恒的态度。如果能做到上述几点，即使是资质平庸之辈，也几乎都能够至少掌握汉语口语，这样一来，也就能够与当地人自由交流，并用“本土语言阐述的上帝杰作”向他们布道。我们一开始也会聘请一位有常识的中国人充当私人教师。此人通常被尊称为“先生”，他会经常充任传教士的随从和伙伴，并从这种日常和亲密的交往中，经常能发展出一种强烈和持久的相互依赖关系。当传教士部分或者完全地掌握了汉语口语之后，还往往把先生留在身边担任抄写员，并帮助他们进一步提高文字水平和写作能力。

有时读者会提出这样的问题，传教士到达目的地之后，需要多长时间才能有效开展工作？我的回答是，其工作从到达中国那一刻起，就不同程度地开始了。他可以安慰那些承担更世俗工作的教友，并参与制订符合传教站整体利益的规划。在起初的几个月中，传教士可以开始与自己的中国先生交流，这样在能被大众理解之前，他先要让后者领会自己的意思。先生们也可能率先皈依基督教，并帮助我们将其他人引导到基督门下。

刚到中国的传教士在掌握一定汉语知识之前，通常要在他人家庭中寄住几个月。在大约半年到一年时间里，他们往往还要自己操持家务。不过从这里起，传教士们不仅有了可以对之产生日常影响的先生，还有一些仆人。如果盛情邀请的话，必定还会有许多中国人参观拜访。我个人认为，一个传教士自己的家，当然也包括以各种方式与我们发生联系的土著家庭，是一处开展传教工作最吸引人并最有希望成功，但往往也是我们最容易忽略的场所。传教士在华事业真正起步于自己的家庭，这不仅可以说非

① 原书注：想要对基督教女性在中国的工作有更全面的了解，并获得更多与传教工作相关的常用信息，读者可以参考倪维思夫人新著的《在华生活》一书，由纽约的卡特兄弟公司出版。

常正确，甚至能作为一条格言。也许传教士只将自己的仆人看作侍者，这是很自然的事情，而我们自己的主要兴趣在于直接去书房研读，或者走出家门，向广大的异教民众宣读福音。许多人往往更喜欢在更大范围内开展工作，而不是面对那几个地位卑微、影响有限的仆人，小规模地传道。但是，这些在上帝授意之下从不同地方来到我们身边的仆人，可以成为坚强有力的中介，通过他们可以影响其他更多人。他们能够深入传教士家庭生活的内部层面，也能看到和评价我们的真实性格，这是其他人没法做到的。他们能非常近距离地观察我们，熟悉雇主每时每刻的活动，并对其真实宗旨、目标和动机做出自己的判断。他们经常会被邻居、街上遇到的商贩，以及家人和所住街坊的熟人，问及有关传教士的问题。我们应当相信，或者至少期望，基督将这些人派到自己身边，就是希望我们能教育他们，并为其成为葡萄园中的有用之材而做准备。

仔细挑选仆人，并将其组织成为一个井然有序的大家庭，这是一项非常重要的工作，绝非起初设想的那般简单。如果我们想让仆人与自己长期相处并善待他们，就必须对其本人和家庭表现出一种仁慈的关怀及同情。而当我们要求他们认真对待工作时，就必须表现出对其忠诚可靠的不吝赞赏。在为仆人谋取精神福利方面，传教士是有很大便利条件的，每天在家祷告时我们都能遇到他们，并用上帝言说的真理，给予他们定期和亲密的指导。我在自己家中，每天早晨都会抽出很大一部分时间来进行这种练习。如果仆人能够看懂中文《圣经》，我就要求他们去阅读，那些看不懂的，就由我来教授。我们不仅要读《圣经》中的一部分内容，还要展开无拘无束的讨论。当仆人能够加入进来时，就一起唱赞美，并且每天都要检查上一天所学的内容。当我回顾在中国的传教岁月时，这些早课属于本人最愉快的回忆之一。通常来讲，它们不光给本人带来了太多欢乐，也令我那几个仆人组成的小听众群兴趣盎然。我记得有个男人，他是一位出色的仆人，在我们离开中国之前一直为我家服务，他一直坚持宣称自己永远不愿成为一名基督徒，在我们做家庭祷告时，他却对解答困难问题情有独钟，乐此不疲，并能对前一天所学课程做出最佳总结。我偶尔会看到到他在工作时，身前会放着《圣经》。不过此人不情愿让我注意到他对此有兴趣。种子就这样种下来，伴随着我们充满深情的劝导和祷告，它几乎不可能不结出丰硕果实。在大多数传教站中，首批皈依者中的大多数，以及首批本土传教人员和牧师，都源自家庭雇员。我将自己在中国时雇佣过的家庭仆人从头到尾浏览一遍，发现有近一半人因受传教士影响而走进了教堂。不过，我相当遗憾地宣布，一些人有负我们的期望，最终放弃了基督信仰，或者走上了与之水火不容的人生。

来到中国的传教士，如果家庭生活井井有条，仆人们既体谅主人又充满爱心，其中一些人变成了热衷为基督作证的虔诚信徒，这样他就有了非常有利的条件，可以接待和吸引中国访客。我们不能忘记《圣经》中有一条劝诫，就是以好客之心盛情款待陌生之人。就我看来，每个传教士的住所都应当提供膳食，接纳和款待中国客人，并让后者在此感到心安理得。事实上，很少有别的地方，能比传教士在自己家传播福音更能切中要领，也更有实际效果。本人青睐这种方式，但它能否被更多传教士更加关注，取决于这些人不同的品味、性情与习惯。在实际操作中也会有许多困难，但我相信，它确实是一种更鼓舞人心并行之有效的传教方式。

传教士首次尝试走出家庭在户外布道，地点通常会选择在路旁空地或小教堂。通常只要坚持不到一年时间，就能取得令人满意并显而易见的成果。在开放口岸中，每个传教站都会建有一座或几座这样的教堂。在这些地方，传教士可以很方便地发起聚会，同信徒交流，或向他们宣讲福音。这些教堂一般会建在主干道上或其附近，为演讲者提供了讲台与课桌，也为信徒们配备了座椅和长凳。有时门口会立一块牌子，说明此建筑的特征，并欢迎过路人随时进来参观。大街上的行人通过敞开的大门，可以看到传教士站在讲台上，或坐在课桌边，他们会被外国人吸引而想一探究竟。当某个地方新开了一座小教堂时，周围居民和店铺老板就会扎堆进来，但他们的好奇心很快就会消失，我们以后能够见到的，通常都是周围村落的居民或远道而来的信徒。他们来教堂的动机，在多数情况下也无非是空洞的好奇心。这些人希望亲眼看到外国人，并观察后者的特征、服饰与举止。视地点及各种情况的不同，我们的听众人数有时只有一两个，有时多达百人左右甚至更多。有的苦力或挑夫在门口张望，看到有方便的座位就进来休息。他们将货物放在角落，也许会点着烟袋，坐下来吸一会儿烟，同时看看要发生什么事。衣着考究的绅士进来之后，不愿意坐教堂的椅子，驻留在这样一个地方，与这样一群人为伍，他很难搞清楚自己这么做算不算有失身份。

在教堂中布道的方式多种多样，这主要根据听众的特征，以及传教士自身的观念与习惯。有些人更偏好一种正规仪式，包括读经，讲解与祷告等。这种方式适用的地区是，传教士在当地已经广为人知，相当一部分听众已对基督教仪式的礼节有所了解，并能通过自己的影响与示范，协助传教士让其他人保持安静。不过，在多数情况下，听众都是嘈杂不休、不受约束并且来回走动的，试图进行一场不间断的演说或者布道，几乎不可能。在任何公共聚会上，中国人都不习惯于安静。无论参加红白喜事，还是去戏院看戏，他们都会四处走动，与新朋老友聊个不停，或者对即将要发生的事情发表评论，任何时候都不受约束。一场正式的谈话、演讲或长篇大论式发言，在中国几乎是闻所未闻，即使在中国的著作中，也难以看到这样的情形。他们的圣人及公共导师都是用一对一的方式影响大众的，并通过对答或者问答式方法来传授自己的观点。孔夫子有据可查的教学，全都采用此种形式。当前，如果中国人希望指导或影响他人，往往也会这样，通过与少数人长谈来达到目的。即便一群人聚在一起进行商讨，他们采取的方式也相当随意。聚会时唯一需要遵守的规矩，就是熟人之间的礼貌和顺从。

我曾经听说过一些事例，一些传教士试图进行正式的布道，不过当他们刚合上双眼开始祈祷时，听众们就开始交谈，并就外国人的奇特方式等话题大谈特谈。在另一些时候，当布道者讲完一段，睁开眼睛时，发现听众已经不辞而别，把他一个人丢在原地。

有些传教士采用了中国人有几分熟悉的方式，称作“讲书”，即解释书籍。这样能给其布道带来一种权威感及庄严性，而且也能有更多自由，可以根据不同情况，通过引入例证及离题漫谈，来使自己的传授过程富于变化。

就本人而言，我习惯于将从未接受过指导的大多数人，与已经知晓并热爱上帝，愿意聚在一起进行礼拜并接受耶稣箴言指导的信徒区分开来。对于那些热爱喧闹又喜欢走动的听众，我通常采用的应对方式，就是如同在自己家一样与他们随意交谈，容许布道的特点更多地由实际情况来决定。这种方式令我与听众更为亲近，使后者更感兴趣，更能让他们专注。当听众的兴趣被激发，注意力被吸引之时，我们就得到了宝贵机会，能够尽量详细地介绍和解释福音中的真理与教义。传教士在中国本土教堂采用的宗教仪式，与在本国时的做法如出一辙。

当中国学子汇集在一些城市参加科举考试时，也往往给布道提供了不可多得的机会。大街上挤满了受过教育的陌生人，他们来自帝国各处，而其中一些人之前根本没见过外国人，因此与后者交流的意愿相当强烈。在这段时间，教堂的大门会尽可能长时间地对外开放。与那些缺少教育的同胞不一样，这些读书人通常都很有礼貌，也很少对传教内容提出异议并与演讲人争论。就这一点而言，我们的经历与在印度的传教士大相径庭。中国人通常对你所说的一切都会赞同，并经常出于礼貌而非常认真地答道："这与圣经的教义相符"、"没错"、"非常恰当"，等等。不愿当面反驳，是他们对待争议的本能倾向，这有许多原因。有些人过于自负，不愿意与外国人争辩此类问题；有些人过于礼貌；但大部分无疑还是出于担心。这个民族有着胆怯的天性，相对来讲又缺少文化教育，鲜有运用自身推理能力进行逻辑分析的机会，因此有一种本能意识，即真理往往掌握在他人手中。而当他们愿意讨论宗教问题之时，通常都是出于真正的兴趣及追求知识的欲望，因此无论提出问题还是表达异议，他们都充满热情，礼貌有加。

山东学者的知识趣味与率真坦白，让我非常欣赏。我在当地传教的第一年，他们中有许多人慕名拜访，并与本人进行了多次有趣的讨论。这些学者引出的一些话题是典型的中国问题，例如他们为儒家思想的一些偶像崇拜形式辩护，指出后者是一种完备的、充分发展的真理体系，或者说是一种与基督教可以完全相容的教义。他们提出的一些反对意见，是极力想证明基督教比儒家思想落后。例如以下评论："为什么基督教总是要将其动机停留在未来的奖励与惩罚，而不能采取更高的姿态，鼓励人们仅仅因为正确，或者义不容辞而去行善?”一些反对意见与在西方长期存在的质疑如出一辙，例如：“上帝眼睁睁看着救世主耶稣被处死，却让凶手逍遥法外，这种惩罚无罪者而宽恕罪恶的做法，与其所声称的公正是否一致?”“基督教是一神论的，但上帝的神性却共存于三个不同的人身上，这不构成矛盾吗?”“基督怎么可能是由少女所生，神性与人性如何能在同一个人身上共存?”

当熟悉了汉语口语以及中国人的思维方式，并在向他们传播基督教真理方面积累了一些经验之后，如果天气及工作条件允许，我们就会去乡下开展一些远足布道。这是传教事宜中一个极为重要并且特别困难的组成部分。当传教士穿过那些从来没有被外国人光顾的地区之时，所到之处总是被大批人流跟随。在这些远足中我们一般两两结伴，以便互相慰藉和帮助，如有可能，也会带上一两个本地人做助手。不难想象在我们美国一处静寂的内陆小镇或村庄，如果人们得到通知，说有两个中国人，显然是受过教育的绅士，身着他们自己的民族服装，准备在公共广场向众人发表长篇大论，将会产生什么效果。在中国某座小镇的郊外，当一个男孩远远看到我们走来，他对自己的判断又相当满足时，就会跑上街道，用最大的嗓门高叫：“红毛鬼来了!”或者“白鬼来了!”(这两者都是中国人称呼我们的常用方式)。

整个城镇很快陷入了一阵兴奋之中。妇女们忘记了社会生活中的回避礼节，混杂在相互拥挤的人群中，只为一睹传说中的奇怪身影。学校中的师生们转眼间消失一空，店铺的生意也暂时停止了。个别淡定而受人尊敬的绅士则在外围旁观，并对兴奋的大众露出微笑。只要我们找一片空地站定，或者站在寺庙广场的戏台上，很快就被无数当地人团团包围。男孩们叫个不停，而他们的父亲为了让孩子安静下来，喊声比后者更刺耳，但基本上是白费力气。与传教士有关的一切事物，都会让中国人感到好奇，我们眼睛与头发的颜色，服装的面料自然不在话下，那些能够凑到跟前的，不但用眼睛看，还要用手指触摸我们的靴子、外衣、纽扣，甚至衬领等等。稍过片刻，当我们抬起手臂并说出几句他们熟悉的话之后，人群才相对安静下来，所有人都打算听一下这些不速之客还有什么要说的。

不过在这里，我们遇到了一些国内信徒难以理解的困难。在汉语中，一切涉及宗教的词汇都有异教意味，并让人联想到偶像崇拜。在这样的语境下，我们如何表达上帝以及救赎的教义呢？一种语言是其使用者思想与理念的表达方式，他们所能接收的，也只是自己一直习惯的那些观念。当谈到上帝时，我们要么必须使用某个特定天神的名号，要么就得找到可以应用于所有人之崇拜对象的一种统称，他们心目中的疑惑由此产生：这位传教士说的，到底是在其偶像寺庙中供奉的数以百计的神佛中的一个，还是他想给中国人介绍一位来自异邦的新神？我们所使用的许多宗教术语，由于缺少更好的表达方式，不得不从佛教的偶像崇拜体系中借用。例如“天（heaven）这一词汇，在中国人心目中指的是佛教的上天。地狱（hell）、原罪（sin）和功德（merit）等同样如此。如果传教士们能够清楚有力地向中国人解释一条伟大的基督教真理，自己也一定会感觉相当欣慰。但如果在西方，我们仅用一个单词或一个句子，就能将这条真理向孩子们阐述清楚。如果能在这片土地上留下关于三位一体、上帝无所不在，热爱上帝及救世主拯救人类的理念，我们就会觉得自己有了更大成就。这些观念一旦进入了人类的头脑，就会像有生命力的种子一样，注定发芽、成长，并在一定时候，结出丰硕果实。

走过一座座城镇，同样的景象一次次重复，我们的嗓音变得虚弱嘶哑，整个人疲惫不堪。在中国南方，传教士旅行主要依靠运河，因此也可以躲开人群，回到船舱中吃饭休息。但即使在那里，当中途停泊时，当地人有时竟然会涉水过来，我们因而能看到几十双眼睛通过船篷的裂缝或小洞窥视我们。这些人同时还七嘴八舌地不停评论我们吃什么及怎么吃。人群中不时爆发出一阵大笑声，证明他们是何等吃惊与开心。即便这些人的所作所为让人非常讨厌，但最好还是耐心地忍受这一切。在中国北方，由于没有运河，我们不得不骑马行进，因此几乎从早到晚都要面对大量人群。如果想躲在小店中避难，结果不但无用，反而更糟。中国人不习惯对任何人关闭大门，也反对别人这么做。因此他们声称，如果自己真心接受你，礼貌对待你，就有权要求你的同等对待——至少，这帮人有偷看你的特权，想怎么看都可以。强行封上大门来挡住人群，很可能会引发一场骚乱，导致大门被损坏，给店老板带来伤害与损失，并令后者对外国人产生非常不好的印象。

1856年，我从宁波出发做巡回布道。在一座距宁波大约二百英里的内陆城市中，我与一位英国传教士，被大群兴奋的当地人一路跟随，他们几乎是随时准备向我们表示诚挚的敬意，而且确实对我们如是说："二位的光临，犹如天神屈尊下凡到我们这座不起眼的小城。"一位官员礼貌地邀请我们去衙门做客。他站在门口迎接，并极为诚恳地招呼我们。我们对他的礼貌邀请表示感谢，但告诉他，我们担心人群跟着进来，会给他带来太多打扰和麻烦，因此为其利益考虑，我们必须放弃访问衙门的快乐并立即和他告别。他则向我们保证没有任何危险，并催我们进去，我们只好恭敬不如从命。毫无疑问，无论从哪方面讲，他对其民众的了解都远远超过我们，但这次的情况对他来说却是新的考验。他要求部属立即驱散人群，并警告任何人不得进入。不过，有些民众在很短时间内居然闯过了两道门。因此我们也听到了巨大的喧闹声，以及他们与衙门侍从在隔院的争执声。当看到这位原本举止优雅的官员已经有几分惊慌失措时，我建议自己亲自出去同这些闹事者对话。显然，有机会亲眼目睹外国人令这些人相当满意，加上我的一番好言劝说及温和责备，大部分民众最后高高兴兴地散去了。

对付中国人最佳最正确的方式，就是尽可能地友好和礼貌，其他方式都无济于事。至少一开始，你告诉这些人说自己没时间同他们对话或你很疲劳都没有用。在中国北方，我经常白天骑马前往数十个村庄去布道，晚上还要花一个或一个半小时，来满足人们渴望看到老外的好奇心，随后我才能进入旅店用餐和休息。

正因为有这些感兴趣的听众，才给了传教士宝贵的机会，能够向他们解释自己的真实角色与目的，灌输一些基督教的伟大真理，并尽可以留下讨人喜欢的印象。如此一来，就为传教工作铺平了道路。

在这些巡回布道中，我们还尽可能随身携带一些书籍颁发给沿途民众。后者在得到书时的表情称得上欣喜若狂。当他们试图上前抢夺书籍时，我们甚至要冒着被压跨的危险。民众之中的大多数人，对书中内容可以说一无所知，而且很多人根本就没有读写能力。但当我们发书时，他们也一定要一本。这样一本书，能让这些人回忆起外国人及其造访，书中也许包含着一些非常有趣或有价值的内容，至少也能当废纸卖掉换点钱。不过毫无疑问，许多这类图书最终的拥有者还是有阅读能力的，他们因此也就获得了不少基督教知识。

以上叙述的一些经历，也许会使读者对传教事业抱有巨大希望，并期待快速出现成果。但为了描绘出传教生活的真实图景，就必须将沉重的阴影也一并画出。我曾经叙述过在一些从未造访的地区，我们的首次布道会受到热情接待。但如果继续到这些地方传教，相同的场景就几乎不可能重现了。传教士离开城镇之后，民众原本的骚动也会平息，他们转而平静地讨论这些人的角色与职业。一些听说过传教士并读过几本基督教书籍的精明学者，就会如此这般地向同胞表述自己的观点："我很遗憾地看到你们因为传教士的到来，就兴奋得无法自制，并用如此尊重的礼节招待这些人，甚至还如此讨好地谈论他们那些貌似新奇实则危险的教义。西方传教士试图传播的宗教，是排外的，偏狭的，甚至还有煽动性。它将从根本上动摇我们所珍视的文明和社会制度。它将会摧毁大清帝国中的每一座寺庙，不管它们多有名，花了多大代价。它甚至还要废除我们对皇上、对孔夫子，以及对列祖列宗的崇拜。"

从字面意思来说，这些结论并没有错，对于受过教育的中国人来说，也不难领会其中之义。基督教确实是一种排他性的宗教，它必须取代其他信仰。在真理最终取得支配地位之前，它与谬误之间必定会有一场冲突。福音传播到哪里，哪里就会证实耶稣的箴言，即其所到之处，为世界带来的并非和平，而是利剑。在中国，当我们第二次造访一个地方时，就会发现当地民众先前的兴奋与兴趣，已经完全被怀疑、警惕，以及几乎是故意表现出来的冷漠所代替。在大街上，再没有人尾随我们，甚至关注的人都屈指可数。一些对基督教真理印象颇深，并渴望学习更多知识的人，也许会如尼苛德摩人[①]（nicodemus）一般，在夜幕的保护下，悄悄地来找我们。这些人表现出的热忱、睿智与同情，在一定程度上弥补了多数民众对我们不再关注所带来的损失。唉！正如尼苛德摩人一般，他们中的多数人害怕受到同胞的指责与反对，不愿公开承认自己对基督教的态度。

当传教士已经精通汉语，熟悉了周围环境及其特殊领域的需求，同时又具备适应新变化的能力，就可以做好准备，去考虑自己工作范围内的职责问题了。

从上述内容中，读者可能会对传教士分配时间的方式有个大致了解。这种岗位并非闲职。当他意识到自己是在为上帝工作，自己所参与的事业终将取得辉煌成果时，必定会欢欣鼓舞。在从事这份由上帝安排的神圣工作时，一些最高贵、最受人尊敬的教职人员已经失去了生命。其中有不少倒在了中国的岗位上。在人口稠密的宁波平原，在美丽的鼓浪屿，在广州、香港、福州和上海的墓园中，以及从中国北部边陲穿过大海通向满洲的陡峭海岬上，在杭州湾和渤海湾的水面下，以及我们这些忠诚的幸存者和更有爱心的救世主所知道的其他地方，都有这些传教士的安息之所。

① 译者注：指只在夜间与耶稣谈话的法利赛人。出自《新约·约翰福音》（3：1—21）。

第二十二章　中国的罗马天主教士

鉴于罗马教廷对中华帝国现在和未来的影响，探讨天主教在中国的布道活动，就成为一个更加有趣并重要的话题。第二十章已陈述过有关这一教派最初进入东方的内容。

罗马天主教在中国的最早开拓者，其活动一直伴随着许多实际困难。通过传授天文学及西方科学，利玛窦得到了进入中国的机会，并为其新宗教带来了良好口碑，进而赢得了皇帝的青睐。为了在朝廷中维持自己的地位并从本地人中发展皈依者，他在基督教义上有所妥协，并对偶像崇拜做出了让步。其程度之大，引起了他自己所属教会最为坚决的抗议与反对。一位教会作者对利玛窦做了如下评价："里奇主动积极、经验丰富、工于谋略，具备取悦重要人物、赢得皇室欣赏的一切才华；但与此同时，他对我们的信仰却是一知半解，正如科农主教所言，仅从其关于真实信仰的著作中，我们就足以得出结论，他对神学最重要的原理一无所知。他与其说是位神学家，不如说是个政客。他发现了在中国维持安稳的秘诀。王公们认为他是一位彬彬有礼的臣子，异教徒们认为他是一位将本人融入他们迷信风俗的使者，高官们认为他是一位礼数周到、精通一切阿谀奉承技巧的奉承者。而对撒旦来说，他则是一位踏实的仆人。里奇根本无意摧毁异教信仰，反而致力于在异教徒中建立自己的王国，甚至企图将之拓展到基督徒之中。在中国，他根据自己的想象来传播基督教，也就是说，通过与异教迷信思想的充分混合，以及对儒家思想和祖先崇拜的妥协，并指导基督徒在偶像崇拜中帮助与协作，从而歪曲了基督教义。里奇甚至主张，倘若基督徒能够对着覆盖鲜花的十字架表达崇拜之情，即使偷偷地去异教神庙烧香祭拜也无不可。[①]

利玛窦能够容忍对孔夫子及祖先的崇拜，其理由基于，这些仪式在本质上是世俗的而非宗教的，它们不过是体现对伟人的恭敬与怀念之情的民间礼节，并非崇敬神佛的宗教仪式。当多明我会与利玛窦所属的耶稣会就这一问题展开激烈争论时，中国皇帝站在了耶稣会一边，并授权罗马天主教只能以后者传授的形式进行传播。

当时罗马教皇认定自己对世界上所有的君主及其下属都拥有最高权威，不同宗教派别争执不休，使得中国当局对天主教产生了严重怀疑，并且实施了严厉的管制。罗马传教士在中国只有通过口是心非地加倍努力，使自己在世俗领域成为皇帝用得着之人，才能保住其身份地位。在当时，他们的职务多种多样，甚至包括传授火炮铸造技术并担任生产监督，以及为皇家园林设计及建造水钟和喷泉等。根据传教士自己的记载，仅在1636年，汤若望就为顺治[②]铸造了多门火炮，而南怀仁“一次就非常成功地为康熙皇帝铸造了一百三十门火炮。后来，他又铸造了三百二十门，在铸造过程中他庄严地赞美主，并在每门火炮上都刻上了一位圣人的名讳。”[③]

1724年，康熙的继任者雍正皇帝颁布了一部法令，禁止罗马天主教在中国的传播，并要求所有在华传教士，除少数有科学目的者可以留北京之外，其余的必须离开中国。不过，有些人还是成功地藏匿下来了，另一些被遣送者，后来又秘密地溜回到原来的地方。在超过一百年的压制期内，许多本土教徒及一些外国导师都因其对天主教的忠诚而牺牲。在容许天主教传播的最新条约[④]签订之前，传教士们如何开展他们的布道工作，在以下所摘录的卫三畏《中国总论》及额尔金《中国人的宗教状况》中都有涉及：

当一位新传教士刚到中国之时，他一般住在教友家中，直到有一位可

---

① 原书注：摘自《中国轶事》第一册，序言，第6，7页。

② 译者注：原书有误，应为明朝崇祯皇帝，而非清朝顺治皇帝。

③ 原书注：摘自卫三畏《中国总论》。

④ 译者注：即1858年签订的中英和中法《天津条约》。

靠的本土向导将他带到安排好的地点。他需要身着中国服饰。因为对汉语知之甚少或者完全不懂，他需要寻求当朝大臣的庇护。“他有时步行，有时乘船，有时像有钱人那样坐轿，而有时化装成官员乘马车，来履行自己的职责。就算穿着民族服装，也掩盖不了自己蓝色的眼睛，又长又高的鼻子，过于白晰的皮肤。遇到怀疑是司空见惯的事情，这时他只能将脸转向一边。如果遇到无礼的盘问，传教士要么装聋作哑，要么装做听不懂提问者的方言。如果事态继续发展，向导既不能恫吓来人，也无法逃避，干脆就声称传教士是个白痴，他将要带这个外国傻子去投奔帝国另一处的朋友。他们也可能突然分开，各自逃跑，并在夜色保护下重新碰头。”当新传教士到达传教地点之后，他们要接受教友的指导，抽出一段时间来学习语言，并在为此目的编制的手册帮助下，倾听教徒的告解。随着中文知识的进步及对自身职责认识的加深，他们就会走进一个又一个基督教社区（由皈依者组成的不同圈子），倾听忏悔和祷告，主持洗礼和极为严格的涂油礼，履行一个牧师应当完成的多种职责。传教士会经常变换住址，这不仅能减少被官府发现的可能性，并更易于维护自身健康。

在中国，本土天主教社区的数目，主要由在教区内部担任指导的传教士来维持。相对来说，很少有信徒是从周围的异教徒社区吸收的。朝廷持续不断地实施打压，遏制了传教士积极努力的欲望，并让那些有入教打算的中国人丧失热情。来自欧洲的传教士，会在本土皈依者的保护之下秘密潜入中国，此后就一直完全与自己所属的社区成员共同生活。陌生人无法知道他们的行踪。将传教士从一地转移到他地的船工或轿夫都是本土基督徒。为其在住所内配备的仆人同样如此。当他们到达任何传教站来履行职责时，当地所有信徒会将其视为精神导师。他们很快就能得知消息并集体迎接以表尊重。当这些人踏入欧洲传教士就座的房间时，免不了当面下跪行礼。教区之外的信徒，除非通过了本土宣讲师和传教士的一系列盘察，否则不允许与外国教士见面。当一位异教徒准备受洗时，他也许会有幸与“来自泰西的神父”会谈，但这种情况并不多见。中国法律一直不允许外国人进入中国内地，西方传教士因而不得不非常谨慎。在种种限制措施制约之下，外国传教士们极为苦恼，因为除了可以信赖的朋友，只要其他人发现了他们，很可能就会不安全。有时在一个筑墙城市中，如果有关于传教士出现的传言，他们就只能坐在轿子里逃出城门，随后由相反方向的城门再进来。如此一来，就能使人相信自己已经离开。不过很多时候，传教士们会完全避开城市而待在乡下，在这里，本地教徒会负责为他们提供食宿。如果遭到怀疑或受到盘察，他们随时都有可能被迫从临时住所逃走。在《鞑靼与西藏流亡游记》（Travles in Tarary and Thibet）中，古伯察（Huc）谈到了他和同伴们穿越长城到达鞑靼地方时的愉快感受。因为这样就不用担心自己有被抓捕的风险了。在这种不利形势之下，本土皈依者在吸收新教徒方面反而展示出了很高的热情及效率。

许多早期到达中国的罗马传教士，都是决心坚定、学问深厚，并且充满热情及献身精神的先驱者。而今天的后继者，尽管并不缺乏后两种素质，但就本人曾观察到的情况而言，他们在能力和学问上都不如其前辈。

以下的统计数据，摘自卫三畏的《中国总论》。它在一定程度上说明了开放五口的条约签订之后，罗马天主教会的在华现状。“1846 年的摘要指出，在中国共有十二位主教，七或八位副主教，大约八十位外国传教士，以及九十位本地牧师。信徒总人数将近四十万。教会学校的数量没有给出；不过在四川一省，就有五十四所男校，一百一十四所女校。有六所神学院可以培养中国本土牧师，其中有一所在那不勒斯，但我们无法知晓学生总人数。在 1846 年，全欧洲为在华传教所捐赠的资金，共计大约五万九千美元。”

前不久中国与西方签订了新条约。在其保护之下，罗马天主教会可以在中国公开传教，因此它们又重新获得了动力，并取得了非常显著的成果。在华的外国传教士人数大批增长，若干新的教会学校和育婴堂在中国建立起来；许多女性助手也进入了这一领域，并在创办收容所、挨家挨户走访信徒、分发药物、赢得土著居民好感，以及为儿童施洗等方面发挥了重要作用。根据新条约的规定，罗马天主教会在以前的迫害时期被没收的土地和重要建筑，都可以收回，这样就使其在中国民众中赢得了声誉，并为进一步扩展使命提供了额外资金。

罗马天主教会能在中国拥有相对多数量的皈依者，其原因主要在于：

它从事其使命的时间很长；以及与佛教惊人相似的教义和仪式。还有一个事实是，传教士们在对信徒的心智及生活的转变知之甚少的情况下，就同意后者入教；本土天主教徒还被允许在星期日工作，并在很多方面继续遵守其同胞的迷信习俗。土著教徒的宗教活动包括接受洗礼，定期参加弥撒和忏悔仪式，并相信自己的灵魂会受到教会和神父的安全保护。为了分享教会提供的好处，他们得到的告诫是，必须停止对所有中国神明的膜拜，并永远不能背叛已经接纳的宗教，否则就会受到永远的惩罚。其结果是，本土信徒通常会远离佛教与道教的偶像崇拜，证明自己遵守了敬奉唯一的上帝及相信唯一救世主的一般要求，通常也愿意坚持自己的信仰终身不变。但是，他们在与佛教宣扬的偶像崇拜断绝关系时，却依旧以另一种形式坚持着。他们祭拜圣人和代祷者，画像、雕塑及十字架；他们相信行善积德，因果报应；盲目信任外国的宗教导师，或出于迷信式的敬畏，随身携带我们救世主的某些头像、十字架或者其他象征物，有时也会携带一些据信有魔力的护身符。

在中国，罗马天主教教义的特征，在其为指导和警告信徒而创作的文献中可见一斑。这些作品中当然包含了许多弘扬基督教真理，并有纯正文学价值的佳作，但同时也收录了另一些充满迷信色彩的文字、寓言故事及宗教谎言，后一类显然很接近佛教著作。在离开中国之前，我搜索了许多这类的书籍，并抽出时间来阅读。其中一些作品在我心目中留下了很深的印象，让我永远无法忘记，它们展示了如何吸引读者注意力并让他们铭记于心。我对一本书记忆犹新，它由好几卷组成，其专门目的是解释、例证和强调罗马天主教的不同教义与礼仪。诸如独身、举行弥撒、去圣地朝拜，等等。从表面上看，十诫似乎是这本书的基础，每条教义或者每种仪式，为了使其有神圣的约束力，此书都要通过这样那样的方式，将其与十诫的某一条联系起来。这本书的另一个特点，是其所断言的历史事实及引用的史料都被用来证明天主教真实性，并为此教派的仪式和习俗树立权威。这些事实无疑试图影响那些无知和没有接受过教育的人，并显然能促成他们或出于信仰或迷信而产生恐惧。我将凭记忆引述其中部分内容。

一个不信教的国王，准备屠杀整个社区的信徒，并命令士兵做好准备。当时，他声称可以赦免这些人，条件是他们只要能通过祈祷，将一座山移到自己面前，以证明《圣经》的陈述是真实的。一位神父首先让陷入恐惧和绝望的教友们平静下来，随后来到国王面前，乞求上帝移动这座山。结果，山真的移走了！目瞪口呆的国王成为了一名真正的信徒，并致力于传播天主教的真理！

一位年轻姑娘决定终身不嫁，将一生献给主。但一个富贵人家的儿子向她求婚，并采取多种手段，催促和诱惑她违背自己的承诺。在一次试图动摇其坚定决心的时候，一个男人突然死在了少女面前。不过，通过她的祈祷，此人很快就活了过来。接着，由于她展示出了不可思议的神秘力量，就被人控告为女巫，并被定罪，处以火刑。可是，大火拒绝履行其使命，即使柴火堆烧成了灰烬，她依旧平静地坐在原地，神情自若，衣服上甚至没有一点火焰的气味。后来，姑娘自愿以身殉教，随后还化身为一位美丽的白衣少女，来安慰她悲痛欲绝的父亲。读者也许有兴趣知道，这本书指出了十诫中不可违背不婚的誓言。我想上述少女的故事与第三条训诫有关："你不可妄称耶和华——你上帝之名。"这在一定程度上意味着以下说法："向上帝起誓为神圣之举。"违背这样的誓言，就是"妄称上帝之名"，因此既然发誓独身，就永远不得违背。

一位教徒在受迫害时，被力劝放弃对救世主的忠诚。但他拒绝如此，并郑重声明，耶稣的名字深深刻在自己的心脏上。他很快被杀害，心脏被挖出，而耶稣的名字的的确确就清楚地刻在了上面！

一群来自德国的教徒，在参观完圣地之后，正准备乘船踏上返乡之旅。附近的一座教堂正准备进行弥撒仪式。这群德国朝圣者中，有个人宣称自己从来不能忽视或错过这样的庄严仪式，即使无法返乡也要参加。航船没等他就启程了，此人只能步行开始自己的朝圣归国之行。很快，有一个骑马的人追上了这位教徒，并邀请他共同骑行。短短几个小时的行程，因为两人愉快的宗教谈话而轻松地消磨过去，不知不觉间，教徒发现自己居然站在德国自家的村舍门口，而那位向导却没了踪影。这证明他必定是某位天使的化身。而大约两个月之后，其他那些不够虔诚和谨慎的教友们，才通过正常方式回到了故乡。

一位诚挚的信徒，下决心定期参加弥撒，但他的雇主却坚持让他一直耕田。这时，一位天使化身为农夫来替他扶犁，这样信徒就能离开自己的岗位，从而得到了解脱。

在这本书中，那些嘲笑或不相信天主教的人，其下场几乎都是恐怖的。从前，当某个地方一位“忠实的信徒”准备踏上寻找圣灰的神圣之旅时，有人在半道拦住了他，并告诉他可以在自己的厨房里搞到足够的灰，根本不需要多走一点路；当这个教徒如法炮制时，一阵怪风刮过，厨房中的柴灰被高高扬起，吹进此人的眼睛、耳朵和鼻子，令他极为痛苦，又常常恐惧，最终陷入疯狂，跳进运河里淹死了。在另一则故事中，一个对天主教不友好的家伙在一次参加晚宴时，当着一群朋友的面，对高举圣杯的仪式冷嘲热讽，以此取乐。当轮到此人高举双手向圣杯致敬时，在场的人都吓呆了，他的双臂一直保持原有的姿势，再也放不下来，甚至就这样保持了一生。因此当此人入殓时，亲人们被迫制作了一口特殊形状的棺材，以适应尸体奇怪的姿势！

这本书中充满了此类事件的例证。就这一教派传教士及本土教徒的特点，读者可以做出自己的判断。不过，我并不指望自己所引述的这本书能被视为一个概述天主教文学的公正样本。让我们非常好奇的是，在今天这样的开明时代，如此一类书籍还能被任何宗教信徒所认可与宽容。我毫不怀疑，中国天主教传教士和皈依者中有许多人，其信仰都是真诚而坚定的。让我感受到希望与信心的是，他们所理解的上帝之真理虽然是一种堕落形式，掺杂了大量的人为戒律，但在上帝的赐福之下，依然成为了许多人的精神再生与救赎方式。我经常引用卫三畏博士那部关于中国令人称道的著作，在其中他如是说：“许多天主教传教士写给其好友的信中，流露出一种虔诚的热忱及真实的基督教道义，这值得所有人效仿。许多皈依者同样表现出了对其信仰最大程度的坚持。在遭受迫害、折磨、监禁、放逐甚至死亡威胁时，都不会否认其信念，尽管地方官员出于避免诉诸于极端措施的需要，每一次引诱他们说谎，或者在宗教立场上有所保留，他们都不为所动。如果遭受任何损失都不放弃信仰是一种虔诚行为的明证，许多天主教徒以各种方式证明，他们配得上这样的荣耀。但如果他们不能与偶像崇拜及迷信观念彻底分离，不能废止忏悔及敬奉圣母玛丽亚、佩戴十字架和念珠的做法，并不再过于依赖仪式和苦修，中国大批的天主教皈依者顶多只能被视作受洗的异教徒。天主教的著作及其对异教国民的影响，都显示了敬畏上帝的酵母在面团中所起的作用微乎其微，无论其牧师还是普通信徒都难以找出好的理由，来否认因他们所提供的证据产生的判断。”

这样一种宗教即使不完美，却也主张上帝的统一及通过救世主救赎人类的伟大真理，因此相比中国人的各种偶像崇拜，它无疑是更值得推崇的。但与此同时，天主教使自己适应了这个民族的习俗与偏见，因此能很快在中国人这样一个民族中赢得大量信徒，也就不足为奇了。毫无疑问，在与其他因素配合以推翻和颠覆中国现存偶像崇拜体系的过程中，天主教起到了强有力的作用，但我们不能指望它为中国提供一种信仰纯正、充满活力和积极进取的基督教。它起初也许会传播得非常迅速，但却不可能经得起日后迟早要到来的自由辩论之考验。当前，在如此宽广的领域内，天主教和新教两派传教士的活动是分开的。但是，当两者的影响力不断扩大，而佛教与道教的统治地位终结之时，如同在西方一样，基督徒的这两种形式，新教与天主教之间的冲突，最终会在东方展开。双方都会诉诸于作为共同信仰基础的圣经。有上帝真理的力量以及圣灵的赐福，我们对其结果充满信心，相信自己一定会赢得胜利。

第二十三章　太平天国运动

过去二十年间，所有与中国有关的事情中，很少能像反叛与内战那样，在西方得到如此高的关注，或在我们的公开出版物中如此频繁地谈及。甚至在那些并不熟悉这个国家特征与历史的西方人中间，已经造成了此种印象：这个国家的一个正常状态，就是冲突不断、没有政府。因其宗教色彩，或者不如说是基督教特色，伟大的太平天国反抗运动值得我们特别严重关注；而正是有鉴于此，并考虑到其对中国当前环境与未来前景的巨大影响，它值得用一章特别介绍。

这场卓越不凡的运动，由一位名叫洪秀全的人发起。1813 年，他出生在广州附近的一个小村庄。尽管家境贫寒，他很早就显示出了聪明的心智及学习的意愿，父母及其友人因而为他提供了接受中国式教育的良好条件。二十岁左右时，洪参加了在广州举办的科举考试。1833 到 1836 年，在参加这些考试期间，他从当地牧师梁阿发处得到了一些基督教读物，以及新约与旧约的部分抄本。此时他似乎并没有仔细阅读这些读物，因此思维也几乎没有受到触动。1837 年，在又一次科举失利之后，洪返回了家乡，并患了重病，精神也变得极度沮丧。病痛持续了一个多月，他为心智失常所折磨，并认为自己能够看一些不可思议的现象与启示。他感到自己本性中的不纯净已被清洗，并得到了一颗全新的心脏。他还被带到了一位令人敬畏的老者面前，后者劝诫他要一生行善，根除恶魔。在生病期间，洪还“经常看到一位中年男人，他称其为大哥，后者指导他如何行动，陪伴他漫游到最遥远的地方去寻找恶魔，并帮助他杀死和根除他们”。洪痊愈之后，重新回到了自己童生和乡村教师的平凡岗位，但患病期间产生的虚幻图景，似乎已经在他心中留下了深深的烙印，他的内心性格及外在行为，也因此有了些许改变。

1843 年，鸦片战争结束一年，中国与西方国家的新型关系已确定。这年洪一位名叫列[1]的朋友，于洪的书房阅读了这些似乎已经被主人忽视多年的外国图书并非常感兴趣，而正是通过他，这些书籍再一次获得了洪的注意。它们使洪以后的人生呈现出新面貌，并在他面前开启了一项新的、卓越不凡的事业。“洪在这些书籍中发现了六年前自己所经历幻觉的关键因素，这让他极度吃惊。现在，他意识到那位坐在最高位置、所有人都应当膜拜的老人，正是上帝，也就是天父；而曾经指导过他，并在自己根除恶魔时施以援手的中年男人，就是耶稣，全世界的救世主。而那些恶魔，就是各种各样的偶像。”

现在，洪心中确信无疑，上帝已经与他进行过真正的交流，并且托付给了自己一项特殊使命。他与朋友列仔细研究并深入思考这些书中涉及的主题。两人逐渐发展出了一种宗教体系，其中包含着少许基督教真理，更多的是奇怪的错觉，以及他们自己空想出来的许多谬论。他们二人互相给对方施洗礼，并开始在亲朋好友中宣传这种新奇和不同凡响的变种基督教。第一批皈依者来自他们的住所附近，包括洪的父母、兄弟及亲属，以及几位童生和先生。教师中有一人名叫冯云山，后来在这一新运动的进程中扮演了突出角色。他和洪在学校中移走了孔夫子牌位并废除了为其进行的宗教仪式，因此失去了他们的学生。1844 年初，二人离开家乡去外地布道，并希望靠售卖墨水与铅笔[2]来养活自己。在广西走访了多个地方之后，他们在该省南部洪的一位亲戚家中住了好几个月，并在当地发展了一百多名皈依者。因为担心给洪的亲戚带来麻烦，冯云山离开此处准备返乡。在途中，他遇到了自己以前认识的一些劳工，于是和他们待在了一起。在帮这些苦力运送泥土的同时，冯还在他们中间宣传自己的宗教。“他们中有十个人很快成为了冯的皈依者；这些人又将他引见给了自己的

① 译者注：Le，原书如此。

② 译者注：原文如此，很可能应该是毛笔。

雇主，后者聘请冯担任老师，而且很快就接受了洗礼。因此，冯云山就能够在家乡附近停留好几个年头。他以极大的热情传道，其成果是，不同姓氏和部落的家族，经常是全体接受洗礼，并在他们中间形成了严密组织，并以‘拜上帝会’的名称远近闻名。”

冯云山离开不久，洪秀全也返回了家乡，并致力于研究宗教问题和写作，以及向他人布道。1847 年夏天他去了广州，在那里结识了罗孝全牧师，一位美国浸信会教派的传教士，并接受了后者为期两个月的指导。接着洪申请受洗，并谋求一个与罗孝全有关联的本地牧师或者助手职位。但这两个请求都被牧师拒绝，后者也许担心，洪要求一个位置，事实上是出于唯利是图的功利动机。外国传教士经常会遇到这一类的申请人；而罗孝全似乎认为，洪与别人也没有什么区别。他做梦也不会想到，这个贫穷而又平凡的乡村教师，将要发起的事业是何等胆大包天。

离开广州之后，洪秀全去广西探望其亲戚，并获悉了冯云山的活动，以及冯在宣传这种新教义中取得的成果。他立即走访了当时的皈依者，并发现他们已经扩展到了将近两千人，而且周边地区不断有新人加入其组织。洪受到了这些教徒的欢迎，并被尊为拜上帝会的创始人。而洪的不凡气度及出众学识与能力，为这一运动带来了新的推动力。拜上帝会成员们很快吸引了当地民众的注意力，而他们摧毁一切偶像的目标也是公开宣布、为人熟知，这自然就引发了怀疑与警惕。不久之后拜上帝会受到投诉，被指责为腐败、危险及桀骜不驯的教派；冯云山及另一位杰出的偶像破坏者被抓进监狱。后者病逝于牢中。当地政府决定，让两个差役押送前者回到自己的家乡。“在旅途中，冯云山运用惯常的方式，以卓越的口才及有说服力的语言讲述自己的教义，因此没走多远，他就成功地将两个差役转变为信徒。二人不仅同意立即恢复冯的自由，并宣称他们自己愿意放弃原来的职务，并跟随冯去寻找蓟山的信众组织。到达目的地之后，冯很快介绍他俩成为洗礼候选人。”

当建立这一新宗教的头号主角东奔西走忙于布道时，广西的拜上帝会成员中出现了新的发展态势。在他们的礼拜集会中，不时有信徒因痉挛或精神恍惚而昏倒，并道出所谓的启示或者预言等。这些话语被大量记录下来，其特征差别很大，有些被视为来自上帝之口，另一些则被当作撒旦之咒。一些能力特殊之人，因其说出的启示而闻名，并被公认为能沟通天意的圣人。

如此一种宗教组织，是不可能不与当局发生公开冲突而长存的。1850年秋天，这样的冲突爆发了。此类拜上帝会成员被定性为极度危险的乱党。他们被视为一国之中的腐败和危险分子，遭到官府搜捕和追杀，可以说危在旦夕。有些人被杀，另一些人被迫自卫。但教徒的人数迅速增长，他们所崇拜的上帝据说也能带来恩典与保护，这些因素鼓舞拜上帝会领袖采取攻击行动。他们现在的目标，不仅仅是宣传其信仰，还要建立一个独立的帝国。

拜上帝会成员将其财富都兑换成现银，并建立了一个公共基金或银库。洪秀全将他们组织成一支军队，并引入了最严格的纪律。叛军首先攻击的，是那些曾因其信仰而反对和镇压他们的个人和城镇，并毫不困难地得到了包括食品衣服在内的所有补给。心怀不满的民众纷纷聚集到了他们旗下。无数向洪秀全表示效忠的强盗和匪徒团伙，在一定程度上接受了拜上帝教的教义和组织形式，就被吸收为叛军的一部分。朝廷派来镇压叛乱的军队，如同“风前的糠”① 一样被粉碎。一座接一座的城池在这些拜上帝会成员的攻势下陷落，整个帝国被震惊与恐惧所笼罩。

胜利让洪秀全非常得意，对自己信仰的神圣使命更为坚定。他渴望更大的特权，并制订了更为大胆的方案。他宣称自己是一个新王国，即太平天国的首脑，并得到了天子的头衔。洪将耶稣亲密地称为大哥，并宣称经常可以从天父那里得到指令。有关太平天国特征及使命的许多观点，似乎都来源于《摩西五经》。② 摩西就曾接受上帝的召唤，担任了后者与以色列人之间沟通的媒介。他还建立了新的宗教和王国，消灭了迦南人并摧毁了一切偶像崇拜的残余。因此，洪同样认为，自己就是上帝亲自选出以实

① 译者注：出自《旧约·讲稿》（35：3）。原文是“愿他们像风前的糠，有耶和华的使者赶逐他们。”

② 即《旧约》的前五卷。

现其意愿的的代理人，他要建立一个全新的中华帝国，驱逐满洲人，崇拜鲜活和真实的上帝，代替儒教、佛教和道教那些虚假偶像。

在军营中，太平天国也引入了宗教仪式。安息日得到了奉守，他们选择的是我们的星期六，即犹太人的安息日。根据士兵对圣经的理解程度，要求他们诵读并能解释；必须向上帝祷告；向三位一体之真神致敬的赞美诗和颂歌也要经常吟唱。口才出色的牧师们还会规劝大众，鼓励他们尊奉和服从上帝，忠诚于其在人间的代理即新皇帝，并为建立“天国”奋勇作战。牧师们还向士兵承诺，在这个新国家中，他们会赢得地位及影响力，并在天国享受永恒的福祉。据说每次在上战场之前，士兵们都要面对天堂双膝跪地，祈求天父的保护与援助，随后即怀着必胜信念向敌人发动攻势。要面对的共同风险，对命运的共同信念，以及强烈的宗教热情或狂热，构成了强有力的纽带，并赋予了他们帝国军队无法抗拒的强大力量。太平军所到之处，如果当地城镇放弃抵抗，主动服从其权威时，就能得到宽大处理；如果守军拒绝和抗拒太平军的要求，就会被视做违背天意之举，最终会给自己带来灭顶之灾。城内百姓也会遭至不分青红皂白的大屠杀。

总之，以上就是这个非凡组织的典型特征。在帝国内陆各个省份，太平军行进到哪里，都会造成官民的极大恐惧，城乡的严重破坏。他们的进军从广西一路向北。在穿过该省北部之后，又横贯湖南，越过湖北部分地区，行军距离超过了六百英里，到达了中国最大的贸易中心，位于长江沿岸的武昌。[①] 在占领和洗劫了这个城市及其郊区，并摧毁了很大一部分辖区之后，太平军乘船沿长江继续前进，在攻陷其他一些次要城市之后，他们占据了南京。洪秀全决定将其新王国的首都放在这里。守卫这座伟大宏伟城市的鞑靼军队，早已经吓破了胆，他们放弃了一切抵抗图谋并请求宽恕。不过，因为鞑靼人被叛军视为入侵者，他们侵占了中国，并屠杀了数百万中国民众，因此均被处以极刑。

当太平军在南京建立政权之后，他们宣布自己的使命是征服整个帝

① 译者注：应当是汉口。不过汉口是仅次于上海的第二大商业中心，并非最大。

国。一支非常重要的远征军从此北上，目标是占领北京。这次行动的彻底失败使叛乱者遭受了一次严重挫折，并鼓舞了当政者的镇压决心。不过，太平军在对其他一些省份进行的远征却更为成功，好几个省的许多地区都被迫屈服于这些可怕“长毛”① 的控制之下，其时间有长有短。

在此后若干年中，人们有很多理由担心，执政王朝将彻底精疲力尽，完全土崩瓦解。而叛乱者会在整个十八省确立他们的统治。一些外国人甚至期望，造反者可以完全拥有整个帝国，建立一个开明亲善的政府，致力于同西方国家发展更加友好的关系，并推行现代观念和基督教文明。

不过，这些美好愿望都注定会成为泡影。军营生活被证明不利于宗教与道德观念的培养。造反者中的一些层次较高的领袖，或牺牲于战场，或病逝于军营，取代他们位置的往往是才具平庸之辈。太平军的宗教组织也越来越腐败，宗教元素原本是其力量的核心源泉，现在也一而再、再而三地被削弱。

洪秀全虽然继续宣称对基督教国家的最大敬意与友好，称外国人为弟兄，并似乎乐于同后者建立密切联系，但实际上，洪的自命不凡和目空一切，甚至超过了执政王朝的皇帝。他声称自己从天父处得到的启示，与圣经上的教义有同样的权威性。前者甚至更为重要，而且在一些情况下，因为它们距离现实更近，就足以取代圣经中的训诫。他的宗教观念越来越古怪离奇，荒诞不经，并且很自然地显示出，这位天王已经有相当程度的精神错乱。洪秀全在南京定都几年之后，我们中的一些最有智慧的传教士成功地到达其都城。他们受到了友好的接待，但想对洪本人产生影响是不可能的。罗孝全受邀在新政府内任职，他答应了，却发现自己什么都做不了，而且这个职位既不令人满意，又不让人舒心，因此这位牧师化装离开了南京。

相比洪秀全，军事领袖们的操守与作为堕落得更加迅速。他们一开始

---

① 原书注：长毛“chang－mao”，或称长发鬼“long－haired”，是当时中国人普遍的。对造反者的蔑视。男人剃掉前额的头发是一种满洲习俗，在他们征服整个中国之后，就强制汉人执行此风俗，作为一种忠诚的标志。而放弃忠诚的造反者，让头发生长出来，因此被称为长发鬼，并成为了叛乱者的同义词。

各自为政，后来又自相残杀。下级官员和士兵中处处充斥着腐败观念与不满情绪。太平军依旧有能力掠夺和破坏各个省份，但在整顿秩序和安抚民众方面，他们显得非常低能。掌握更多财富、拥有更大影响力的阶层拒绝信任太平天国，或者承认他们是帝国未来的统治者与执法者。

同时，造反者致力于占领沿海省份，使自己能够利用当地港口的贸易便利，弥补自身财力的不足。不过，英国军队在中国的帮助下，在上海击退了他们。太平军接着攻打宁波。他们几乎没有遇到任何抵抗，也没有多少伤亡就占据了这座城市。叛乱者似乎热衷于继续保持与我们的友好关系，并发展对外贸易。不过，他们很快又被英军从该城驱逐了出去。而且，中国军队在英军协助之下，成功地收复了苏州和杭州两座省府，以及其他一些不太出名的城市。但公平地说，尽管太平天国与西方的交往，以及列强对叛军的态度，都强化了他们的不满情绪并引发了怨恨与报复，但其间住在宁波的外国定居者，以及到访此地的外国游客，几乎一直都得到热情恭敬的接纳，并得到了仁慈与尊重的对待。

太平军被从江苏和浙江两省的要塞逐出后，不得不退回南京。在这里他们逐渐陷入困境。但之前在类似处境下，叛军也曾得到过救援与解脱，因此他们仍旧坚持顽强抵抗，希望未来的形势变得再次对自己有利。中国当局对占领这座城市并粉碎叛乱成竹在胸，他们坚持独立完成这场战斗，因此英国军队撤了出来。

1864 年夏天，众多的外国汽艇时常游弋于长江江面，从其甲板上汇集了一支极为庞大的围城军队，彻底包围了南京这座末日之城。曾经人口众多的文化之城，几年来已变为空城。那些在锦衣玉食中长大的男女，成千上万地沦为难民四处奔波，并死于暴晒、悲痛与饥饿。现在的南京成了一座兵营，并且一派荒凉。许多造反者预见到了城市必然会被围攻，已经提前逃跑，并加入了其他地方的暴动和抢掠团伙。一些留下来的太平军，居然被发现在江岸上钓鱼，他们站立的位置，能确保自己免于被敌人射杀，而对方就在河水对岸，与他们保持着安全距离。显然，围城军队的意图是让那些太平军饥饿而死，不希望他们一旦知道自己没有存活希望，而做出困禽兽式的最后一搏。

1864年7月，太平天国已经与帝国争斗了十四年，南京这个太平军的最后堡垒被攻克。随着它的沦陷，太平天国的最后希望也不复存在。洪秀全选择了自杀，但许多其手下的官员和士兵均被俘虏并遭到处决。

一场卷入人数如此之多、持续时间如此之长的反叛运动，虽然未能实现其特殊目标，但不能不说产生了巨大的改变与严重的后果。

太平天国导致西方国家在一定程度上切断了某些物资供应并关闭了贸易渠道。它使中华帝国那些最为富庶和美丽的地域遭到了严重破坏，在其身后留下了大片荒凉的土地，数百英里长的城墙为战火所熏黑，废墟堆积如山，农田无人耕种，城镇人口锐减。当政的朝廷因此受到了重创，不可能在短期内得到恢复。中国的财富几乎被消耗一空，资源也所剩无几，世人对于叛乱也习以为常。在帝国许多地方，各种大大小小的暴动在太平天国时期就已经存在，而且其数量一直在增加之中。

第二十四章　中华帝国的现状与展望

目前的中国显然进入了一个过渡期。在肤浅的观察家看来，她今天的局势与以往没有什么区别。儒家哲学依旧控制着其居民的思想。科举制度和过去一样严格实施。寺庙道观这些偶像崇拜之所几乎没有一间被拆除，古老的礼拜仪式几乎没有一项被中止，国家礼仪和社会风俗也是一如既往。不过在其平静的表面之下，依然存在着变化的动因。必定会带来观念的彻底变革，并影响这个国家的方方面面。中国目前的形势，可以比作早春一条覆盖冰层的河流，其上有和煦的阳光照耀，温暖的春风吹拂，但它却负隅顽抗地保持着冬日的寒冷与坚硬。在个别温暖之处，阳光已经融化了其凝固的表面，清澈的河水把天空和大地映衬得格外美丽，一阵微风吹过，水面上泛起微波，在阳光下熠熠生辉。从外观上看，这条大河似乎一天又一天，一周接一周地维持原状，但并不能抵挡冰层之上的阳光和之下的水流对它的作用。这个顽固表层即使延伸范围再广，终究会被洪水一扫而空，或者平静地溶化消失。

为中国带来新秩序，需要有来自内部和外部的因素相互配合。必须提醒的是，过去十五年间，内战和叛乱已经对中国造成了很大影响。这些持续时间长、破坏程度大的动乱，通常是一个王朝衰落和终结的标志，整部中国历史，就是由这些王朝的历史所构成。中国人坚定地相信，国家的存在与动植物一样，既有其成长和发展期，也必定有衰退和腐败期。不过，灭亡的并非国家，而只是一些王朝；国家正是通过这些朝代的更替向前发展。就像一棵大树，年复一年地经历类似的成长和衰败过程之后，依然继续茁壮成长，根深叶茂。此种观念，可以说是这个民族所特有的。在一部家喻户晓的历史小说[①]中，用一句话做了精彩诠释，许多不识字的人也耳熟能详："天下大势，分久必合，合久必分"。

如今这个鞑靼帝国，已经统治了中国大约二百年。它造就了几位知名圣君，并留下了傲人的记录。朝廷中依然有不少高尚的爱国之士，但遍布京城和各省的腐败现象，正侵蚀着这个政权赖以存在的真正根基。在很大程度上，中国民众及其统治者之间，已经失去了相互信任。正如一位伟大哲人曾说过的："民无信不立。"连年战争耗尽了国库，官员们为养活自己，几乎都是被迫的，诉诸于勒索和贿赂。他们现在对这些勾当已非常熟悉，非但不以为耻，很多人还变本加厉地为自己积累了大量财富。如此一来，因官员强取豪夺、残酷压榨而造成的普遍贫困与风气败坏就愈演愈烈。政府为充实国库大肆出售官位，如此一来断送了大批读书人的升迁希望，他们就在民众中散布不满情绪。不怀好意、煽风点火、野心勃勃的刁民，就组织成为强盗团伙。他们还将那些因贫困陷入困境，或因压迫而心怀不满的人吸收进来。一些人被匪徒用暴力擒获之后，宁可选择跟他们同流合污，也不愿意回到荒凉的故乡继续过贫困生活。仅仅几个月之前，一伙这类掠夺成性的土匪就流窜到了距京城很近的区域，首都与沿海的交通甚至都面临被切断的危险。在帝国的很多省份，彼此独立的叛乱活动层出不穷。它们显示了这个本已相当虚弱的政权，正在走向更加弱不禁风的境地，中国的事态可说是江河日下。

很显然，中国民众对于和平、秩序及善政的很快恢复已经不抱希望。在中部省份，众多在太平天国战争中被毁坏的城市和乡村正在修复，但其重建方式并不理想，更注重短期效应而不是长远发展。在遭受土匪强盗严重侵扰的北方省份，为了自己的未来，民众利用抢掠的间歇期修筑了一些防御工事。在山东省，我曾在一天之内行走了三十英里，这期间看到了有将近二十个村庄，均被高耸的泥墙或护堤所保护。这些防御工事是一个夏天的劳动成果，由许多相邻村庄的居民们共同修建。通过这种方式，二十个村子联合强化成为一个中心城镇，这样在遇到侵袭时各村可以通过集体

① 译者注：即《三国演义》。

防御来保护自己。个别时候，在山顶也会看到这种避难之所，提醒经过的路人，附近村庄的居民刚刚经历过一场可怕浩劫，后者提起往事还会心有余悸。

在其他年代或者另外的环境下，这种情势非常容易造成王朝的更迭，但政府体制还会一如既往。但今天，一种源于异邦、崭新强大的影响力，对当前局势产生了前所未有、至少不亚于以往的重大作用。中国目前的统治者需要面对的选择是，他们或者无视或抵抗这些影响，从而更快更确定地走上其统治的衰亡之路，或者从其中寻找新的能量与振兴之源。我们有理由相信，大清政府倾向于选择后者，并且利用来自海外的援助，通过改革，使自己适应与世界的新型关系以及当前时代的需要，他们就能重新安抚自己的子民，并让自己的王朝更加长治久安。

过去数百年间，有些观念在中国人头脑中根深蒂固：他们的政体与文明是能够设计出的最佳典范，他们哲人的学说完美无缺；其他国家没有任何东西值得他们学习。谁要是对此表示怀疑，几乎必然被中国人视为愚蠢和精神错乱的表现，而正是这些不难理解的观点成为损害中国的发展和进步的障碍，难以克服，并不易摆脱。幸运的是，随着与外国交流的逐渐密切，这些错误观念在很多方面都得到了纠正。

与外国的战争，特别是最近发生的与英法两国的战争，其影响可以从这个帝国的非常处境中看出。面对人数上远远处于劣势的外国军队，中国人表现得是何等茫然无助。不过他们依然宣称，战争能力并非一个种族和文明优越的证据，恰恰相反。善战的品性源于凶残的力量和勇气，自然只属于未开化的蛮族甚至野人。

中国人习惯于将和平的艺术作为其国家强大和优越的证据，并为此自豪。帝国的内政发展，丰富资源，公共工程，商业活动，手工作坊，都让他们引以为荣。当描述自己国家所拥有的现代工艺时，美国人会谈到高超的建筑，先进的造船工艺，我们的铁路、汽船、电报、报纸、邮政系统及公共学校等，但并不能令中国人产生我们原本期待的强烈印象。对于许多此类新生事务，他们非但不能充分欣赏其优点，反而认为这些不过是我们为自己国家说好话的自然本性。许多中国人甚至相信，从他们中间挑选一位聪明睿智、能做出公正比较的目击者，必定会得出完全不同的见解。中国人也见到过一些外国制造的产品，例如手表和座钟，缝纫机和汽船，并愿意承认在某些方面，我们有卓越的机械技能，并能表现出非凡的心灵手巧、聪明机智。他们慷慨地承认，美国人属于一个智商高、求知欲强的民族，我们与众不同的特征在于一些机械工艺。但中国人为自己熟知占星学、预测学、风水术、本体论和巫术等神秘科学而自豪，在他们的丰富文献中，对于这些学术门类的重视，可以说是不次于其他任何内容。

不过，中国人由内心的傲慢与偏见所筑就的防御之墙，正在逐步坍塌之中。只要对现代科学略知一二，就足以动摇长久以来对他们思维有着深重影响的那些错误和虚幻学科的信心。例如，中国人把电能的产生和效果归结于一位被称为雷公的神明。现在，通过使用一台小小的发电机，我们就能向他们显示，这种流体如何产生，打雷和闪电如何生成，并能够解释电力如何被用来快速传递信息。中国人相信自然界有五种基本元素——金、木、水、火和土，他们根本意识不到，上述任何要素都能被进一步分解为更简单的物质。五行说是星相学、风水学、占卜学和中医等不同学科的基础，其在自然界中的突出地位和神秘影响力，也往往是各个学科所确认的重要结论。

为了阐明这个问题，我将分析五元素理论如何被应用于中医实践之中。据说人体的不同部分，例如心、肺、胃和肝等等，与这“五行”有着某些神秘联系。如果身体中与金相关的某个部分或某种器官发现了疾病，药品必定要从矿物元素中来配置；如果得病的是与木元素相关的部分，方子就得从植物王国中提取，依此类推，无限循环。从上述事实大致可以看出，“五行说”在中国人中的应用很广，这种循环观念想必源于他们对化学知识了解太少，事实上，这显示了中国的许多知识体系，都建构在极度缺乏科学性并荒谬不经的基础之上。从上述例证可以看出，这些迷信观念及理论与中国人的偶像崇拜体系及哲学观念联系紧密，并与他们的社会生活息息相关。如果能根除这套体系中的一种重要学说，很可能就会使中国人对整个体系不再信任，并得以解放他们的头脑，并促使这个民族走上一条追求真理的康庄大道。

但是，中国人相信自身有着无与伦比的优越性，其首要依据是儒家思想的伦理学和政治主张。这是他们信心与骄傲的基石。不过即使在这方面，中国人的思维也在经历严重和痛苦的考验。他们惊奇地听说有一种新宗教的传播者，后者对于孔夫子及以其名字命名的学说评价很高，并确认和强调了他所教授的许多真理，但居然敢于指出儒家学说的不足，并能提出另一种有更高特性与主张的信仰。迄今为止，中国人早已经熟悉了儒家思想，并知道后者充斥着毫无根据的假设与含糊不清的臆想。他们发现，与儒学不同的是，来自西方世界的这种新型信仰体系，并不要求信徒的盲从，也不诉求于偏见或者迷信，而是为世人呈现其无可辩驳的证据与事实。基督教并非热衷于腐化和欺骗人民，而是致力教化和提升他们，并为社会和谐有序及永久繁荣与和平，建立更加宽广深厚的基础。它探究的是中国的圣人们从未敢于涉及的真理领域，说明的是更加纯净的道德，更加无私的关爱，更神圣和更强烈的献身精神，以及更新更高尚的生活方式。一些细心和率直的中国学生清楚地看到了这个被智慧和心灵之光照耀的新世界，并不得不承认基督教比儒家思想伟大许多，尽管他们并不情愿。

上文提到的这种新的观念在中国广大民众中还没有普及，影响力并不显著。但它已经有了一些坚定的皈依者，传播的范围不断扩大，渗透力也不断加强。

已经有数千名中国移民造访了我国西海岸并大批返乡，在此提及一下我们对他们产生的影响是很有必要的。这些移民带给其同胞的影响力，可能比我们起初设想的要小得多。尽管对我们来说，中国移民的人数似乎不少，但与其母国人口相比甚至可以忽略不计。他们主要来自广东省，而且基本上仅仅出自广州这一个城市。因此，来到美国的每个中国移民留下的空缺都可以得到补充，不用担心本国人口的任何损失或者减少。而且，移民中的大部分人，在国内都是地位低下，影响力有限。这些人回到自己城市或者乡村中的老屋，短期内还会向亲朋邻居讲述他们的冒险经历让大家开心，但随后这些事迹就失去了新鲜感，他们又恢复到日常的平静生活之中。在中国，风俗之稳定和惰性之强劲，自然不会轻易被这些轻微的影响所摆布。而且有理由担心，中国人并非如美国人所想象的那样，带着对我们国家的良好印象返乡。他们中的许多人都受到了伤害或不公待遇，而且遇到的那些我们自己种族的代表，根本无意于帮助这些人改善生活处境，或者为他们能在回乡时在其同胞中造成好影响而做些准备。要说加州移民潮没有带来任何好的结果，我当然绝不认同，但其重要性有被高估的倾向。移民潮已经在中国人中留下了深刻印象，而且在某种程度来说是正面的。在美国很少有华人移民皈依基督教，这确实令人遗憾；但与此同时，当他们返乡回国时，很少有人的迷信和崇拜偶像观念还和之前一样浓重，这也是事实。经常可以听到海船船长说，中国人在前往加州时，一路上几乎不间断地敬拜偶像，而当他们回国时，通常对此类事情已经极不关心。

有六万甚至更多的中国异教徒生活在美国人中间，完全可以受到我们影响，但美国基督教会却几乎没有任何针对他们进行启蒙和传递福音的努力，这难道不令人奇怪吗？相比在中国布道，在这里对华人进行启迪确实相对困难一些。这些人到达美国之后，辗转漂泊，居无定所，没有了家乡的关照及联系，他们道德水准低下，一心只想赚钱发财。但这些绝不能成为我们疏忽的借口。华人移民与美国人如此接近，更容易受到我们的影响。我认为，长老会是唯一在这些移民中建立永久传教站的组织，过去十余年间，其热心忠诚的传教士一直在华人中传播福音，这种经历让我们深受鼓舞。

华人对西海岸的影响在未来也许会非常巨大。他们心态平和，任劳任怨，必将逐步赢得我国民众的尊敬和信赖。我们希望政府和民众能够善待他们，以便于吸引大量受教育程度更高、影响力更大的移民到达美国海滨。我国对劳动力的需求不断上升，中国人口负担过于沉重，帝国当前局势又不稳定，这些都是共同鼓励和提高移民数量的因素。一旦这种趋势成为常态，潮水般的华人，很可能将会涌入沿太平洋各州及洛基山脉以东地区，这在两国历史上都将是史无前例的。如此一股移民潮，或者我们可以称之为洪流的的后果，现在还没有人能够做出准确预测。

如今的中国人依旧相当高傲专横，但除上所述外，还有其他因素能促使他们在对外观念、中外关系和政策方面做出改变。由于对我们的风俗缺乏了解，中国人很容易产生误解，并引发与西方国家的冲突和战争。欧洲列强通过武力将他们在其他国家普遍采用的法律和规章强加给中国的决心，已经迫使她去熟悉并采用国际法律的一般规则。丁随良牧师已经翻译出了一本这方面的著作，并由中国政府出资印刷。毫无疑问，很多在帝国官阶很高、影响力很大的官员都精读了此书，并受益匪浅。

最近的中英条约有一个特别条款规定，文件的权威版本应当是英文而非中文；这样一来，就使得至少一部分中国人开始熟悉我们的语言。他们的行为受人欢迎，而且几乎是必不可少的。因此，在最新条约批准生效之后，北京和中国其他地区都建立起了培训班，成员包括汉满两族聪明睿智、前途光明的年轻人，他们自身都有很好的国学训练基础，学习英国语言和文学，目标是在未来成为政府翻译官。

帝国当前的紧急局势，也使得其统治者意识到，如果不想让政权从自己手中滑落，掌握西方的军事科学知识，即使不是绝对必要，也肯定是让人满意的。执政当局不可能看不出来，一个对皇位野心勃勃的家伙，如果主动去获取外国战船并掌握操纵它们的能力，组建一支按外国方法操练并配备外国武器的军队，那无论在海洋或陆地上，都是不可战胜的。

上述诸多因素足以证明，对中国人来说，无需他人的任何解释、情报或建议，他们显然应当采用一种更加自由和开明的政策。更何况还有西方列强的使节，以及受雇于北京政府的一些聪慧的外国人士，这些人经常与帝国最有影响的人物接触并相当熟悉。通过这种交往，中国政府可以得到有关其他国家的可靠信息，这使自己的看法更加开明，并增强了与其他国家的相互理解和信任。中国人正在学习去理解自己在国际上的地位，以及与其他列强的关系，同时还在学习区分不同国家的角色、特性及政策。

最近，在这种情形之下，中国政府开始了两场运动，其成果让他们始料不及，这也体现了其政策的转变何等迅速，并为期待中的未来更为快速的变革打下了基础。

几个月之前，我们惊喜地听到一则消息，清政府准备在北京创办一所大学，公开宣布其目标为教授外国科技知识，并由来自美国和欧洲的教授负责。正如预期中的那样，这个新运动受到了来自中国旧保守派的坚决抵制。其中一位元老，有着崇高地位和非凡影响力，劝阻说如果确实有必要建立这样一所机构，与其从海外聘请教员，当然不如由国内的文人队伍来选拔。皇帝很快做了答复，派此人去搜罗这些人才，但他却无能为力。这所大学[①]的建立从此再没有受到争议。

这样一所大学在北京得以建立的事实，很快在整个帝国之内产生了巨大的道德影响。各省的文人都好奇地急于知道，来自西方的新知识都是什么，这样就给了自由思考和探索以强有力的刺激。即将在同文馆接受系统训练的年轻人，既能成为国内有影响力的官员，又能被派往其他强国充任使节，还能担任作者，用汉语写作现代科技著作。

刚才暗示的另一个重要举措，是中国政府任命的使节，最近刚刚离开我国的海岸。也许可以公正地认为，这一使团催生了中国历史上的一个新时代。它出发前往各个“西方强国”访问。但却朝着东方开启行程，第一站正是美利坚合众国，中国最近的邻居。地球的东西两端相会了。世界上最古老的国家向最年轻的民族传递友好姿态。她带着友好和亲善的使命而来，为的是建立更加紧密的联系，寻求互利互惠。她放下了其长期珍视的自豪感和假设的至高无上，带着作为学习者的真正谦逊（不过并没有丢掉公认的高贵和自尊）；她发现自己生活在一个新世界之中，在过去两千多年中，中国已经见证了多次变迁，经受了数不清的暴风雨洗礼。她要将十九世纪的观念与文明，嫁接到一个古老但依旧生机勃勃的树干之上。

这一使团的源起非常特殊，并且充满趣味。我们的驻华公使蒲安臣先生，在其担任合众国驻北京公使的六年期间，已经得到了当政者不同寻常的信任与尊敬。蒲安臣对中国人民和清政府特征的评价相当公正，在他们处于危难之时，他给予了诚挚的同情。而且，最为重要的是，他的明显动机，就是给予中国完全的国家权力，这唤起了后者衷心深情的回应。当蒲安臣准备回国时，中国官方对其离任表达了深重的遗憾和强烈的失落感。他们已经开始意识到与其他强国发展紧密联系的必要性，并有迅速操作的愿望，但出于中国与外邦的长期隔绝，以及国人对西方语言及风俗、交通和法律的无知，当前他们几乎无法在本国公民中找到一个合适人选，来在

① 译者注：应该是 1862 年建于北京的京师同文馆。

这个活动中起领导作用。这时中国执政者突然想到，蒲安臣先生也许会接受劝说，成为中国的官方代表，并为他们承担这项使命。蒲安臣告诉对方，这样一个方案没有任何不可行之处。一旦计划可以被实施，清政府就立即为蒲安臣安排了一个正规并庄严的任命仪式，给予了这位美国人崇高的地位与充分的信任，而后者也欣然领命。

蒲安臣先生充任中国使团的首脑，陪同他出访的还有两个中国高级官员，志刚和孙家谷。前者是满鞑靼人，后者则为汉人。使团成员还包括两位外国翻译兼秘书，一个是英国人，另一个为法国人，以及六名中国学生译员，他们都是二十到二十五岁的年轻人，其中两人懂英语，两人懂法语，另外两人懂俄语。除此之外，还有二十个其他成员，包括下级官员、中国文秘、贴身男仆、医生和雇工等等。

这些中国代表在美国受到了热情友好的接待，但更让人印象深刻的，是使团给美国人留下的良好印象。很显然，他们都是拥有高度智慧、高深文化的人才。无论在公开集会，还是在时尚派对，亦或家庭宴会中，中国使节总能收放自如。他们的举止优雅得体，他们的礼节自然大方且发自内心，他们的观察与询问小心仔细并能明察秋毫，他们的机智与幽默，都成了美国公众评论的主题。人们还注意到，这些学生译者并没有中国口音，相当引人注目。

我国政府与中国使团在华盛顿签订完成的条约，可以说完全是单边的，几乎所有条款都对中国更加有利。有鉴于此，蒲安臣先生和我们的政府就更值得尊敬。这个条约，既没有被私心所操纵，也没有通过胁迫来生效，通过给予一个弱小国家应有的权力，它展示了一个强国罕见的优点与美德，其动机是公正无私和慷慨大方的。大量证据可以显示，我们优先考虑的是双方真正的友谊，而并非条约本身的规定。当中国使团的代表离开合众国时，似乎都非常满意。不久之后，他们就要回到故土，向自己的同胞传递在美国所感受到的不同观点，并对其伟大导师的名言“四海之内皆兄弟”给予一个更为广泛的含义。①

这一使团的成员，代表的是清王朝中的进步派。这些年来直到现在，他们一直处于支配地位。其领袖人物是恭亲王。同治皇帝今年大约十三岁，在其未成年的这段时间，恭亲王事实上一直行使着摄政王的权力。在中国当前的危机中，进步派对自己的地位和利益有着充分认识，他们正在以国民中的公共舆论及感情能够接受的程度，尽可能更快地引进西方的观念及新措施。上述措施所产生的变化，在我们看来也许相当缓慢，但对中国来说，却是前所未有的快速剧变。除允许外国列强派公使进驻北京，建立传授外语知识的京师同文馆，并向西方国家派出第一批使节之外，进步派还建造军舰，在军队中引进外国训练方法、军事纪律及武器装备，并聘请大批外国人来帮助他们实施自己想要的变革。在出访中，中国使团成员经常会做笔记，回国之后，经过官方批准，这些见闻也许会得到出版，并将对中国的变革进程产生新的推动力。毫无疑问，我们还将会继续听到中国使节和领事出访外国的消息。只要在中国铺设电缆和铁路切实可行，我们也将很快获悉这些措施的进展消息。

恭亲王

同时，中国政府认可了更多对推进传教工作有利的做法，其速度之快出乎我们的预料。根据 1858 年的一系列条约，传教士获准在开放口岸定居，也能够根据意愿在整个帝国境内旅行及授课，还可以在条约未列出的地区建屋永久居留。新教传教士很快形成了自己有别于罗马天主教典型的

① 原书注：有关中国使团的发起原因、出行目标及访问结果，更多信息可以参考蒲安臣在纽约的演讲，以及中美双方在华盛顿签订的条约，这两则文献均收录在附录中。

特色，并在很大程度上，经常能够获得民众及其统治者的信任。

有证据表明，中国民众对待偶像崇拜仪式的态度也在发生变化。以下内容源自某位传教士的记录，并在我们的宗教期刊中大量转载与传播："中国皇帝已经颁布法令，除孔庙之外，禁止重建和整修已经毁坏或者破旧的寺庙。苏州地方长官禁止这座大城市的民众去寺庙祭拜，或者在偶像前烧香、燃烛、焚烧银票等。"我们并不能从以上事实推断出，中国政府官员中，对基督教持赞赏态度者已占了主导地位。他们之所以出台这些法令，也许是在当前的紧迫时期，期望节约帝国资源，避免一切不必要的资金浪费。不过，上述事实可以看出，在当下，修建庙宇和祭拜偶像已经被视为次等重要甚至无足轻重的事情；出于同样原因，异教的庙宇很可能会走向衰败。这些变化的象征意义无疑是非常显著的，并明白无误地指明了一个"偶像终将完全废止"的新时期。

总而言之，本章已经用了很大篇幅来确认和例证当前的中国处于一轮转型期，并标志该国历史进入了一个最重要的新时代。她已经从古代文明的束缚中解放出来，在迄今未被察觉的各种力量影响之下，缓慢却坚定地朝着由科学之星指引的道路前行，不得不这样做的压力在催促着她。谁也无法说清，中国在未来会遇到什么样的风雨及考验。当她在其新的、从未经历的旅程中挣扎时，我们难道不应该奉上自己衷心的同情与合作态度，希望中国的未来，能够为她的广大民众及整个世界带来满满的祝福吗？